多田富雄の世界

藤原書店編集部編

藤原書店

風姿・多田富雄

写真・文　宮田均

2005.11.12.　第８回日本補完代替医療学会学術集会
（於・東京ビッグサイト TFT ホール）

1994.3.16. 「東大教授　退官祝い自ら小鼓」の報で，雑誌グラビアの取材をさせていただいたのが多田富雄先生との出会い。引っ越し間際の医学部教授室は，本や資料で大混雑。四方の壁には絵や能のポスターが張られ，一幅の景をかもし出していた。窓外には三四郎池に続く林の道が。先生 60 歳の時。

2000.9.24. 能楽界の鬼才・橋岡久馬師の楽屋にて。橋岡師は，多田先生の退官公演「高砂」（宝生能楽堂）でもシテを務められた。

2001.4.10. 先生ご夫妻と我々夫婦で，高田馬場のシェフ若山のお店でランチ。移転開店祝いにと，自宅壁に掛けられていたマチスの絵を持参。店を出て，式江夫人と腕を組んで地下鉄駅へ歩いて行かれる姿が，お元気な先生の最後のカットになろうとは……。

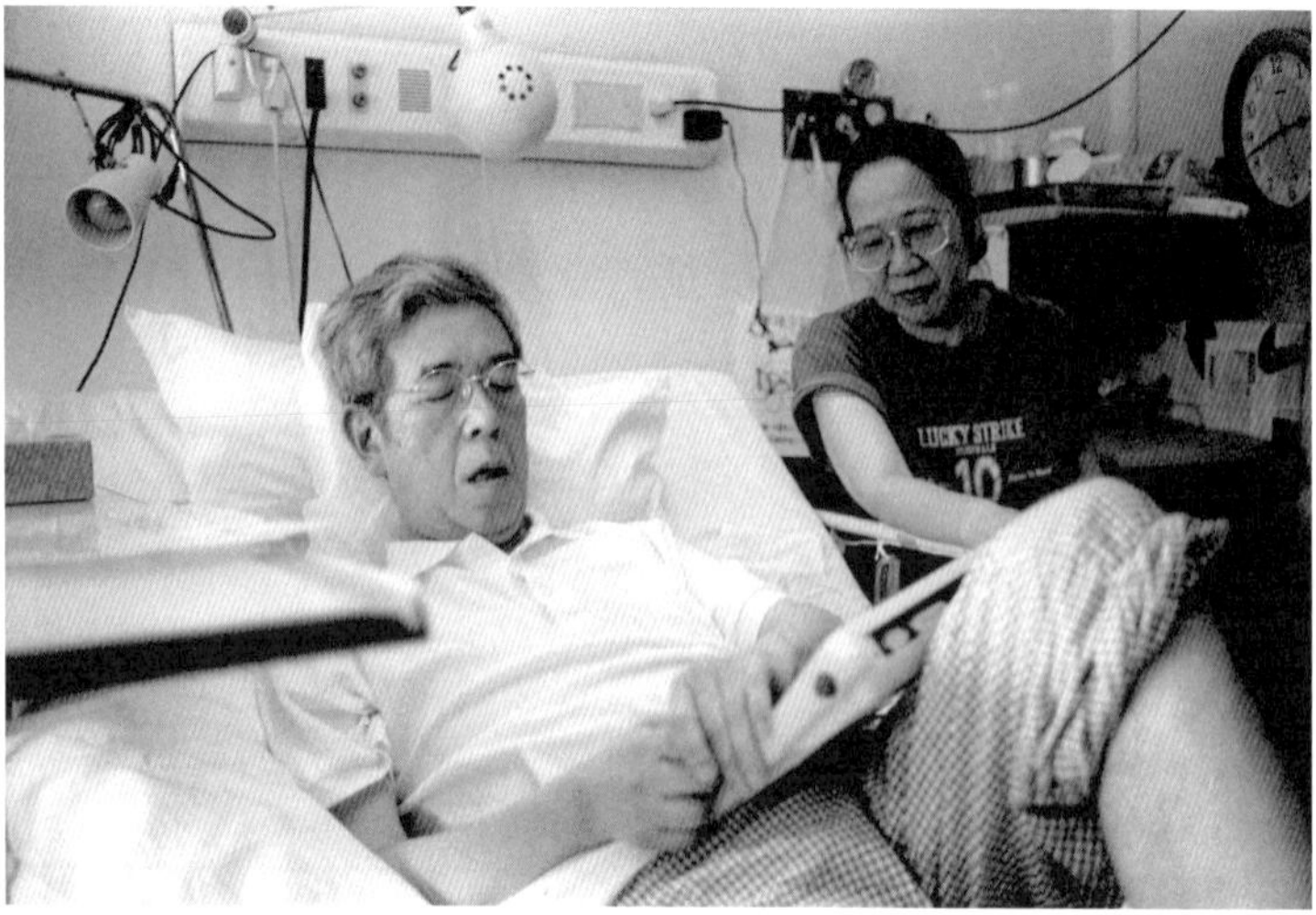

2001.7.27.　金沢の病院から東京・駒込病院に転院。秘書の山口葉子さんから転院通知をいただいてから1か月近い。どれほど回復されているか，楽しみでもあり，怖くもある。9階209病室。明るい表情にほっとした。先生は言葉を失っていた。鉛筆と原稿用紙で筆談する。水を飲むことの大変さを話されるようだが，なかなか思うようにいかず，トーキングエイドでの会話となる。

2002.1.25.　「アレガ処女作デス。オカゲデ執筆ノ意欲ガ湧イテキタ。モウ，連載ノ予定モデキタ。二人デ書ク。分子生物学者・科学者ノ柳澤桂子サント往復書簡ノ形。」言語回復訓練を終え，自ら車椅子を操作して自室に戻られ，一気に思いのたけを吐き出された。どんなにうれしかったのであろうか。

2004.6.26.　新築祝いパーティから20日後。いつも若々しく，かいがいしく，さわやかに迎えて下さる式江夫人。日盛りの午後のリビングルームで。

2001.12.14. 東京リハビリテーション病院（墨田区）にて。多田先生の周りにはいつも笑いが。

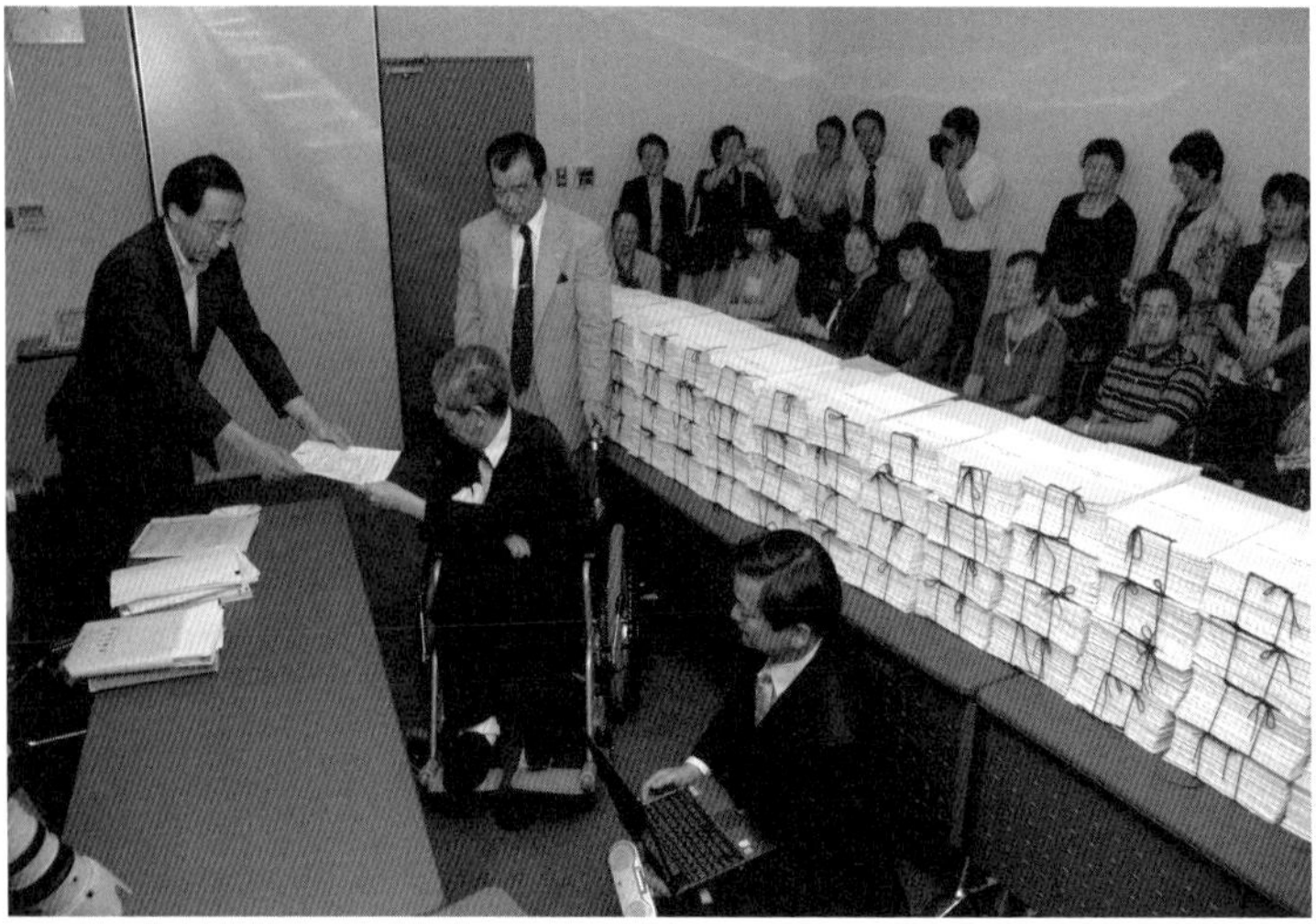

2006.6.30. 厚労省にて署名を提出。先生曰く，「一番弱い障害者に『死ね』といわんばかりの制度をつくる国が，どうして『福祉国家』と言えるのか」と，「リハビリの保険診療最大 180 日」を撤廃し，患者を守れ‼と，署名 44 万の数を集めた。

2004.2.21. 湯島マンションにて。秘蔵の面「泥眼」と。

2007.10.18. 京都・東寺で行われた「一石仙人」野外能。

は、決して別々のことではなかった。二〇〇六年に「自然科学とリベラルアーツを統合する会（INSLA）」を創立し代表となったのは、自然科学と人文学・芸術が不可分のものであるのを当然としていた多田さんにとっては、その分断の深さを憂えたゆえのやむにやまれぬ実践だったに違いない。

自然科学の最先端において研究を重ねた多田さんが、同時にそうした研究が突きつける人間という存在の本質に関わる問題をも厳しく問うていたことは、新作能の主題などからも明らかである。本書では、多田さん自身のことばによってその世界観・学問観を端的に示すとともに、自然科学・人文科学・芸術など多岐にわたる、多田さんを知る多くの方々の寄稿により、この巨大な存在が体現していた「世界」に迫りたいと思う。そのことによって、多田さんが現代社会に向けていた厳しい批判と、その先に見通していた「希望」とは何であったのかを考えてみる縁としたい。

藤原書店編集部

多田富雄の世界　目次

Ⅱ 「偲ぶ会」に寄せて

Ⅲ Science

免疫学

科 学

Ⅳ　Liberal Arts

能

V Family and Old friends

父として、夫として

多田富雄の世界

本書は『環』第42号・特集「多田富雄の世界」（二〇一〇年夏）を再構成し、若干の加筆修正を加えたものである。年代等は発表時のものにしたがっている。

I　多田富雄のことば

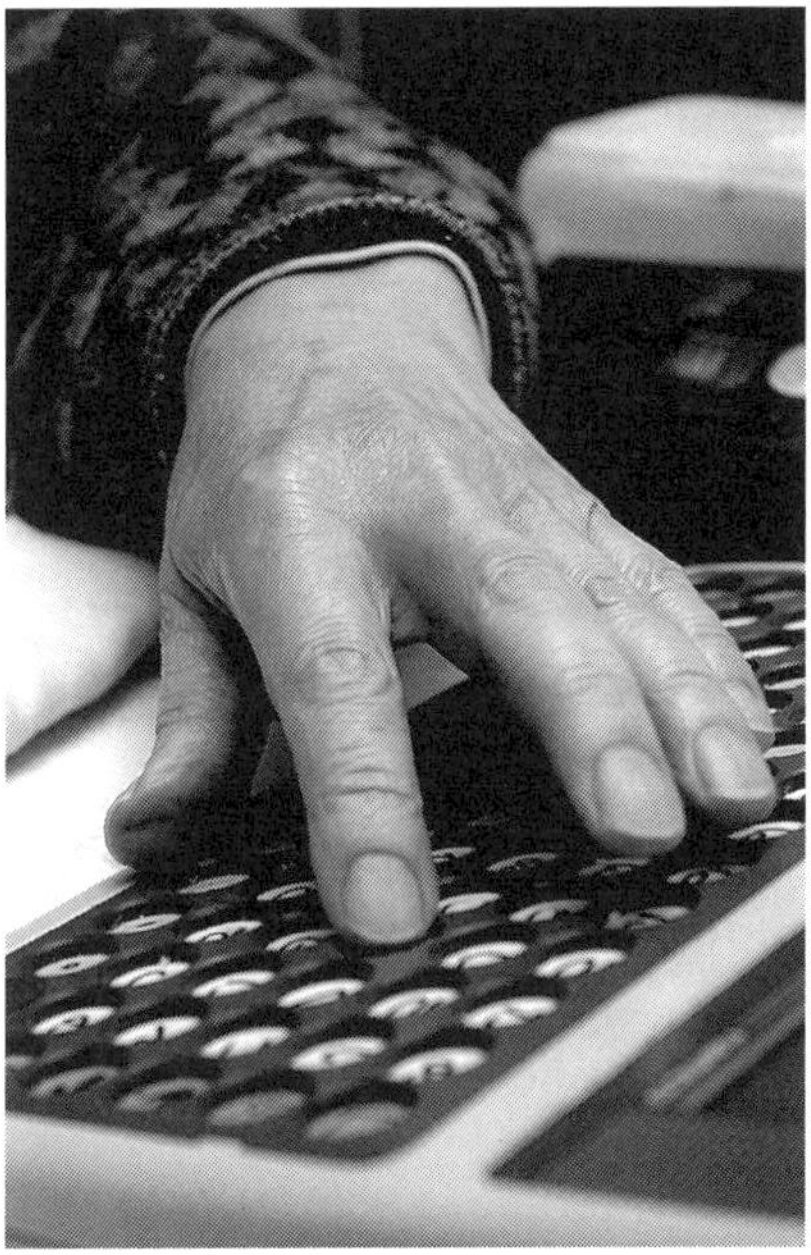

Photo by Miyata Hitoshi

歌占*

死んだと思われて三日目に蘇った男は
白髪の老人になって言った
俺は地獄を見てきたのだと
そして誰にも分からない言葉で語り始めた

それは死人の言葉のように頼りなく
蓮の葉の露を幽《かす》かに動かしただけだが
言っているのはどうやらあの世のことのようで
我らは聞き耳を　立てるほかなかった

真実は空しい
誰が来世など信じようか
何もかも無駄なことだといっているようだった

そして一息ついてはさめざめと泣いた

死の世界で見てきたことを
思い出して泣いているようで
誰も同情などしなかったが
ふと見ると大粒の涙をぼろぼろとこぼしているので
まんざら虚言《そらごと》をいっているのではないことが分かった
彼は本当に悲しかったのだ

無限に悲しいといって老人は泣き叫んだ
まるで身も世も無いように身を捩《よじ》り
息も絶え絶えになって
血の混じった涙を流して泣き叫ぶ有様は
到底虚言とは思えなかった

それから老人は
ようやく海鳥《うみどり》のような重い口を開いて

地獄のことを語り始めた

まずそれは無限の暗闇で光も火も無かった
でも彼にはよく見えたという
岬のようなものが突き出た海がどこまでも続いた
でも海だと思ったのは瀝青《れきせい》のような水で
気味悪く老人の手足にまとわりついた
彼はそこをいつまでも漂っていた
さびしい海獣の声が遠くでしていた

一本の白い腕が流れてきた
それは彼にまとわりついて
離れようとはしなかった
あれは誰の腕？
まさかおれの腕ではあるまい
その腕は老人の胸の辺りにまとわりついて
どうしても離れようとしなかった

ああいやだいやだ

だが叫ぼうとしても声は出ず
訴えようとしても言葉にならない
渇きで体は火のように熱く
瀝青のような水は喉を潤さない
たとえようも無い無限の孤独感にさいなまれ
この果てのない海をいつまでも漂っていたのだ

身動きもできないまま
いつの間にか歯は抜け落ち
皮膚はたるみ皺を刻み
白髪の老人になってこの世に戻ってきたのだ
語っているうちにそれを思い出したのか
老人はまたさめざめと泣き始めた

が、突然思い出したように目を上げ

思いがけないことを言い始めた
そこは死の世界なんかじゃない
生きてそれを見たのだ
死ぬことなんか容易《たやす》い
生きたままこれを見なければならぬ
よく見ておけ
地獄はここだ
遠いところにあるわけではない
ここなのだ　君だって行けるところなのだ
老人はこういい捨てて呆然として帰っていった

＊歌占《うたうら》　伊勢の神官、渡会《わたらい》の某《なにがし》は頓死して三日目に蘇る。白髪の預言者となって、歌占いで未来を予言し、死んで見てきた地獄のことをクセ舞に謡い舞う。はては、狂乱して神がかりとなり、神の懲罰を受ける。

ネクタイを捨てよう——学会報告・第2回国際免疫学会議(英・ブライトン)

暗い雲が低くたれこめていたかと思うと、さんさんとした陽光がふりそそぐ英国特有の夏の一日、海峡に面した避暑地ブライトンで、第二回国際免疫学会が開幕した。ロンドンから車で一時間余り、広い牧草地と古風な町々を通り抜けながら着いたブライトンは、長くのびた海岸線に面して古い家並がたちならび、緑に囲まれた小さな保養地である。いかにも現代免疫学のシュトルム・ウント・ドランクとは対照的な眺めである。

しかし、この小さな町に集まった世界各国からの免疫学者の数は四五〇〇人余りということである。一九七一年の、ワシントンでの第一回国際免疫学会の参加者が約二〇〇〇人であったから、この三年間の免疫学の発展のみならず、免疫学者の proliferation と differentiation の様子が、この数からもうかがうことができるだろう。また、この幾何級数的な増大は、たんに免疫学の縦軸への発展ばかりではなくて、その cover する所が医学、生物学の各分野、とくに感染症や代謝・遺伝病をふくむ、臨床医学の各分野におよんでいることを示すものである。

ただ、このようにすそが広がって巨大化した学会は、免疫学の impact な進歩を追うには、実際は不都合である。国際学会にとって、学会行事にもまして重要であるはずの、研究者間のパーソナルな出会いと討論の機会が失われ、学会そのものも非能率的になるのは避けられない結果である。お互いにさがし求めていた旧友と出会ったり、新しい仲間をみつけ出すという機会もしばしば失われてしまう。同時に進行している三つのシンポジウムと、一日に三〇にも及ぶワークショップのうちのどれかに出席していても、全体の動きを察知することは容易ではない。この学会が、いかにもdisorganizedという印象を与えたのはこのためである。

けれども一方では、このdisorganizedの欠点のおかげで、学会の方はあきらめて、逆にかなり自由な、こだわりのない交流を持つこともできた。私の泊っていた安ホテルの一画は、ロンドンの細胞免疫学者のグループが全部リザーヴして、それを旧知の友にあててくれたので、米英仏瑞などのかなり著名な免疫学者が毎夜ロビーに集まって、学会の行なわれたメトロポールホテルとは別に、ひとつの社交場を作ることになった。私も持参のサントリーを持って毎夜のようにここに集まり、大勢の旧知、未知の研究者と話す機会を持った。disorganizedの学会は、学会とは別にこういうこだわりのない小さなコロニーを作らせ、そこでは自由な、いきいきしたdiscussionの場が作られた。

学会では、午前に同時に進行する三つのシンポジウムと、午後はシンポジウムのほかに三〇のワークショップがあった。このマンモス学会の全貌を伝えることは不可能だが、私の主として出席した細胞免疫学の領域でのいくつかのトピックスをひろってみることとする。

まず私の印象では、この数年間いちじるしい進歩をとげ、今回の学会でも最大のトピックスとなったのは、免疫遺伝学における新しい知見である。とくに約二年ほど前から、むしろひそかに進んでいた感のある免疫関連抗原（immune associated antigen、Ia抗原）に対するやや爆発的な興味である。実際のところ、この会議における目新らしい報告は、Ia抗原と何らかのかかわりを持っていたかのように思われる。

（中略）

1994.3.16. Photo by Miyata Hitoshi

ところで、このような地道で、しかも輝かしい成果が現われるためには、欧米諸国における研究者の層の厚さと、それを支える免疫学研究の伝統があったことは確かであるが、同時にこれらの研究を発展させた要因として、すぐれた実験動物の開発と供給が可能であったという条件がある。私たちの手には、ようやくにして維持されているいくつかの系の純系動物が、限られた数だけ手に入るにすぎない。ちょっとしたことをしらべるにも、米国やヨーロッパにサンプルを仰がねばならないし、遺伝的なマーカーを持ったマウスのパネルは日本には存在しない。こんなことを外国の研究者にいうと、何をしてるかとびっくりするのであるけれども、これが現状なのである。こんな disadvantage の中では、設備や機械にどんなに金をかけても、はげしい競争にうちかつだけのよい仕事は生まれにくいだろう。私たちの研究費も大部分はマウスの維持や、外国からの購入で失われる。遺伝的背景のはっきりしたマウスを自在にあやつって研究を進めている外国に遅れるのは当然である。この学会レポートで、もっと沢山のトピックスや、シンポジウムの題名の羅列をさけて、ひとつの免疫学の進歩についてだけ紹介した理由は、実はそれを訴えたかったからである。

もうひとつこの学会で私が感じたことは、研究者の平均年令が大変若いことである。現在、最もアクティヴに仕事をしている免疫学者は三〇歳台が大部分である。四〇をすぎるともういささか活気がないと思われるほど、彼らは新鮮で活動的である。若いばかりでなくて、大変お行儀が悪い。ネクタイなどしめていないし、よごれたジーンズと破れたスポーツシャツで堂々と演壇にあがる。討論も先輩だからといって容赦はしない。その上、髪をのばしていたり、テニスシューズをはいていたり、はだしだったり、時にはくさい。これは学問が発展する時期には、きまっていつも起こる現象であろう。この連中のこだわりのない、しかも真剣で活発な討論をきいていると、たしかに血のさわぐのを覚える。私など、もう中古に入りかけているが、日本の若い研究者たちも、もう少しお行儀が悪くなって、もっと自由に討論するようになった方がいいのではないだろうか。お行儀よく完成するよりも、くさくてもアクティヴの方が、いまはずっといいにきまっているのだ。書を捨てよ、ではなくて、まずネクタイを捨てようではないか。ネクタイにまつわるさまざまの固定した観念を捨てようではないか。

(『感染・炎症・免疫』第四巻第四号、一九七四年)

科学技術競争の彼方《かなた》——若手研究者への手紙

K君、遺伝子工学の最先端で日夜活躍している君から、いささかペシミスティックなお便りを頂いてびっくりしました。確かに君の領域の進展は目覚ましいし、当分はエリマキトカゲのようにホイホイ走っていて幸福なのかと思っていたのですが、確かにお便りのとおり、断片的な遺伝子解析の激しい競争のまっただなかで、しかし、いつかはものを理解することができるだろうかと考えると、心にぽっかり穴の空いたようなむなしさを感じるというのは、理解できないわけではありません。

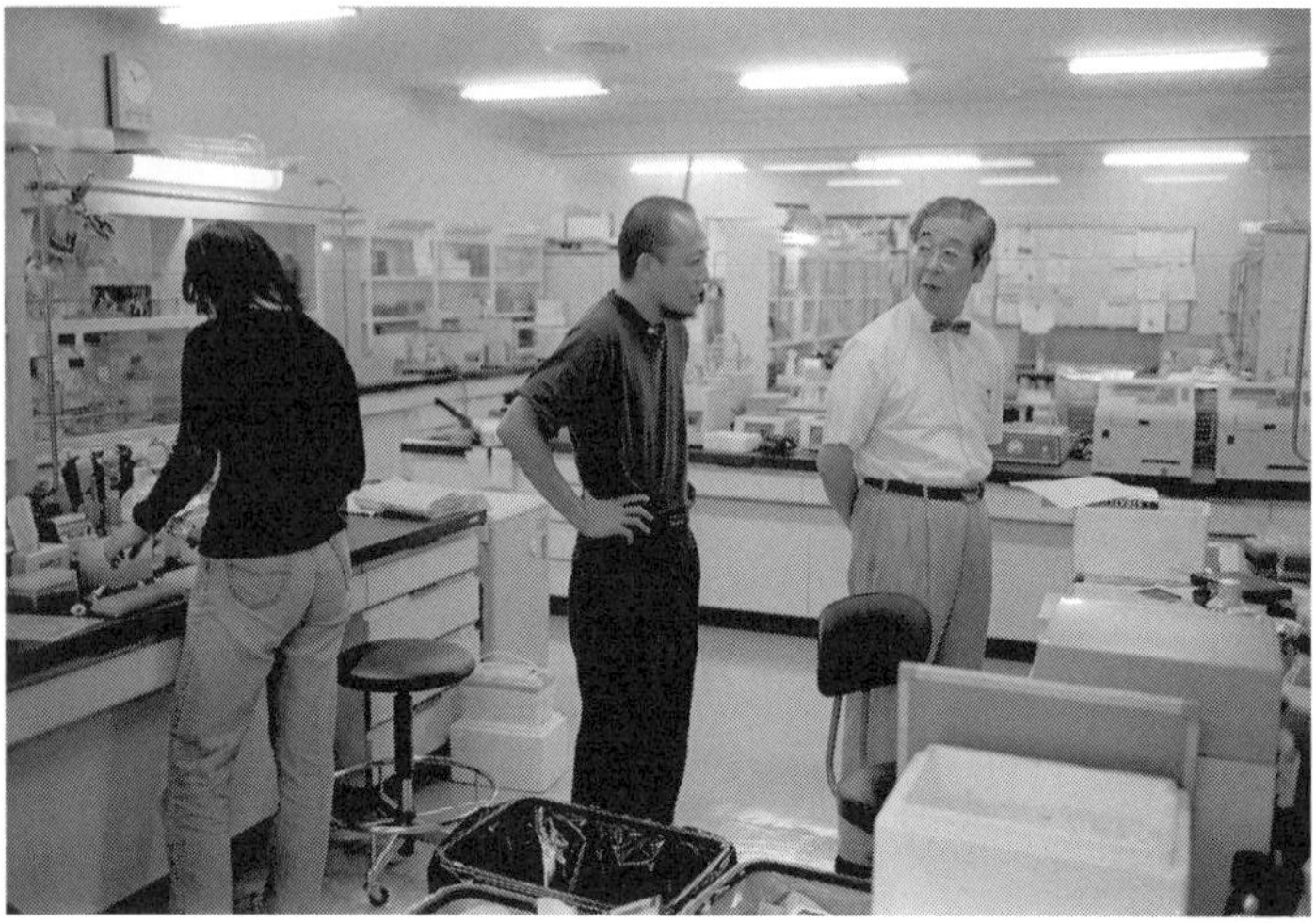

1999.9.29. Photo by Miyata Hitoshi

そうです。昨今の科学技術の進歩は、新しいプロメテウスの火をもたらしたはずなのですが、こうも過熱した競争のなかでは、ヨーイドン、どちらが先に駆けつくか式の単純化された競争原理が先行して、大もとになるモチーフや、研究に付随する人格的なものになど構っているひまはなくなってしまう。ただ断片的な成果だけを拾い集め、オーガニックな考え方より市場性の高いメカニックな解析が優先する、いわゆる科学の軽科学化と、科学者の軽科学者化が起こってきていることは否むことはできません。記号としてのDNAは解読できるが、その文脈など分からない。ましてや人間全体との関わり合いなど、考える方が下手という風潮が、若い科学者に浸透していって、商品としての科学と、科学技術振興という名の下にそれを助長する政策が行われてしまうという事態を見逃すわけにはゆきません。君がそういう問題に敏感だったことは、さすがと言わざるを得ません。

しかし、私は、いずれこの種の競争はあっけなく終わるだろうと高をくくっています。既にこの種の研究の成果というのが、個人の才能や天分とは無関係に、投下された資本量とその活用条件によって自ら決まってしまうような事態が生じている現在、そこで働いている科学者に新しい思想が生まれないはずはないと思うのです。

例えば、ニューヨークのジュリアード音楽院に行ってごらんなさい。そこでの音楽家たちの競争というのは、科学者のそれなど比較にならぬくらい熾烈なものです。技術的に可能な部分はすっかりマスターして、さてその上での競争なのですから。そこから先の競争は、もうレオナルドとミケランジェロの競争、モーツアルトとベートーベンの競争、そして人格と人格の、ひょっとすると神様と神様の競争になるのかもしれません。科学もまた、いまやこの領域に入ろうとしているのかもしれません。


(『学術月報』一九八四年一〇号〔第三七巻第七号〕)

山姥の声——『邂逅』あとがき

私が脳梗塞で倒れたのは、鶴見和子さんとの対談の日にちが決まってからの二〇〇一年五月二日のことでした。東北、北陸への旅から帰ったら、宇治の里に鶴見さんをお訪ねするというのが、私の予定でした。思いがけなく旅先で半身不随となり、救いのない絶望の日々を送っていたのですが、病床でもお会いする機を逸した慙愧の念が去来していました。

鶴見さんが日本人には数少ない、国際的に通用する「自説」を持った社会学者であることは知っていました。数年前に脳出血を起こして体が不自由になってからも、絶え間なく強力なメッセージを送り続けていることは聞き及んでいました。

でもそれまで、ご著書を精読したこともないし、専門もまるで違うので、何を話したらよいか、皆目見当もつかなかったのです。とにかくお会いして、胸をお借りしたいぐらいの気持ちでした。

ところが、思いもかけず同じ半身不随の身になってみると、こんな状態の中でいかにして創造的な仕事を続けていかれたのか、絶望をどう克服していったのか、ますますお会いしてうかがってみたい気持ちがわいてきました。しかし、悲しいかな今度はこちらが身動きできず、言葉もしゃべれない身となってしまったのです。

そんな時、鶴見さんから歌集『回生』が、そして『花道』が送られてきました。不自由な体で、かろうじて使える左手だけが偶然めくったどのページにも、精神を元気にさせる秀歌が載っていました。どんなに力づけられたか分かりません。

地の魂《たま》を喚び起しつつ歩むなり杖音勁《つよ》く打ちひゞかせて

という力強い歌を読むと、失礼な言い方になるかもしれませんが、能の「山姥」が鹿背杖《かせ》を響かせながら橋掛かりを歩いてくるのを見るようで、心強く思いました。もっと優しい「関寺小町」や「鸚鵡小町」だったらいいのですが、鶴見さんお許しください。

それから私は鶴見さんを失礼ながら「山姥」に見立てることにしました。「よしあしびきの山姥が山めぐりするぞ苦しき」と能で謡われるように、山姥は苦しいのです。それでも「輪廻を離れる」ため山めぐりを続けている。

我がうちの埋蔵資源発掘し新しき象《かたち》創りてゆかむ

というのは、山姥の妄執とも映るかもしれません。

藤原書店の藤原良雄さんのご配慮で、対談ではなく往復書簡集の形で対話をしてみないかという話になりました。願ってもない機会です。しかし、私は慣れないワープロで、ポツリポツリ左手だけで打つので、早くは書けません。鶴見さんはテープに入れて声のお便りだそうです。

どうなることかと心配していたところに、最初のお手紙が来ました。それは目の覚めるような明晰、かつ鋭い問題提起から始まりました。腹筋を使った力強い声です。声の出ない私は、たじたじとなりました。それも論理が通って、てにをはにも一字も間違いがない。声は力だというのは、まさにこのことです。

それに専門の違うところで、ただでさえ難しい問題に答えなければならない。自然科学の立場を社会科学に置き換えてお話しするのは、至難のことでした。勉強はしていても言葉が違うのです。思い違いも何度かありました。見当違いの議論があったとすれば、私の不行き届きのせいです。

その間鶴見さんは、大腿骨骨折で入院され、一時お仕事を中断されたこともありました。同じ障害を持つ私には、その事故がどんなに気力をそぐものか痛いほど分かったのです。第五回のお手紙は、お声まで元気がなくて心配しましたが、失礼な言い方になるかもしれませんが、お能の「山姥」が白髪頭を振りたてて、ワキの旅人に道を説いて聞かせているようで、身の震える思いがしました。

それでも次の回では、腹筋を使った力強い岩根をも動かす声で「多田さん」と呼びかけてくださり、これなら大丈夫と安心しました。鶴見さんの声は自信があふれ、曖昧さを許さない威厳に満ちていました。

私は押され気味でしたが、できるだけ誠実にご質問にはお答えしたつもりです。それにしても、鶴見さんの気力は凄みがあります。これから自分の中に深く積もった地層を、踏破する旅を続けるというのですから。その旅の幸多いことを祈ります。

自然科学、ことに生物学には、社会科学的観点が必要であることを、改めて教えられたことも有難かった。今まで専門の免疫学を、他の領域の人文科学に照らしてみたことは少なかったのですが、今回の対話によってそれが可能であることがわかりました。そして、社会科学でも生物学でも、行き着くところの問題には共通性があることに気づかされました。「自己」などというのは、ひとつの分野

2004.6.26. Photo by Miyata Hitoshi

で扱うのは無理なので、領域を超えた議論がこれからも必要であることを痛感しました。

この一年間、リハビリを日課としながらも、知的な緊張をもって過ごすことができたのは、鶴見さんの「山姥」に励まされたおかげです。社会科学にまったく無知なものに、親切に導いてくれたことに感謝します。

二〇〇三年五月十五日

（多田富雄・鶴見和子『邂逅』藤原書店、二〇〇三年より）

ＩＮＳＬＡを通じて——二〇〇七—二〇一〇

設立趣意書

ますます細分化した科学は、自分の位置さえわからぬまま急速に進んでいる。そこには紛れもない夢と実益が含まれているが、潜在的危険も孕んでいることは今さらいうまでもないだろう。二〇世紀に発した核技術はいまだに制御できないばかりか、ますます脅威を深めながら私たちの前に立ちはだかっている。人間の欲望と結びついた科学技術は地球環境を破壊し、二一世紀に最大の人類の問題となって持ち越された。遺伝子操作、生殖工学は、新しい医療技術を提供する可能性をもたらしたが、一方、一歩間違えれば人類の尊厳を破壊する恐ろしさを持っている。同じく資本と結びついた科学研究は人間性と乖離し、科学研究費の不公正な配分は科学者の人格を破壊している。

しかし、私たちは科学に大きな希望を託している。科学の進歩はとどめることが出来ない。科学や技術の進歩に必然的に含まれる光と影は、当事者である科学者だけでは解決できない。「科学の知」は、振り返ることがない故に、大きな進歩を可能にしてきたのである。科学の問題点を解決出来るのは、「科学の知」と「人文の知」の統合だけである。広い意味での教養、「リベラルアーツの知」がなければならない。

一方、文化や社会の問題を客観的に眺めるためには、「科学の知」を取り込んだ分析が必須である。したがっていずれの場合でも自然科学とリベラルアーツをアマルガメートした知が必要となろう。現代の問題点は、「より深い」、「より広い」、「より遠い」視野を持った複眼的思考を基にして考えることが必要である。

このような観点から、理系の研究に携わっている者と、文系の仕事に従事している人が、フリーに交流できる場を作り、科学の問題を文学、演劇、音楽等の芸術媒体で表現、理解する試みや、文化、社会の問題を科学の目で解明する試みを支援するために、「自然科学とリベラルアーツを統合する会(Integration of Natural Sciences and Liberal Arts, INSLA)」を発会する。

この会は、当面会議などは持たない。会員の提案によって、趣旨に合致した事業を計画し実行してゆく。会費は当面無料とし、個人と団体からの寄付によって運営する。事業の計画、討論、報告はすべてネットで行うという実験的運営をする。会員はしばらくの間は、実行委員と賛同者の推薦のみによる。

二〇〇七年春

INSLA代表　多田富雄

第一回講演会「鳥インフルエンザの恐怖――文明論的考察」当日挨拶

今日はお忙しいところをお集まりいただいてありがとうございます。

私は「自然科学とリベラルアーツを統合する会」の代表、多田富雄です。六年前に脳梗塞で右半身の完全な麻痺と、言葉の自由を失いました。このようなお聞き苦しい電子音でご挨拶することをおゆるしください。

会の趣旨などは、お配りした趣意書にありますからごらんいただければいいのですが、どうしてこんな会を発足したか、また、具体的にどんなことをするかについておおよそをお話しし、質問があれば実行委員のメンバーに説明していただくことにいたします。

もともと私は免疫学の研究者です。毎日二十日鼠に抗原を注射し、どんな免疫反応が起こるかを胸ときめかして調べてきました。科学というのはそれで充足したものと思ってきましたが、定年を迎え、ちょっと現場から離れた視線で見ると、科学の問題は科学の視点だけでは解決できないことに気づいたのです。私は『免疫の意味論』と『生命の意味論』という著書で、科学の成果の意味、インプリケーションを探る試みをしましたが、それだけではすまないことに気づきました。

今、科学者は、行きすぎた成果主義の結果、研究費をとるためだけの研究に憂き身をやつし、本当に自分が何をやりたいか、何が問題なのかを、真剣に考える機会を失ってしまいました。あなたの科学者としての夢は何なのですか、と聞かれて、答えられる研究者は少なくなったのです。理念のない研究者が跋扈していることは、結構危険なことです。

そうなったのはなぜか。科学の成果は自立的に次の成果を呼び出します。そして次々にオートマチックに流れを作っていくのです。全体を見る目はますます希薄になってゆきます。何をやっているかもわからずに、単に流れに身を任すだけになるのです。結果は、単なる競争のためだけの世界になってしまいます。危険なことです。

生物学の世界でも、研究のコンセキエンスは、生物学の中だけにはとどまりません。環境、生存、共生、経済活動、などに関わる問題を考えないわけにはいきません。

医学研究では、生命倫理、問題が生じたときの人類の行動様式、夢と現実など、広範な理解がないと危ない状況が続いています。その中には、再生医学、生殖医学、移植、脳研究などが含まれています。物理、化学などはいうまでもないことです。巨大資本と結びついて、戦争に直結する危険と隣り合わせです。科学者は重い責任を持っていることを、忘れてはなりません。

私たちが、そのすべてを解決しようなどというわけではありません。むしろ、そうした問題を包括的に考え、表現してゆく環境を作ろうと、この「自然科学とリベラルアーツを統合する会」ＩＮＳＬＡを立ち上げることにしたのです。ここでは、科学の成果を、広い意味での「人文」の目で眺め、それを言葉で訴えるだけでなく、芸術、文化の活動とつなげて発信することを考えています。また文化現象を最新の科学の目で見直し、新しい視点を創造することも大事な活動です。

そうすることによって、現代の問題を「より深い」、「より広い」、「より遠い」視野を持った複眼的思考を基に、再構築したいというのがこの会を作った理由です。

たとえば、今日開かれる第一回ＩＮＳＬＡ講演会の「鳥インフルエンザの恐怖」では、いつかは必ず襲ってくる鳥インフルエンザの流行に関する、最近の分子生物学的研究成果を、これまでの歴史的疫病の流行の際に見られた人間の行動様式と比較し、そこに関わる都市構造の問題などウイルス学の問題を文明論的に討論します。こういう捉え方は従来の生物学ではなされませんでした。

「沖縄残月記」は、沖縄戦の悲劇を描いた私の新作能の一部を、謡と囃子で試演するものですが、これは来年に沖縄の平和記念館などで上演されることを希望しています。

また、アインシュタインの相対性原理と平和思想を題材にした「一石仙人」は、一昨年の世界物理年には、日本委員会のオフィシャルイベントとして上演されたものですが、本年一〇月一八日には、このＩＮＳＬＡの会の製作によって、京都の教王護国寺、つまり、東寺で上演されます。アインシュタインの時空という、現代物理学の宇宙論が、密教の曼荼羅の世界観と出会う、歴史的なイベントになると思います。またこの能は二〇〇八年には、ボストンのハーバード大学、ＭＩＴなどの科学者にも見せるために、アメリカにわたる予定です。その実現のために、今年四月に、ボストンでＭＩＴはじめ六つの大学や日本語学校において能のワークショップを行いました。またこの秋にも、ボストン美術館などで能のワークショップを行う予定です。

そのほか能の活動としては、八月九日の長崎被爆の日に、私の新作能「長崎の聖母」がグレゴリー聖歌隊の参加を得て渋谷のセルリアン能楽堂で上演されます。間接的ですが科学者の戦争責任を問うています。初演は昨年浦上天主堂で絶賛された能です。

また多田の作品「横浜三時空」の初演も、本年九月八日に横浜能楽堂で行われます。現代と古代、さらに神話の世界を自在に行き来する能です。この会のメンバーでもある、横浜のＮＰＯ法人ケンタウロスの製作です。

こうした活動は、会員の提案を実行委員が審査して決めています。別に能の上演に限りません。私が、能のほかには能がないからと言うだけです。

科学の活動としては、来年の第二回の講演会には、IgEの発見で名高い石坂公成先生ほかの講演に加えて、若手研究者が研究に立ち向かうべき態度、そして研究の哲学を聞くシンポジウムも企画されています。若手の研究者に、活を入れる会になると思います。

会員は、ネットで登録し、情報もネット発信に頼ることにしました。ＩＮＳＬＡのホームページは印刷物に示したとおりです。

今のところ、会費は、有志の方が拠出した寄金によって運営しますが、今日も受付でご寄付を集めています。どうかご協力ください。

しかし事業にはお金がかかります。皆さんにおかれましても、補助金や寄付金の可能性についての情報をお知らせくださるよう、お願い申し上げます。スポンサーになる企業があったらどうかお口添えくださいますようお願いします。どうかこの会の意義を広く知らせてくださいますよう、またこの会が、成功して存続できますように、皆さんのご協力をお願いします。今日はどうもありがとうございました。

（二〇〇七年六月二九日　於・東京大学鉄門記念講堂）

東寺・奉納野外能「一石仙人」ご挨拶

私の新作能「一石仙人」は、二〇〇三年の横浜での初演以来、四年弱の間に七回の公演を重ねてきました。新作能では珍しいことです。二〇〇六年には、この能の主人公、アインシュタイン博士が相対性原理を発見して百年を記念した、ユネスコの世界物理年が、世界各地で祝われました。それを記念して日本の世界物理年委員会では、この能をオフィシャルイベントとして取り上げ、世界中に発信してくれました。

このたび、真言密教の大本山、教王護国寺の立体曼荼羅の前で、上演の機会を得ましたことは、作者としてまことに光栄なことと、緊張しています。

もともと能は、過去、現在、未来を飛び越えて真実を語る演劇のジャンルです。この能も、過去から現れた「一石仙人（アインシュタイン）」が、時空を超えて宇宙の運命、人間存在の神秘を語り、未来のブラックホールに吸い込まれるまで、能の極限の演技に挑戦します。秋の一夜、東寺の立体曼荼羅の前で、仏教の曼荼羅の世界と現代物理学の膨張する宇宙観を重ね合わせて、宇宙の神秘と人間の運命に思いをはせるのもいいことだと思います。

今、なぜアインシュタインのことを能に書いたのか、と不思議に思われる方もあるでしょう。それは彼の理論が、私たち人類に大きな影響を与えているからなのです。何よりも、唯一の真理というものがありうるとしたら、それは彼の統一場の思考の延長線上にあるはずです。たとえば、世界に深刻な脅威を与えている核問題も、もとはといえば彼が発見した、質量はエネルギーと同じ（$E=mc^2$）という理論から導かれたものです。

熱烈な平和主義者であったアインシュタインは、この能の中で核の脅威を訴え、自戒をこめて核武装を戒めます。

それでは、相対性原理と核時代の平和という現代的テーマを、なぜ古典芸術たる能で取り上げたのか。それは、何十万光年という気が遠くなるような宇宙の、時の流れと広がりを現わすには、幻世と空蝉の世界を自在に往き来する能の表現が適していると考えたのです。もともと能は、前衛的なライブなのです。また、現代物理学の世界観が、東洋の仏教思想と、どこか相通ずるものがあるように思われたからです。

特に今回は、清水寛二師の鮮烈な演技、大倉正之助師の大鼓という息の合った組み合わせが表現する時間、空間の広がりを堪能していただけると思います。舞台もこの公演のための、建築家の岩崎敬氏による、水と光の創作です。仏教の宇宙観を表現する日本の伝統芸能と、西洋の近代物理思想の融合と対比を観ていただけると存じます。お能というものが、現代でも新しさと驚きの演劇であることが良く分かっていただけるでしょう。

普段能に接することのない人や高校生、外国の人にも、楽しんでいただけるものと信じます。

（二〇〇七年一〇月一八日　於・東寺／公演パンフレットより）

第二回講演会「地球に地獄がやってくる！——地球温暖化で何が起こる？」開催報告

自然科学とリベラルアーツを統合する会（ＩＮＳＬＡ）は三年目を迎え、いくつかの計画を持っていましたが、現代科学の残した最大の問題のひとつ、地球温暖化の問題を、リベラルアーツの目で取り上げました。

まず、巷間言われている温暖化の科学的裏づけの問題です。科学的真実はひとつのはずですが、このような現実問題が強いインパクトを持つときには、たくさんの俗説が世に流布されます。たくさんの俗説の本が書店に並んで、私たちはいったい何を信じ、どうしたらいいかを見失っています。だれでもいやなことには目つぶって、本当に地球温暖化は問題なのかと疑いがちです。それは、人類史からは、何度か経験したはずの滅亡のシナリオであり、それをどうやってしのいできたかを振り返りながら、問題点を考え、対策を決める必要のある問題のはずです。

第二に、温暖化地獄の受け止め方です。古人がどうしようもない災害に、どのような行動様式で対処したかを知ることは、現代人にとっても大切なことです。未曾有の災害が予想されるとき、情報はどう処理されるべきか、どう伝わるか、どのような反応が期待されるか。悩ましい問題です。

第三に、まず起こるであろう健康被害についての知識です。温暖化によって熱帯病が起こればどんな風景が予想されるのか。などの問題について専門家からお聞きし、聴衆も交えて討論する会を持つことにしました。

講演会では、この問題の専門家である、東大生産技術研究所の山本良一先生に、ＩＰＣＣ、つまり国際的に気候変動を監視している政府間のパネルで、合意している科学的事実をわかりやすく解説していただき、真実はどうであるかを教えていただきました。ついで感染症研究所の津田良夫先生に、それが現実にどう私たちの健康に影響するのかを、追加していただきました。情報科学者の公文俊平先生には、文明論的に、これが私たちの生活をどう変えるかという問題を論じていただくという構成になっています。

内容については、個別の報告に任せますが、問題の複雑さと困難さには、目を見開かれたと思います。しかし討論を通じて、この問題が十分の切実さと危機感で受け止められているとは思われませんでした。

講演に先立って、観世十郎元雅作の「歌占」の能の後半が、装束つきで演じられました。ホールのロビーを竹で区切っただけの仮設舞台でしたが、囃子方の迫力ある音に誘われて、地獄からよみがえった男（シテ清水寛二）の焦熱地獄の曲舞が目の前で舞われたのに、観客は息を呑みました。温暖化地獄を体感し、理解するのに、これほど適したイントロダクションはなかったと思います。こんなことができるのがＩＮＳＬＡの特徴であろうと思います。

聴衆は、中世の地獄の余韻のうちに、山本教授の講演を聴き、自分の問題として受け取りました。最後の総合討論では、楽観論、悲観論の活発な議論が交わされ、夜九時を過ぎても終わりませんでした。参加者は一〇〇名を越え、意義のある催しとなったと思います。

（二〇〇八年一〇月一六日開催　於・東京大学弥生講堂一条ホール／ＩＮＳＬＡ二〇〇八年活動報告書より）

第三回講演会「日本の農と食を考える——農・能・脳から見た」イントロダクション

昔々、「豊葦原の瑞穂の国」と呼ばれた古式豊かな国家がありました。言うまでもなくこれは周辺を豊かな海に囲まれ、豊かな実りと、みずみずしい、稲穂に彩られた国を象徴した古代日本語を連ねた日本語です。収穫の喜びを寿くアニミスティクな古代芸能の起源もここに認められます。これからご覧に入れます「三番叟」に代表される豊かな農耕の喜び、生の賛歌があったのはいうまでもありません。明らかにこの語源と関係があります。豊かな水資源とそれを大事にしたこの国民の創造性が、

ＩＮＳＬＡ活動記録（2007 ～ 2010）

年月日	タイトル	会場	内容・出演者等
2007.6.29	第1回講演会 「鳥インフルエンザの恐怖——文明論的考察」	東京大学鉄門記念講堂	①新作能「沖縄残月記」より朗読（清水寛二・安田登・大倉正之助） ②講演（竹森利忠） 討論（竹森利忠・岩崎敬・笠井賢一）
2007.10.18	東寺・野外能「一石仙人」	東寺　講堂前特設舞台（京都）	①プレリュード「三番叟」（大倉正之助） ②新作能「一石仙人」（演出・シテ：　清水寛二、ツレ：味方玄、ワキ：　安田登、美術：岩崎敬）
2008.10.16	第2回講演会 「地球に地獄がやってくる！——地球温暖化で何が起こる？」	東京大学弥生講堂一条ホール	①能「歌占」より「焦熱地獄の曲舞」（シテ：清水寛二） ②講演「温暖化地獄」（山本良一） ③討論（山本良一・公文俊平・津田良夫・岩崎敬）
2010.4.11	第3回講演会 「日本の農と食を考える——農・能・脳から見た」	東京大学安田講堂	①〈能〉「三番叟——収穫への祈り」（野村万作／解説：笠井賢一） ②講演Ⅰ〈農〉（講演：上野川修一・生源寺眞一・本澤安治・松本明・辻彰） ③講演Ⅱ〈脳〉（講演：加藤登紀子） ④討論

日本という国の大本を形作っていることは明らかであります。高温多湿のこの国が食物の自給率が四〇%といわれたら、砂漠の民には信じられないでしょう。

農業は日本の文化の基礎でもありました。「家にあれば　笥に盛る飯を草枕　たびにしあれば　椎の葉に盛る」こんな豊かな感性のもとには稲作農業があったのです。それらがどんなに貧しくとも「足るを知る」寛容な日本人の、文化的適正農業道を開いてきたのです。

その伝統は、かろうじて近代の「三ちゃん農業」というかたちで、なんとか生きながらえて守られてきたのですが猫の目にたとえられる農業政策によって翻弄され、農業効率化の名の下に農協指導による計画経済に押し流され、農業が貧しいものとなり、また農薬や経済優先の農産物を食べるのが普通のことになったでしょう。

さてこういう異常な農業から見た本当の農業の未来像はどうなるのでしょうか。科学の進歩は計り知れない。近代的工業化の水耕栽培によって無限に近い生産技術が現れようとしています。しかし私には何かモンスター的な非科学テクノロジーに支配された世界の現出のように思われてなりません。農業が古代日本人の血を受けて生命のよりどころとして生活全般を指導した文化の基礎にはなりえないことは明らかでしょう。しかし逆に今こそ、現代科学の忘れようとしている総合的生活規範になるのではないでしょうか。こういう理念が様々の実現性をはらんで姿を現しつつあるのではありませんか。

農業を基礎にした文化、文明を作る方法はないのか、自然科学の智と、人文科学の智を寄せ合った

「総合的知」の中で考えてみたいのです。「豊葦原の瑞穂の国」そこで何百年も培ってきた、耕す民族の約束された新しい知、それが「ＩＮＳＬＡ的知」の総合なのです。

（二〇一〇年四月一一日　於・東京大学安田講堂／公演パンフレットより）

〈付記〉 世界中、混迷の度合いはますます高まっています。地球環境、経済、医療、教育、食料などあらゆる分野で同時多発的に問題が起き、これらは共通する「根」に起因しています。近代以降の価値観が問われている今は、生命、尊厳、自然、都市、農村、食、国際関係など根本から意味を問い直すべき時です。今こそ「遠く・深く・広く」をモットーとする多田先生の視点が必要で、ＩＮＳＬＡの役割も増しています。多田富雄亡き後、残された我々はまず「多田富雄ならどう考えるか」から思いを巡らし、多才なメンバーの知恵を交換し未来を見いだすことで、ＩＮＳＬＡを継続させていく所存です。

ＩＮＳＬＡ代表理事　岩崎敬

新しい赦《ゆる》しの国

帰ってきた老人は
棘のある針槐《はりえんじゅ》の幹にもたれ
髭だらけの口を開いた
無意味に唇を動かし
海鳥の声で
預言者の言葉を呟いた

海は逆立つ波に泡立ち
舟は海に垂直に吸い込まれた
おれは八尋もある海蛇に飲み込まれ
腸の中で七度生まれ変わり
一夜のうちにその一生を過ごした
吐き出されたときは声を失い

叫んでも声が出なかった

おれは飢えても
喰うことができない
水を飲んでも
ただ噎《む》せるばかりだ
乾燥した舌を動かし
語ろうとした言葉は
自分でも分からなかった
おれは新しい言語で喋っていたのだ

杖にすがって歩き廻ったが
まるで見知らぬ土地だった
真昼というのに
満天に星が輝いていた
懐かしい既視感が広がった
そこは新しい赦しの国だった

おれが求めていたのはこの土地なのだ

おれの眉間には
明王の第三の眼が開き
その眼で未来を見ていた
未来は過去のように確かに見えた

おれの胸には豊かな乳房
おれの股座《またぐら》には巨大なペニス
おれは独りで無数の子を孕み
母を身篭らせて父を生む
その孫は千人にも及ぶ
その子孫がこの土地の民だ

おれは新しい言語で
新しい土地のことを語ろう
昔赦せなかったことを

百万遍でも赦そう

老いて病を得たものには
その意味がわかるだろう
未来は過去の映った鏡だ
過去とは未来の記憶に過ぎない
そしてこの宇宙とは
おれが引き当てた運命なのだ

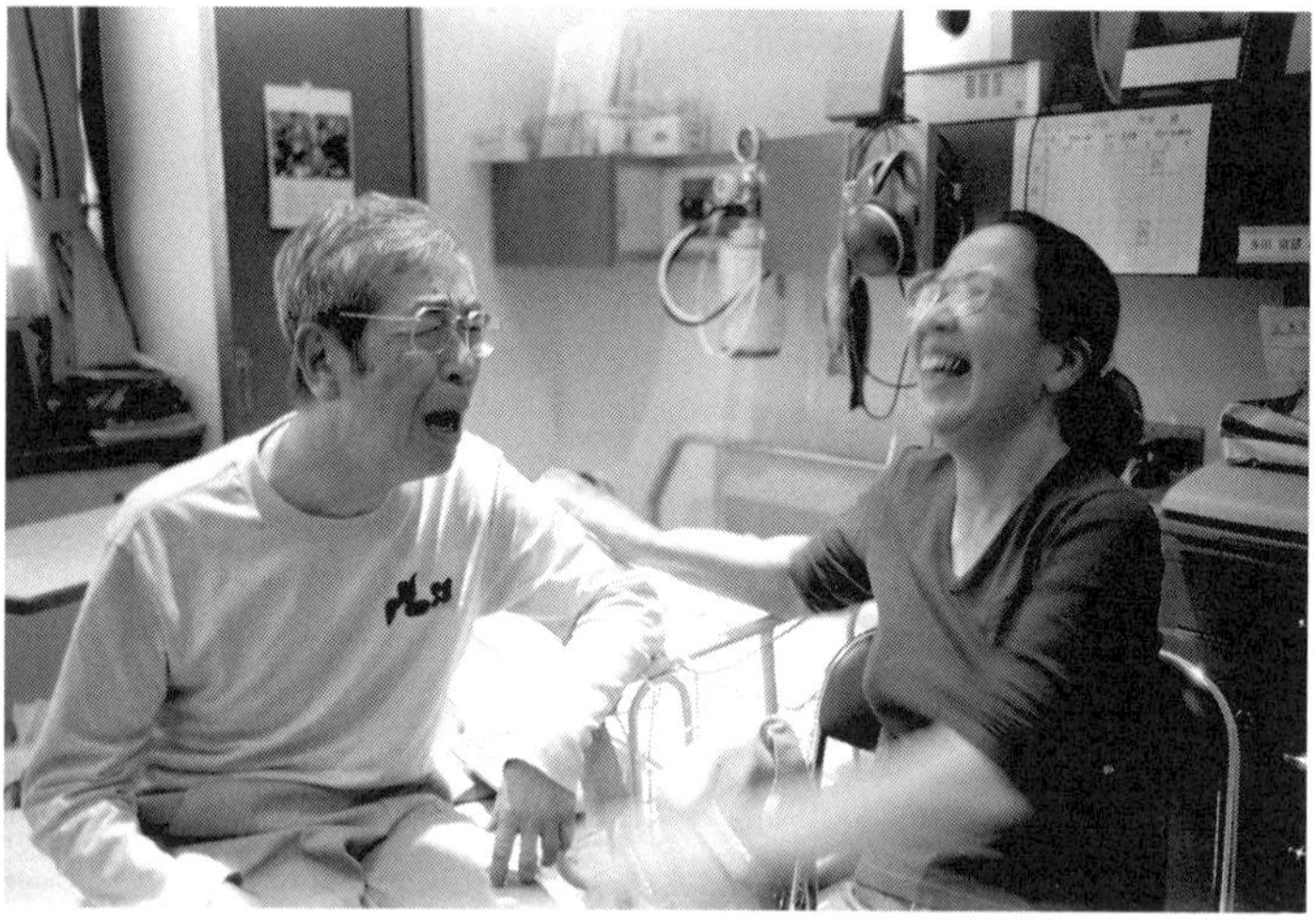

2001.10.2. Photo by Miyata Hitoshi

Ⅱ　「偲ぶ会」に寄せて

二〇一〇年六月十八日、東京會舘にて「多田富雄を偲ぶ会」が開催され、七〇〇人近い参会者が集った。当日は、岩崎敬氏（ＩＮＳＬＡ代表理事）の総合司会のもと、舞囃子「融」（シテ・浅見真州、笛・松田弘之）、新作能「花供養」（部分）（一管・梅若玄祥、笛・松田弘之）が演じられた他、奥村康氏による献杯、岸本忠三、村上陽一郎、谷嶋俊雄、石牟礼道子（録音）、谷口克、石坂公成（代読）、清水寛二、冨岡玖夫の各氏からの「偲ぶ言葉」、及び宮田均氏のスライド映写により在りし日の多田さんが偲ばれ、式江夫人の挨拶で締めくくられた。

（編集部）

孤城

石牟礼道子

訃報がとどいた時、私は、冥府へ向けて書くかのごとき一文を、草しておりました。

いつお果てになられても、不思議ではない御病状を直視しつつ、言葉選びをしていた手元が、ひとき止まりましたのは、昏《く》れ入る海の面《おもて》が、幾重にもよじれていたからでございます。

ああもうこれで、ご返信は来ないのだとわが胸に云いきかせました。二回目の往復書簡を続ける返事を藤原良雄さまに伝えたばかりでした。

いまわの時刻が刻々と近づいている中で、鎖骨が折れましたとか。一人の全生涯を死に至らしめるのに、ここまで入念に致命的な打撃を与えねばならないのでしょうか。富雄先生は全面的にそれを受容なされました。

十字架から下《おろ》された聖なる人を迎える気持になって、私は遠い所からこのお方をお迎えいたしました。

式江さまのご悲嘆はいかばかりか。これから先のおさびしさが、ご心身をいためないよう、お祈りするばかりでございます。奥さまの、想像を絶するご献身のおかげで、私ごとき者まで、先生の最後期の思索の、お伴をさせて頂きました。

理論にはほとんどなりえない私との文章のやりとりに対して、先生は『言魂』のやりとりであるとおっしゃって下さいました。この上ない書名をたまわり、お形見と思い、大切にいたしております。

そもそもは御高著『免疫の意味論』『生命の意味論』を人間学研究会の仲間と読んだことが、ご縁のはじまりでございました。

ことに、『生命の意味論』のまえがきで、

「わかりにくい所は飛ばして読んでいただいてさしつかえない。またどこから読みはじめてもかまわない。」

とお書きになっているのが、おそるおそる読んでいた私には天の声とも聞え、読書の極意をさずかったかのように、宇宙の詩情を交じえながら読めるようになりました。

理解力が拡散して、元へもどって来ないことがありましても、今のところ私はこの御著書を、二十世紀への創世神話として読んでおります。先生が御亡くなりになられてからは一層その感じは強くございます。

何者でもないただの一もの書きが、台所の隅で細胞のことなど考えておりますと、この世紀をアニミズムでとらえ返してみたくなるのですが、それというのも、ご著書の中に、「元祖細胞」というのが出てまいり、私は常ならず親愛の情を抱きまして、エプロンのポケットに、元祖細胞を入れて連れ歩くようになったからでございます。

「ここに元《はじめ》の祖《おや》　細《こまか》き胞《あわ》の命《みこと》いでまして
天地《あめつち》の間のことを語り給ひき」

などと呟きながら多田先生のご受難を考えていると、制度として発達した文明社会では、肉体や魂を持った学問は、制度への供犠としてあつかわれるのではないか、そういうことにはさせまいと思ったことでした。

東京の友人が二年前のご夫妻の、新聞写真を送ってくれました。のどに食事用の管を入れて、式江夫人が「よござんすか、よござんすね。入りますっ、ポン」とおっしゃって、命がけの食事がはじまります。たぶんそれが無事にすんで、くつろぎのお時間なのでしょう。じつにおしあわせそうな、あけっぴろげなお写真をみて、涙がこぼれました。——こういうしあわせもおありだったのだ、よかったよかった。

最後のお手紙には、本郷の「孤城より」とありました。免疫学の世界的権威とうたわれながら難病に倒れ、ご不自由な躰をひきづってリハビリ問題の先頭に立たれたり、農業を基本にすえた、文明論を立案なさったり、この「孤城」は、後世へのみちびきが、なつかしく灯っているお城となりました。

あの世との交信を考えはじめています。『生命の意味論』につなげて、神話と申しあげるゆえんでございます。

＊　＊　＊

ＮＨＫの取材班が、亡くなられるひと月ほど前に、「今もっとも、おっしゃりたいことは何でございましょう」とお伺いしたのに、二十分くらいお答えがなく、お暇しかけた時に、先生がベッドの上の人工音声機に打ちこみはじめられたそうでございます。

「今はこんな状態でとっさに答えができません。しかし僕は、絶望はしておりません。長い闇の向こうに、何か希望が見えます。そこに寛容の世界が広がっている。予言です」

「失語症の集いイン首都圏」に出席された感想が、最後に近い『落葉隻語』に記されています。

――わずかな理解者と患者たちの協力、親身に努力してくれる言語聴覚士やボランティアの力で開かれ、五百人を越える人が集まった。身体の不自由さに加えて言葉が操れない悲しみは健常人の想像を越えたものがある。

社会から疎外されて人との交流も少なく、孤独な戦いの連続である。私が言葉を失った体験を話し終ったとき、聴衆から「多田先生！」という声が上がった。私も精一杯の声を張り上げ、「ハーイ！」と答えた。

社会からは疎外された人たちだが、外にはやわらかい秋の日差しが、さんさんと降り注いでいた。

――

多田先生は、新しい出逢いをされつつあったのではないか。人間を見る視点はさらに深まって、「希望」も「寛容」も普遍性をおびながら、この会場の交流のなんと初々しいことでしょう。言葉だけでなく、存在自体も無化されて、次の時代の土壌となるときがくると思います。受難のはての深い沈黙の上を、歴史の中の影が一人、また一人と通ってゆくようでございます。先生が、通ってゆかれました。この上なく初々しいご自分の魂を灯りにかかげながら。お邪魔にならぬよう後ろからついて参ります。いつかは、魂のきずなというものがわかるかと願っております。

ハゼの子ら
豊葦原の
葉にねむる

稲の花
かほる地平や
朝の霧

（作家・詩人／「偲ぶ会」へのメッセージに加筆）

研究者としてのPhilosophyとモラル

石坂公成

多田君、

振返ってみると、貴方が初めて我々の研究室に来たのは大学院学生の時でした。それ以来、貴方との交友は五〇年以上に亘って続きました。貴方は最後まで私のことを「先生」と呼んでくれました。確かに、貴方に免疫学の手ほどきをしたのは私とワイフでした。大学院生時代や、初めて留学してDenverに来た頃には、私は貴方にとって怖い先生だったかも知れません。しかしその間に貴方は、我々の研究のやり方を見て、研究が如何に面白いものであるかということや、プロの研究者になるためには何が大切か？ということを自分で学び取ってくれました。

私の所に留学していた間に私が貴方に要求したことは一つだけでした。それは貴方が二度目に留学した時のことです。その時の仕事では、貴方はヒトの組織や臓器をしらべてIgE抗体産生細胞を同定し、その分布を明らかにしてくれたのですが、私が貴方を再びDenverに呼んだ目的はもう一つありました。それは貴方が「これから一生をかけてやろうとする課題を自分で考えて、自分で決めること」

でした。私がそんなことをポストドクの貴方に要求したのは、それまでの経験で、私は貴方の個性と長所を知っていたからです。

丁度その頃は細胞免疫学の夜明けの時代でした。「抗体の産生には胸腺由来のリンパ球が必要である」という画期的な発見がコロラド大学から出た後だったので、Denverは細胞免疫学の中心の一つになりました。貴方はコロラド大学のセミナーへ行って、その領域の進歩を聞いて興奮していたこともありましたし、天井の一角を見上げて、長い間考え込んでいる時間が多くなりました。その頃の君の姿は今でも私の記憶に残っています。私は貴方の相談には乗りましたが、貴方の研究課題の決定は貴方に任せました。後から考えると、この時代は貴方が研究者としての自分のスタイルを作った時代だったと思います。そして日本に帰る時に貴方は私に、「これからやる研究の計画ができました。千葉へ帰ったらすぐ始めます」と言ってDenverを離れました。

それから一年半ばかりたった時、貴方はその当時の免疫学者を驚かすような論文を立て続けに発表し、三〜四年後には細胞免疫学者として、世界的に認め

石坂公成氏傘寿の祝いにて（*2006.6.15*）
Photo by Miyata Hitoshi

られました。

それにも増して、私を喜ばせてくれたことは、貴方が「私から受け継いだ、研究者としてのphilosophyとモラル」を守ってくれただけではなく、それを次のgenerationにまで伝えてくれたことです。

最初の二〇年間研究一本槍だった私が、その後研究者の教育に熱心になったのは、貴方との経験が忘れられなかったからだと思います。

貴方は世界的に有名になった後でも、正直に自分の悩みを打ち明けてくれました。しかし、年をとってからは、私の方が貴方に教えられることの方が多かったのではないか?と思います。殊に脳梗塞で倒れられてから後の貴方の生き様には、私の方が教えられました。私は文学とも芸術とも関係のない人間ですが、貴方が回復して初めて書いた文章は今も私の心の中に残っています。

殊に癌が見つかってからの貴方の生き様は壮絶でした。私も気の強い人間だとは思いますが、自分の運命を知りながら、最後まで前に進むことを諦めなかった貴方の生き方には、心から敬意を表しています。

肉体的には大変な苦しみだったとは思いますが、貴方が最後までそういう生き方をすることが出来たことは、人間として幸福だったのではないでしょうか？　私は他人をうらやむことを知らない人間ですが、貴方の生き方は羨ましいと思います。

貴方とは長い間、心の通った付き合いをさせて頂きましたから、多くのことが私の記憶に残っています。私は「生と死」とかいう難しいことは分りませんが、私の心の中に貴方のことが鮮明に残っている限り、私にとっては、貴方はまだ生きています。純粋の scientist である私がこんな感覚を持つことは自分でも不思議ですが、貴方が残された philosophy は、generation を超えて伝えられるものと信じております。

平成二十二年六月

（ラホイヤアレルギー免疫研究所名誉所長、日本学士院会員／免疫学者）

多田富雄先生の生きたあかし

岸本忠三

「寡黙なる巨人」は遂にその姿を消されてしまいました。多田先生逝去の報に接し、何とも云えないさみしさが私をおそいました。私が免疫学の研究を始めてから四十五年、多田先生は常に私のはるか前に燦然と輝く目標でした。

今もはっきり思い出します。一九七一年ワシントンで第一回の国際免疫学会が開かれた時、多田先生は「サプレッサーT細胞の発見」という研究成果をひっさげてさっそうと世界の舞台に躍り出られ

Photo by Miyata Hitoshi

ました。全くの駆け出しであった私にとってはまさにその姿は英雄にも見えました。

多田富雄という名前が日本に免疫学のあることを世界に認知させました。多田富雄に憧れて若い研究者は免疫学の世界に殺到しました。*International Immunology* という国際誌を日本から発刊するという当時としては考えられなかったことにもChallenge し、見事に成功されました。

そして一九八三年、日本の免疫学は京都で第五回の国際免疫学会を開催するまでに急速に成長しました。この会はまさにＴｏｍｉｏによるＴｏｍｉｏの会として世界をリードする免疫学者を満足させました。

今、日本の免疫学のいくつかの分野は世界をリードするまでに成長しました。そして四半世紀ぶりに今年の夏、神戸で国際免疫学会が開かれます。この会に遺影としてしか先生に参加いただけないこと、日本の免疫学が先生のおかげでここまで成長したということを見ていただけないことは本当に残念です。

脳梗塞に倒れられて十年、その間左手で次々と出版されていく様子は、もうそろそろ辞めようかと思っていた私をどれほど鼓舞していただいたことでしょう。人間とは如何に素晴らしい存在であるか、強い存在であるかということを先生に身を持って教えてもらいました。

人は必ず死にます。しかし先生の残された生きたあかしは私の心の中に、そして数え切れないほど多くの人の心の中に残り続けていきます。

そのうち我々の仲間も次々とそちらの岸に行きます。先生のワインの講釈を聞きながら昔のような議論が出来る日が来るのではないだろうかと思います。それまで先生は決してゆっくり休まれないでしょう。そちらでも多くの新しい分野を開いて下さい。

心よりご冥福を祈ります。

平成二十二年六月十八日

（大阪大学大学院生命機能研究科教授、千里ライフサイエンス振興財団理事長）

人間の根源的なあり方に迫るお仕事

村上陽一郎

多田富雄さん
あなたのような存在をなんと名付ければよかったのでしょうか。

科学の世界でのたこつぼ化は、日々進むばかりです。科学研究の持つ本来的構造が、専門分化への指向性を備えている上に、レフェリー制度のような、現代の研究制度もまた、分化傾向を助長しこそすれ、歯止めには成りません。その小さなたこつぼのなかでさえ、いやな言葉ですが、国際的業績をあげるのに、研究者は日夜力を尽くし、必ずしも報われないのに、あなたは、斯界の誰もが認める大きな仕事を成し遂げられ、さらにその分野で、多くの研究者を育ててこられました。

しかし、それが如何に偉大なことであれ、あなたは、そこに安住され、満足されませんでした。あなたの仕事の可能性は、ご自分の科学研究の成果を土台にしながら、名著として語り継がれる『免疫の意味論』以降、思想の世界にも展開しました。通常現代の科学研究者は、自分の狭いたこつぼに住む同僚たち以外に、コミュニケーションの相手を持ちません。国内、海外を問わず。たまに、その境を超える冒険を試みる人がいても、多くは無残な結果に陥ります。しかし、あなたのこの領域での活動は、思想の世界に生きる人々に、正面から受け入れられる希有な例となりました。

しかも、文筆の世界でのあなたの活動は、それだけにとどまりませんでした。短歌を含む詩作の世界でも、多くの人々に感動を与えるものが生まれました。その可能性は、やがて、趣味の域を超える能楽の小鼓の素養をもとに、新作能の世界にまで広がりました。科学と文芸の二つの世界で名を成した方は、過去にも少なくありません。また新作能自体も珍しいことではないでしょう。しかし、例えば過去に、土岐善麿と喜多六平太（一四世）との関係から生まれた新作能の傑作などを考えれば、文芸と能楽とは自然に繋がれても、「一石仙人」のように、科学の世界と作能というジャンルをつないで一流の成果を上げることは、あなたにしかなしえなかったことだと思います。

さらに、その間に綴られたエセーの数々は、病を得られてから、むしろ凄絶な力を発揮しました。凄絶というのは、無論、病の結果である身体的な不自由さを超人的な力で克服されての執筆であった、という点にも加えられる形容ではありますが、人間の根源的なあり方において、揺るがぬ清冽な倫理観から、社会の不正に迫ること、つまり内容に対しても使われる形容であったと申せましょう。それが、私ども世の小さき存在にとって、どれほどの力となったか、これからもなり得るか、はかりしれないものがあります。

これだけのことを成し遂げられ、なお思い半ばであられたであろうあなたに、私どもは、どういう名をお贈りすればよいのか、またあなたの衣鉢をどう受け継いでいくべきなのか、あなたと幽明境を異にした私どもは、まだ混迷の中におります。ただ、有り難うございます、重なる苦しみから解放されて安らかにお休みなさい、と申し上げるのみです。

平成二十二年六月十八日
（東洋英和女学院大学学長、東京大学・国際基督教大学名誉教授／科学史・科学哲学）

Photo by Miyata Hitoshi

東大病院にて（2005.6.7）*Photo by Miyata Hitoshi*

Ⅲ Science

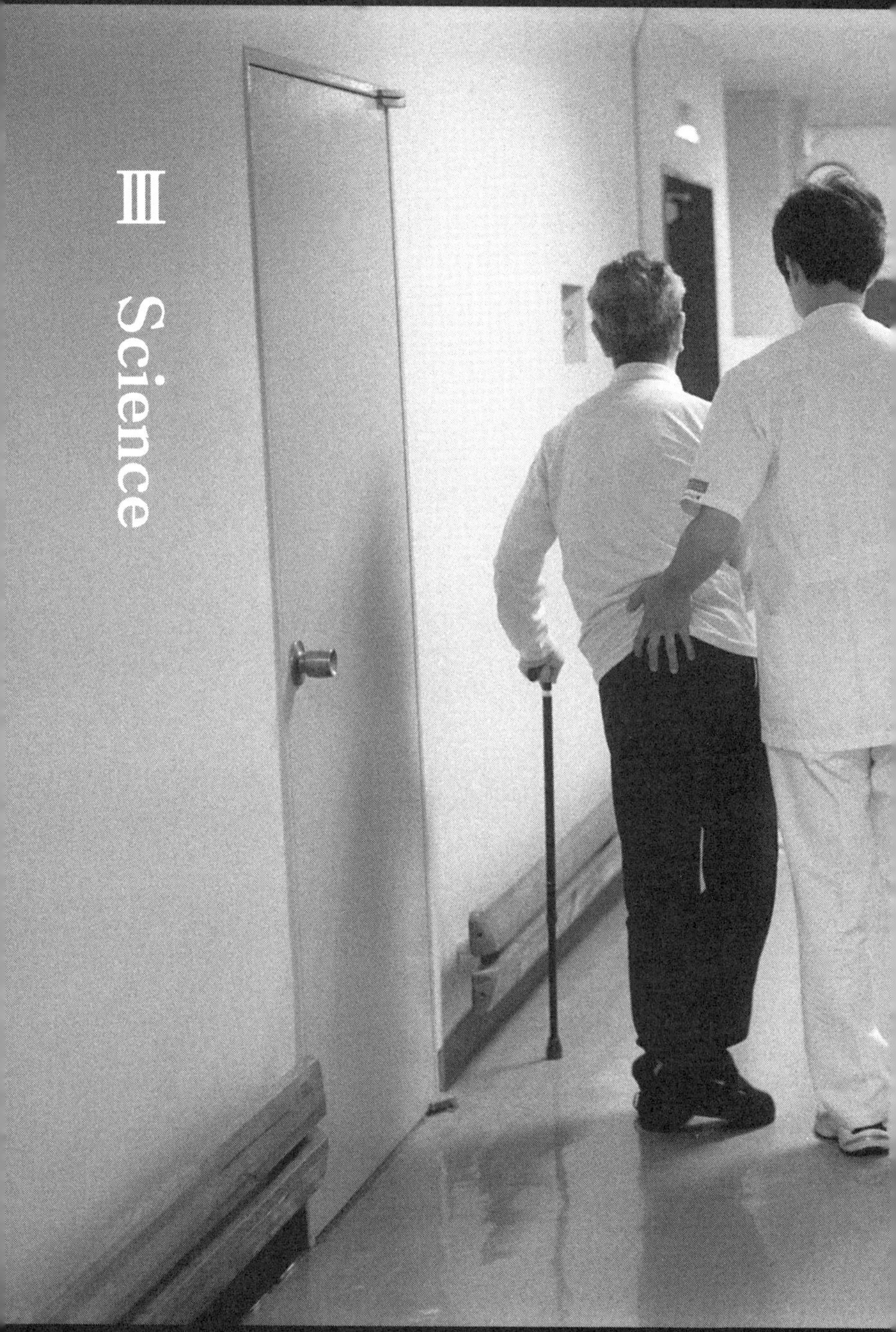

免疫学

多田富雄先生との親交

井川洋二

出会い　千葉大学の文理学部で同学年であったので、多田さんはそのころから知っていたが、強烈な印象をを受けたのは、Cold Spring Harbor シンポジウムの会議途中でのワイン、スナック付のパーティーで所長のジム・ワトソン（DNAの二重螺旋で著名）が彼を紹介してくれたときのことである。同じ病理学出身とはいえ、肌が違うものだと感じた。多田さんは科学者というより文学者の雰囲気をもっていた。当時テーマの中心は大腸菌の遺伝学からレトロウイルスの生物学に移っていたが、毎日シンポジム終了時に一時間程大腸菌の遺伝学のセッションが自主的に開かれていたのには驚嘆した。自己主張の強い科学者の集まりであった。

ワイン好きの多田さん　その頃私は既に三六歳をこえていて、NIHの Forgartry Fellow として参加していたので、研究の合間をぬってはニューヨーク州ロングアイランドのポテト畑から転作された葡萄畑に出向き、趣味のワインを試飲して廻っていた。米国留学中に多田さんもワインに造詣を深めておられたので、結構二人でうんちくを語った。私もNIHからワシントンDCへとコネチカット通りを下って、ウッドレイ・リッカー（現地下鉄のヴァン・ネスの上）の親父に専らブルゴーニュの赤を習った。オレゴン州のピノ・ノワールを、仏ブルゴーニュのシャサーヌ、モンラッシェの赤の延長で好むようになった。ウイルメットヴァリーのチェハレム、ウイットネスツリーを好み、ここ数年は、オレゴン市郊外のモンターニャ・シンポジウムに参加してきた。皮膚の幹細胞から造血系幹細胞の誘導に熱中していたのもこの頃である。

生物科学の個性の会合

ある会合で、大野乾氏、多田富雄氏、森脇和朗氏と小生の四人が歓談する機会があった。いずれも生き物の由来に常に頭を廻らせている、しかも大の酒好きである。大野先生はデンマークの基礎生物学賞をもらったが、肺癌の脳脊髄への転移で亡くなった。生前、加州のデュアルテへ見舞うと、草いじりなどをして元気を装った。紳士道を極め、馬術の名手であった。森脇先生は小生が『生物科学の奔流』なるエッセイ集を編めたとき、「ネズミ丸ごとでなければ始まらない」を寄稿してくれた。多田先生とは毎夏、若い研究者を集めて箱根湯本で「井川塾」を手伝ってもらった。免疫的寛容のメカニズ

オールド・ヴィンテージのマルゴーの試飲会で――ひげの谷口先生と多田先生を囲んで（「オレゴン州のピノ・ノアール」『感染・炎症・免疫』第26巻第3号別冊，1996年10月1日発行）

ムに思いを至らせていた。能を書き、自分も小鼓を打っていた。「一石仙人」では相対性原理の正確性を物理学会の頭の固い連中に攻撃され、小生はいささかその開催を助けた。谷町の世界を物理の連中に解らせるのは至難であり苦労した。大野、多田、井川の三人が川崎病の発見者川崎富作氏に、吉原へ連れて行かれたときは、夫々に乗っていた。

白洲正子のこと　昨年の終わり頃、多田さんが創った白洲正子のレクイエムの能（「花供養」）が上演されたが、お互いに生涯の友達を演じ、見え張りぶりは面白かった。

終わりに　稀有な親友を失って心が痛くなっている。多田さんは能率の悪い小生を評し、当方が死んだら、首塚の他に胴塚も作ってあげるといわれたが、多田さんが先に逝ってしまった。臨死体験を重ねられ、あちらの世界がどのような色をしているかで以前青白論争したが、今頃彼はマンタが泳ぐ海のような一面真っ青な世界を、まっしぐらに、滑らかに走っているだろう。だが残念ながらその様子は今のところ何も伝わってこない。天兵で揚げてもらった百合根の天ぷらと山口の銘酒「獺祭」でご家族と通夜をいとなんだが……。

平成二二年五月一六日

（理化学研究所名誉研究員）

多田富雄先生を偲んで

奥村　康

世界的に一九六九年はワインの出来が良い年ですが、六九年卒の学生は最も出来が悪いと云われた年に卒業したのが私です。御存知のように Student Power で世界中が荒れ狂った時で、ろくろく講義も受けずに卒業した学生の多い年でした。小生は故あって卒業後すぐに千葉大学の岡林病理学の大学院に入りました。その年、留学先のデンバーから多田先生が帰国され、羽田までお迎えに行ったのが初めての出会いです。

先生は当時のヒッピーのようないでたちでしたが、大事そうに手にしておられた茶色のビンを小生に渡され、これを早く大学の地下の研究室の冷凍庫に入れてくれと頼まれました。大学はまだ半分学生に占拠されておりましたが、小生は出入り自由でしたので無事冷凍庫に保管しました。

実はそのビンの中味が、石坂公成先生達と米国で作られた世界で初めての大変貴重な抗 IgE 抗体だったのです。後に日本中のアレルギー、免疫を研究しておられた教授陣が頭を下げてこの抗体を少しずつ貰いに来られました。私は当時から頭髪が少なかったせいか、若輩の私を皆様多田先生とよく間違われ、お土産をもらったり、大変丁重に挨拶を受けたものです。

石坂先生の下で、免疫化学のお手伝いをされ、蛋白化学の薫陶を受けられた多田先生は、日本で免疫学の展開をさせるにあたり、その分野では米国に勝てることは出来ないと感じておられたようです。抗体を産生する細胞の機序を解明する研究テーマを私達に与えられました。細胞免疫学のはしりです。

研究設備も研究費も乏しい時代です。免疫学教室は日本のどこの大学にも無い時代でした。岡林篤先生の庇護のもと病理学教室のタコ部屋のような分室で、殆ど毎日家族のように実験をすることになりました。先生は酒も強く、大学の近所の焼き鳥屋で安い酒の相手をさせられ激しい二日酔いで実験をしたことも懐かしい思い出です。

その後、一九七一年頃まぐれ当たりで出た成果を第一回の国際免疫学会で発表された時の反響の大きさは想像を絶しておりました。その学会で期せずして英国、米国の二つの有名な研究室と同時に多田先生がサプレッサーT細胞を提唱したのです。以後、先生は国際舞台で多くの超一級の研究者との交流を深められ、先生に続く多くの日本の研究者にも窓を開いて下さいました。日本では、山村雄一先生の下で日本免疫学会を立ち上げたり、京都で国際免疫学会を成功に導かれました。

毎年、多田門下生が一堂に会する企画がありますが、顔ぶれを見ますと今の日本を背負っている方々が沢山おられます。

先生は医学部に入る前に一度、仏文学の方面に入学されたとも聞いていますが、もともと大変な文化人であることはいくつかの著書や先生の創作能を通じて、皆様よく御存知と思います。

二〇一一世紀に活躍した大医学研究者多田先生の御冥福を心より祈ります。

（順天堂大学アトピー疾患研究センター長）

（『日本医事新報』四四九〇号（二〇一〇年五月十五日）より転載）

「ICHIROジャーナル」を創る

恩地豊志

バブルがまさにはじけようとしていた一九八九年、私はオックスフォード大学出版局（OUP）に手紙を書いていた。それは、「今や日本はアメリカに迫る経済大国となったが、文化発信は貧弱である。〈日本からの発信〉という分野を開拓することは世界最高の大学出版局であるOUPの義務であり、チャンスでもある。私はそのプロジェクトを担う用意がある」、というものだった。このような事業の必然性は確信しており、私はパイオニア気取りだったが、OUPに知人があったわけでもなく、それは半ばジョークともいえる提案だった。しかし、驚いたことにOUPからは直ちに返事が来た。その中でジュリアという女性編集長は、私のアイディアに同意することを熱意ある言葉で述べ、私に日本で一人の教授に会うことを要請していた。私は、いわば入社面接のためにProfessor Tadaと出会うことになったのだった。

多田教授を私は神秘的な「抑制T細胞」の提唱者として知っており、狷介な基礎医学者を想像していたが、実際にお会いした多田さんは〈翁〉のように柔らかで話し好きな先生だった。そして私は、じぶんが提案したまさにそのことがすでに始まっていたことを知って衝撃をうけた。彼は、OUPとともに *International Immunology*（II）というジャーナルを前年に創刊していた。それは日本の英文「学会誌」の枠を外れた国際誌であり、ノーベル賞受賞者をふくむボードはほとんど外国人だった。私は自分の構想した実験が進行中であることを知り半ば失望するとともに安堵したが、しかし、多田さんは最後に、このプロジェクトがうまく進んでいないと語り、〈手弱女〉のような口調で私に「助けてください」と言ったのだった。

「うまくいっていない」理由は、入社後すぐに知った。IIは大赤字を出していたのだ。「鉄の女」といわれたジュリアは、多田さんにプレッシャーをかけていた。噂によると、ジュリアと彼はオックスフォードのレストランで大喧嘩をした。多田さんはジュリアの攻撃をものともせずに「契約」を盾にとって頑張り、米国出版社からのオファーをちらつかせてジュリアを逆に脅し、最後はなんと「鉄の女」がレストランで泣き出した、という落ちがついていた。多田さんは〈鬼神〉のようなタフネゴシエーターでもあったのだ。

IIを軌道に乗せてゆくことは困難だったが、楽しかった。OUPと多田さんはそれを真の国際誌に育てる、という目標を共有しており、問題は金銭ロスだけだったからだ。私たちは、財政的術策を弄しながら、雑誌の質をあげることで立ち上げ期を突破しようと試みた。幸いなことに、「編集長」は多田さんの多くの才能のなかでも突出したもののひとつだった。彼は、かつて江藤淳と出していたという同人誌について語り、雑誌の質をあげる最も重要な方策が、「友達の作品をボツにすること」だと指摘した。IIでは日本からの論文がどんどんリジェクトされ、「あれは日本の雑誌ではない」とまで言われた。

忙しい数年が過ぎ去り、日本が「失われた一〇年」のただなかにあったころ、私たちに朗報が届いた。IIの被引用度指数（インパクトファクター）が日本誌として初めて3を超えたのだ。購読数は飛躍的にのびて「鉄の女」は「バラの女」に変わり、この新しいジャーナルは完全電子化されて世界のメジャー誌の列に入った。

私はいい気になっていた。指数3は未だ最高水準からは遠く、IIは「メジャーではあるが中心でない」というべきポジションにあった。私は多田さんに「IIをJI（アメリカ免疫学会誌）のようにしたいですね。どうすればいいでしょう」、と水を向けた。私は、「そうですね、なんとかしたいですね」というような柔らかな反応を予想していた。しかし、答えは意外なものだった。多田さんは「不可能です。身分違いです」と冷然と断定したのだ。彼の言いたいことは直ぐ分かった。日本からは鈴木一朗や山中伸弥のような世界水準を超える〈個人〉は出る。また、日本はいくつかの科学分野で〈内容〉としては最高水準にある。しかし、この国の歴史・文化は、「科学という制度」を体現するトップジャーナルという〈中心システム〉を保持し、運営してゆくことを限りなく難しくさせているのだ。

それは、英語の壁、「友達の原稿をボツにできない」人間関係、抗争をスポーツ化する遊戯精神の欠如等々と関係する、私たちの「日本という身体」の限界であり、彼はこのジャーナルを構想した時、すでにその限界も見切っていたのだ。私は冷や水を浴びせられて沈黙した。スーパークールな多田さんは、〈高僧〉に見えた。

左中大脳動脈の幹部閉塞によって多田さんが肉体としては再起不能になったのは、それから間もなくのことだった。

（元 Oxford University Press ジャーナル部　日本部長）

多田先生と『スリーアイ』

鎌田綾子

多田先生との出会いは、先生が第一回国際免疫学会で「サプレッサーTセル」の発表をされた翌年、一九七二年のことでした。私はというと、薬科大学を出て、鳥居薬品という製薬会社に入社したばかりの、医学界の動向にまったく無知な新入社員でした。

前年に立ち上げた『感染・炎症・免疫』（通称スリーアイ）という医学情報誌の編集担当者として、期せずして配属になった私は、その編集会議で多田先生と初めてお目に掛かりました。

当時の編集メンバーは医学界のドンと言われるような錚々たる方ばかりでしたが、多田先生はまだ三八歳、ただ一人の若手研究者で、いつもGパンと書生さんのような襟なしのシャツに、少し色が入った眼鏡をかけてらして、会社の会議室で開催する編集会議にいらした時には守衛さんに呼び止められたり、後年のダンディで気品溢れる多田先生からは考えられないユニークな雰囲気で、私もちょっと怪しい先生だなと思いました。

ところが編集会議の段になって、各編集委員が自分の推す原稿の内容と執筆者の推薦理由を説明されるのですが、免疫領域の話になると、各大御所が多田先生の話に聞き入り、勉強させて頂くという雰囲気でいろいろ質問されていて、凄い人だなあと思いました。当然、免疫の項目は多田先生が推薦されたテーマ・著者でほぼ決まって行きました。まだ免疫学という学問の領域が固まっていない時代で、誰しもが新鮮で、エキサイティングな内容だったようです。

その後、多田先生には編集委員・委員長として三一年間もお世話になりましたが、『スリーアイ』には、一度も研究論文は書いて頂けませんでした。その代り、数々のシリーズを企画して頂き、『アレルギー学の歩み――9人の研究者の観点』、『免疫学入門』、『イタリアの旅から――科学者による美術紀行』、『多田富雄のガラクタ美術館』、『まんが免疫学』など、これらは『スリーアイ』に長きに亘って連載されたものが大手出版社の目に留まり、後に素敵な装丁で単行本として上梓され、一般の人にも読んで頂くことが出来ました。

『スリーアイ』から派生したこれらの著書が、『免疫の意味論』をはじめ、その後の素晴しい数々の著書へと先生を誘っていったのではないかと、密かに思っています。

一九八〇年にまとめられた『アレルギー学の歩み』は、中村敬三先生、川喜田愛郎先生、岡林篤先生、Zoltan Ovary 先生らの大御所による、アレルギー学の源流ともいうべき内容ですが、多田先生の書かれた「あとがき」は詩的でみずみずしく、それでいて力強くて無駄のない文章で、いま読み返してもまったく古びていない、先生の表現のすべてが詰まった素晴らしいものだと感じています。

天下の多田先生が、どうして『スリーアイ』の内容だけでなく、表紙のデザイン、各項目のレイアウト（現在のレイアウトの原型は多田先生が考えられたものです）にまでも傾注して下さり、立派な雑誌に仕立て上げて頂けたのか、お元気な時に聞けませんでしたが、営業で得た利益は何らかの形で社会還元しなくてはいけないという思いから、小さな会社の経営者の「まったく宣伝色のない情報提供」という選択に、とても理念を大事にされる先生が共感して下さったようで（当時、ＣＳＲという考えはあまりなかったと思いますが）、結果として会社にとって大きな財産になりました。

私は、打ち出の小槌のように出てくる先生のアイデアにひたすらついて行き、少しでも先生の構想に近づけるように考えを巡らし、それが具体化した時、評価して頂けるのが本当に嬉しくて、仕事をずっと続けることが出来ました。そして沢山の先生方とのつながりも頂き、心から先生との出会いに感謝！です。

思い出は尽きなく、先生にはよく〝B級グルメ〟の紹介をさせて頂きました。皆様もご存じのように、先生は頭脳だけでなく、味覚と臭覚に優れ、無類の美食家でした。先生からはA級グルメを教えて頂き、私は先生が知らない裏路地情報をお伝えし、大変喜ばれました。気に入って頂いた〝ホルモサ〟という羊肉の鍋の、何種類もの香辛料が入ったスパイシーなタレの成分（中身）について先生と激論した時、先生は科学者らしくきっぱりと、オカラ（豆腐殻）は必ず入っていて余分な脂を吸着して美味しくしているとおっしゃいました。後でお店の人に聞いて、少なくともオカラは入っていないと言われた時、先生はとても悲しそうでした。食への探求心においては、先生と対等に渡り合えたことが自慢です。

最近は、文筆家として甦られた多田先生の〝おっかけ〟として、新作能や全ての著作にふれ、京都・東寺の「一石仙人」や、INSLAにも必ず参加して、また新しい刺激を先生から頂きました。

貴重な追悼文集に、私の駄文が載るのは心苦しいと思ったのですが、長い間お世話になった先生に、言葉に出してお礼が言いたくなり、私にとっては大切なエピソードを書かせて頂きました。書いてみると本当はまだまだ書き足りないのですが、天国の先生が苦笑いされるといけないので、このへんで止めます。

『ことばのかたみ』も残されて、最後まで〝かっこよかった〟多田先生、長い間有難うございました。痛みから解放されて、ゆっくりお休みください。

（元・鳥居薬品㈱『感染・炎症・免疫』担当）

富雄との友情

マックス・D・クーパー

多田富雄が友人と出会うときに見せる、瞳の煌めきとはっとするような眩しい笑顔を、彼が新しいアイデアを生み出そうとするときに荘厳な様相で頭を揺らす様子を、いったいこの世の誰が忘れることができようか。富雄は、その数えきれないほどの友人たち皆が最初に彼に出会った時を覚えているような、大変に格別な人物であった。私が富雄に最初に出会ったのは、一九七四年にユニヴァーシティ・カレッジ・ロンドン（UCL）にあったAv Mitchisonの研究室を富雄が訪問していた時だった。彼のセミナーは、免疫反応をある程度のところで制御抑制する特別な種類のT細胞、つまりサプレッサーT細胞について、彼が当時蓄積しつつあった証拠に関して述べられたものであった。このサプレッサーT細胞はその後すぐに科学的な興味が失われたが、この概念は何年も後になっていっそう高い免疫学的な栄光として復活した。これは、彼が科学者として非凡だったということをよくあらわしている話ではあるが、この短いエッセイでは富雄へささげる科学的な讃歌を綴るつもりはない。彼は、自らが持つ多くの友人に大変深い影響を及ぼした非凡な人だった。幸運なことにそういった彼の友人たちの一人であった私は、ここで、その非凡な人の思い出に浸りたいと願い、このエッセイを書いている。

多田富雄は、彼の持つ文化と科学に関する造詣を世界中の友人たちと共有した、比類のない人だった。私たちが最初に出会った後、その同じ年に、東京で開催された臨床免疫のミーティングで富雄と一緒になった。そこでは、私たちは、良く言えば「非ビジネスウェア」とでもいうような格好をしていたことで際立っていたかもしれない。富雄はその後、私を千葉大学の研究グループの前でセミナーをするよう招いてくれた。この短い訪問での経験が、私たちの生涯にわたる友情を確固たるものにし、日本のすべてのものに目を開かれ、好きになるきっかけとなった。

千葉での激しい科学的なディスカッションを行ったその日、鉢巻きを巻いた大変職人的な出前持ちによってウナ重が運ばれてきた。この儀式は一体何なのだろうと不可解に思った私の様子を見て、富雄が『日本における100の事柄』(*One Hundred Things Japanese*)という本をくれた。それは、日本人ではない著者によって書かれたエッセイ集であった。その本は、外国人が日本人にとっては当たり前のことを日本独特の側面として認識するだろうという前提で書かれたものであった。その日の夜、私は、富雄と彼の右腕でもあった奥村康と一緒に外出した。それは日本的なさまざまな事柄を私が最初に知った夜だった。最初に私たちは寿司バーに落ち着き、異国情緒たっぷりで素晴らしい、私にとって初めての味であった夕食をとり、次に、勇ましい音楽と、何千もの金属の玉がカラフルなピンボールの機械のピンの列の間をすり抜けていく音にあふれていたパチンコパーラーに行った。外に出ると、我々の目の前で、酒に酔っぱらって素っ裸になった船乗りが警官に追われていた。そして我々は、焼き鳥屋で、串に刺されて焼かれた鶏をたらふく食べてその夜を終えた。酒のせいで、私の頭は色鮮やかな映像の中をさまよっていたが、富雄と康がそんな私をタクシーに乗せ、運転手に私が宿泊する東京のホテルの場所を伝えた後に、私におやすみを言った。私がここに詳述した思い出は、他に類のないような方法で私の見聞を広めてくれて、かつ、上品なスタイルのこういった歓待は富雄には当たり前のことであったということを示すささやかな一例にすぎない。

富雄の科学的、文化的な根幹は大変広く、深遠に複雑で、その知識は絶えず補充されており、そして、彼の尽きせぬ好奇心は科学という分野も彼の母国の国境もはるかに超えて広がっていた。彼は彼独自のユニークなスタイルで他の文化の探検に着手した。（彼の行く道の）至る所で、様々な分野に生きている新しい友人を作りながら。英語の修練のためにデンバーの酒屋の常連になる、バーミンガムで自分の誕生日にブルーグラス音楽を聴く、彼の長年にわたる友人であるゾルタン・オバリーとイタリアの芸術、建築、そして文化史を勉強し、書くために旅をする、免疫学者の国際連合の長として旅行中に伝統的なインドの音楽家や舞踊家と友人になる、等々、これらはほんの少しの例に過ぎない。ほとんどの科学者が霊的なものを受け入れることを敬遠するが、富雄は人間による科学的な活動にも、霊的な活動にも、同じように魅了されてきた。生者と死者の交流について描写する能という演劇に、深い愛情を持ち、傑出した寄与をしてきたが、それをここでも彼は自分のこれまでの仲間や、多種多様な友人たちと共有した。こういったことは普通、一般大衆向けに免疫学の重要な原理について書いた受賞作と非常に対照的のように思われるだろう。しかし、富雄は全く異種のものに見えるトピックをつなぎ合わせていとも簡単で自然なものに見せてしまう。少なくとも彼自身にとっては簡単で自然なことだったのだろう。

彼の長いキャリアを通して、富雄は常に全世界からの友人たちを、科学的、そして文化的な体験の交流に参加するように魅了し続けた。たとえば、京都での一九八三年の国際免疫学会ではプログラム委員長を務め、さらに日本で *International Immunology* という雑誌を創刊した。そして、全アジアにおける免疫学のコースを取りまとめ、さらに国際的に知られた科学者が、日本における研究の向上を目指した講義のためや、アドバイザーとして一定して来てくれるような流れを作った。

富雄の持つ大きな勇気の源は、他者に対する深い尊敬と感謝の念から来ているものと私は思う。彼から奪うことができなかった不屈の精神は、間違いなく、彼の妻式江の愛情と辛抱強い支えの上に成り立っていた。彼の内面の強さの源が何であれ、富雄は私が知る限り最も勇敢な人間の一人であった。

彼が生きているかぎり、何ものも、彼が深く思考し、執筆すること、そして学び得たことや人生における喜びを他人と分かち合うことを止めさせたりひどく妨げたりすることはできなかったのだ。科学者としての才能の衰えや、脳こうそくや癌であっても。富雄は常に旬の男であり、かけがえのない友人だった。彼の思い出は、多田富雄を知る者の人生を常に照らしてくれることだろう。

（M.D., ジョージア研究同盟特別招聘研究員、エモリー大学医学部病理学・臨床検査医学教授）

（鈴木忍・許斐綾子訳）

「メビウスの輪」の思い出

久保允人

じつは、この追悼集への執筆の依頼を受けてから、最後の最後まで書くべきかどうか大変悩みました。それは、多田先生は私の人生のあらゆる局面に登場してくるので、先生から受けた恩義は計り知れないものであるにもかかわらず、結局お返しもできぬままになってしまったことへの後悔の念と、書くということで過去を思い起こすことになって、現実を受け入れなければいけないという二つの理由からでした。自分へのけじめとして、想いを綴ってみることにしました。

私と多田先生との最初の出会いは一九八四年頃になると思います。それはたった一つの無謀とも言える手紙がはじまりでした。「免疫学を是非勉強したいので、先生の教室に入れてください」という内容だったと記憶しています。それまで全く面識もない、そして医学部の出身者でもない私を、快く招き入れてくれたこと、今でも心から感謝しております。当時、東大の医学部本館三階に居を構えられておられた先生を初めて訪問した時の、三四郎池を取り囲む木々が窓辺から先生の背後にみえ、机からソファーに笑顔で向かってこられた光景は、二五年も経った今でも不思議と鮮明に頭に残っています。最初はおそらく名前を覚えていただくこともなく、私のことは居室の外の廊下で暇さえあればたばこを吸っている有象無象のひとりという意識だったかと思います。先生は私どものところに通りかかるといつも「たばこは文化ですから、意地でも止めたらいけませんよ」と声をかけてくれたものでした。また、私は先生の大好きなお酒が苦手な人間なので、よく「あなたは人生でもっとも大切なものを味わうことができないのですねえ、寂しいヒトですねえ」と言われたものでした。

東大での当時のミーティングはこの居室で行われていました。ミーティングは当時毎週木曜日に行われており、その中で先生のサイエンスに対する厳しい姿勢を窺う数多くの光景が毎週のように繰り広げられ、そこで発せられた言葉のいくつかは今でも頭に焼き付いています。「砂漠の中で砂一粒を扱っていてもどうしようもないでしょう。研究というのはもっと広い視野を持って、そして遥か先を視野に入れてするものです」。それから論文を紹介する抄読会では「何がおもしろくてこの論文を選んだのですか？」等々、辛口の言葉のオンパレードで、いつもの温厚な優しい笑顔などどこ吹く風だったのを記憶しています。写真の色紙は私が学位を取って留学する際に、卒業のけじめの言葉として書いてくれた色紙です。

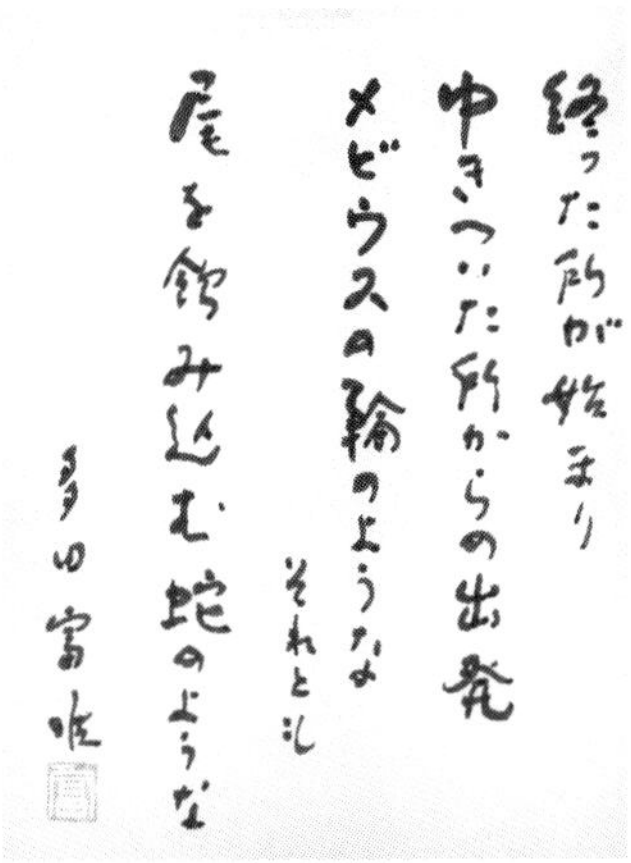

この色紙とともに、当時駒込にあった若山シェフのお店につれて行って頂いたことを覚えています。確か当時の卒業生はみんな同じような色紙を書いてくれていたと記憶しています。結局、先生からは直接色紙に込められたメッセージの意味を説明していただくけることはありませんでしたが、「学位を取って卒業をしたとしても、疑問を持ち、そしてそれに答えていく努力をするという基本的なサイエンスに向き合う姿勢は変わることはない。物事結局のところ堂々巡りなのかもしれないが、それが本質を見極めるための道である」というように自分なりには解釈をして、今でも人生の宝物として一〇年以上に渡り私のオフィスに飾られています。

多田先生と過ごした時間の中で、私がもっとも印象強く残っている出来事は、もう皆さんが記憶の彼方に消し飛んでいるかとも思いますが、多田先生が Japan International Friendship and Welfare Foundation の力を借りて毎年行っていた Winter Advanced Course for Immunology and Infectious Diseases（WACIID）というミーティングです。場所は長柄ふるさと村、千葉のJR蘇我駅から車で更に三〇分くらい山の中に入ったところにあるロッジを借りて、そこに毎年外国から著名な一線級の免疫学者を何人もお招きして二泊三日の泊まりがけで行われていたミーティングです。このミーティングの最大の特徴は、外国から来るのは大御所の免疫学者だけでなく、国外からの若い学生さんたちも補助を貰って参加できるというところです。周りは田んぼと畑に囲まれたこの施設以外何もないところに軟禁状態で、初めて日本を訪れた国外からの学生たちが、日本の学生たちと泊まりがけでサイエンスを共有する。そして若い外国の研究者に日本を知って貰うだけでなく、我々日本人の研究者が外に行くことなく、海外の同年代の研究者と交流を持てる。国際交流を目的とした、多田先生が企画した時代の先駆け的なミーティングと思っています。これまた、驚くべきことにＷＡＣＩＩＤの卒業生で今現在の一線級の免疫学者になっている方が何人かおります。今でも私の良き友ですが、Ken Murphyなどはその代表者ですし、ＵＣＳＦにいるJason Cysterもそのひとりです。ミーティング終了の翌日Kenとカラオケで暴れたこと、利根川進先生がカラオケで歌ってくれたことなど、今でも良い思い出です。先生がこの会を主催してくれたおかげで、私たちは沢山の外国人との交流をすることができ、その交流が今でも脈々と生きています。今では、財政的理由から、この会は運営されていませんが、ＷＡＣＩＩＤでできたグローバルな人的交流は我々にとって多田先生の残してくれた大切な宝物です。

私は東大以後も、先生とはご縁があり、理科大でもご一緒させていただき、脳梗塞で倒れられたあとも「自然科学とリベラルアーツを統合する会 Integration of Natural Science and Liberal Arts（ＩＮＳＬＡ）」の活動にも参加させていただき、サイエンス以外のことをも含めて、沢山のことを勉強させていただきました。先生は科学者であり、博識のある文化人、一方私と来たら本当はプロ野球選手になりたかった体育系くずれの科学者で、全く毛色の違う、そして全くセンスのない、こんな私を見捨てることもなく四半世紀にわたりお付き合いいただいたことに本当に感謝しております。本当は、先生と一緒にやったもっとばかげたことも書きたかったのですが、どうも尽きないようですので、筆を擱《お》きます。先生が最後にやりたかった「もういいかい」、実現できずに申し訳ありませんでした。そして、本当にご苦労さまでした。

最後に、多田先生へ
先日夢に出てきてくれましたね。何故か先生は決死の覚悟でボストンへ行く準備をされていました。その際も多田先生を前にして、やっぱり私には「さようなら」の言葉は言えませんでした。自分の記憶の中に先生の残像がある限りは「さようなら」とは言わないでおきます。ではまたお会いできる日まで。

（東京理科大学生命科学研究所教授、理化学研究所免疫・アレルギー科学総合研究センター チームリーダー）

桜守――追悼・多田富雄先生

倉田明彦

四月一〇日。私はある句会場の座敷で鴨居の上に並んだ面をながめていた。若い女の面があり、老人の面があり、鬼女の面があり、そして私の知らないものの面があった。それらは能面のようでもあったが、いずれも彩色が施されていなかった。迫る闇に石楠花の花が仄白い、春闌けた夕べだった。席題を「面」と決めてさらにそれらの面に見入っていると、次第に胡粉の上に彩色された若女、翁、般若のおもてが浮かんできた。そして、師である多田富雄先生のことを思っていた。

桜守写せし翁面ならむ　明彦

この句会の頃、先生は、すでに意識の定かではない危篤の床におられたと思う。願わくばその苦痛の床を離れて、お好きだった小鼓を膝に、遅咲きの桜の山で桜守でも務めておられたら、壮絶な晩年のご苦労も少しは和らいだのではないかと思ったりする。

花散るや鼓あつかふ膝の上　松本たかし

三〇年も前のことになるが、私が先生の教室にいたころは、毎年、教室員そろって上野の公園で花見をした。実験の都合で遅くなった私は、ひとり公園への道を急いでいたが、途中で多田先生と一緒になった。まずいなと思ったが追い越して行くわけにもいかない。並んで歩き始めたが、これと言って話すこともない。多田先生も話題に困ったのだろう、「君らの世代は桜を見てどんな感じを持つのか」という意味のことを訊かれた。私は返答に窮して、「先生はいかがですか」と逆に尋ねた。桜に対していくらかの感慨はあったが、先生に向かって花の「無情」であるとか「哀しみ」であるとか、ありきたりの感慨を申し述べるのが憚られたのである。先生は、「私らの世代には、桜を単に美しいものとは感じられない事情がある」というようなことを言われたと思う。それから上野公園まで、何か気の効いた表現、あるいは自分の思いを表すありきたりではない表現がないかと探しあぐねて、身の置き所のないような気分で先生と一緒に歩いた。

先生が愛された能の演目の一つに「鉄輪」があり、「かなわ」と読む。亭主に浮気をされた女が貴船神社に丑の刻参りをし、鬼女となって亭主の命を奪おうとする。貴船山に現れた女はごく普通の若女のいでたちだが、おもては眼に金泥を施した「泥顔」で、すでに常軌の外にある。やがて鉄輪（五徳）をかぶって鬼女に憑依するのだが、そのおもては「生成《なまなり》」で、夜叉には成りきっていない。安倍清明の祈祷により亭主の命は救われるが、女は「まづこの度は帰るべし」と再来を予告して去るのである。

咲き充ちた花にはこのような狂気がある。先生の問いに対して、そう伝えたかったように思うのだが、私は、その時、幼く未熟であった。しかし、「狂気」とのみ言うほどには、厚顔ではなかった。並んで黙って歩くしかなかったと思っている。

面打つや夜叉も貴船の花の中　　明彦

「鉄輪」では、「生成」であって「夜叉」には成りきっていない。それが「鉄輪」の凄さだと思うが、句作でそのような表現に到るには、私はいまだに未熟である。

先生は新作能を書き、能面を打ち、小鼓を打たれた。今、脳の中ならぬ彼の世の能舞台で自作の能を舞っておられる。

チチポポと鼓打たうよ花月夜　　たかし

チチポポは小鼓の音のオノマトペである。

（内科医師）

幽霊屋敷に花を咲かせる——多田富雄先生との約束

後飯塚僚

「幽霊屋敷に花を咲かせてください。僕は遣りかけで退職したので、それが心残りだったのです」、これは二〇〇六年一月二六日に多田富雄先生から頂いたメールの書き出しである。幽霊屋敷とは名称だけは存在するが、現実には研究所のどこにも存在しない幻の研究部門のことで、多田先生が退官されるまでは形式上、所長と部門長を兼任されていた。その発生及び老化研究部門という名前をもつ幽霊屋敷を現実に立ち上げることになり、使えない実験機材や黴のふいた実験台などが散乱するガラクタ置き場と化していた一階奥の何もない部屋に花を咲かすべく迷い込んだ幽霊が私である。

初めて先生にお目にかかってお話しさせて頂いたのは、一九九三年八月にアラバマ州バーミンハムで開催されたシンポジウムのパーティーで、そこには、その頃の私のボスである Max D. Cooper 教授の六〇歳の誕生日を祝うために、世界中から著名な免疫学者が集っていたが、日本人として唯一人招待されていらしていたのが多田先生であった。先生が、どこの馬の骨ともわからぬこの雪駄履きの無名のポスドクを覚えていらっしゃったのかどうか定かでないが、二年後帰国して、あてどなく彷徨っていると、その頃東大農学部前のビルの三階にあった事務所に呼び出され、そこでまじめな研究の話にでもなるかと思いきや、真昼だというのに、いきなり酒が振る舞われ、こちらも何を話したかよく覚えていないが、しこたま飲ませて頂いて、先生が所長をされていた東京理科大学の生命科学研究所に、職を与えて頂けることになったというのが、この骨もなく、ただ形のない液体のように、流れ込んだ器によってその形を変えて、無方向に生きてきた幽霊が未だに存在できている由縁である。

どうも先生は、糞真面目な秀才より、変人・奇人がお好きなところがあるようで、一〇代で土方巽に弟子入りしてそこで暗黒舞踏をかじり、芥川賞作家の町田康や精神科医でライターの香川リカなども関わっていたタコというバンドで七〇年代後半から八〇年代前半の東京アンダーグラウンドシーンで活動していたこともある私のような風変わりな男のことを面白がってくださり、日本免疫学会のニュースレターの研究者紹介のコーナーに「時代錯誤の彼方に」と題して、「人間の寸法は布団の中でピタッと合うんです」という土方巽の言葉を交えて書いた自己紹介の文章やホームページの裏側にひっそり掲載していた詩のようなものを読まれていたこともあるらしく、「あなたのホームページ偶然に見ました。詩を書くのは良いことです。何かが湧いて来ませんか」というような、恐れ多くも、ありがたい言葉を頂いたこともあった。そんなこともあり、恒例の御自宅でのターキーパーティーや新年会、そしてINSLAの会など様々な場に同席させて頂き、そこで酒を飲ませて頂きながら、研究以外にも、文学や芸術について議論することで、先生の美学や哲学を直接教えて頂く恩恵に預かることできたのは幸運であった。

さて、幽霊屋敷のその後であるが、「時間生物学という名前にこだわらないほうがいい。何とでも僕のせいにして君のやりよいように変えてください」というありがたい御言葉を先生から頂いたが、その立ち上げにあたって、「Self renewal～発生、老化、時間～」という一文を、決意表明という形で先生にお送りした。Self renewalというのは、全ての細胞に分化できる能力を持った幹細胞が幹細胞であり続けるために、その多分化能を維持するための特性を示す科学用語であり、自己複製とも訳されるが、それは再生や複製とは異なった概念である。再生は発生プログラムの再実行であり、複製はコピーによるクローンの大量生産である。いい日本語訳が思いつかないが、Self renewalとは、「絶え間ない自己破壊の果てに、違う自己、新しい自己として、絶え間なく生まれ変わり続けること」であり、それこそが生命であり、その能力を失って行く過程がいわゆる老化であり、その帰結が死である。先生も『寡黙なる巨人』の中で、「私の中に新しい巨人が目覚めた」と書いておられる。そして今、その新しい自己として絶え間なく生まれ変わり続ける生命の謎に向かって、誰も見たこともない海のただ中に船出した、幽霊屋敷ならぬこの幽霊船で、日夜、学生達と共に奮闘している状況である。

「男は人生にひとつ、船が関係した仕事をすべきだと思います。心の世界が広がる。君が見所あったのは、ひょっとして船の経験があったからかもしれません」

今年こそ、先生との約束である花を、今は天国で安らかに眺めておられるだろう、先生にお見せすることができるものと信じている。その時、先生は一体どうおっしゃるだろうか、いつものように、簡潔で、それでいて鋭く本質を突いた先生の言葉がトーキングマシンの向こうから、聞こえてくるような気がする。

（東京理科大学生命科学研究所 発生及び老化研究部門教授／発生免疫学）

時空を越えて

今渡直美

一九六四年から米エール大学医学部免疫学教室のリチャード・K・ガーシャン博士の下で働いていた夫一成が、多田先生と知り合ったのは一九七〇年代半ばだったと思う。当時先生は学会出席のため頻繁に訪米されていたが、東海岸のエール大学においでになるときは我が家に度々滞在された。

先生が見えたことを知ったディック（R・K・ガーシャン）、チャーリー（C・ジェンウェイ）、マイク（M・

アイヴァソン)、ボブ・コーン、ダグ・グリーンなどエール大学の免疫学研究者たちが仕事の帰りに我が家に集まってきた。

夏には裏庭でバーベキューパーティをした。それぞれチキンやポテトサラダ、ハンバーガー、ホットドッグ、ビールやワインを手にした研究者たちが、T細胞研究で世界の注目を集めていた「TOMIO」の話に聞き入った。先生はワイン通のガーシャン博士とワイン談義に花を咲かせたり、子供たちの七夕飾りを見ながら由来を説明したりと、九時を過ぎてもまだ明るい夏の夜を、忙しい日々を忘れて楽しまれた。

「僕はいつもこれだけで旅行しているんですよ」

いつも小さなショルダーバッグ一つで現れた先生は、夜シャワーを浴びるついでに靴下を洗って干しておられた。夕食前のひと時、楽器を習い始めた子どもたちのピアノ、バイオリン、チェロの三重奏を嬉しそうに目を細めて聴き、ご自分もピアノで「浜辺の歌」を弾きながら、日本にいる三人のお子様の話をされていた。

次の地に出発される朝、途中でお腹が空いた時のためにと梅干入りおにぎりを二個お渡しすると、「ほう、ありがとう、助かります」と喜んでくださった。

一九八三年、ガーシャン博士が肺がんのため五〇歳の若さで急逝した。夫が兄とも慕っていた博士を失って、私たちはアメリカ生まれの四人の娘を日本で育てようと決心した。

「アメリカで日本人として研究を続けていくのが今渡君の重要な役割だ」と折に触れおっしゃって

いた多田先生だったが、私たちの気持ちを知ると快く夫の仕事を探してくださった。

それから何年もの間、私たちは子育てに必死だった。東大教授として多忙を極める先生にお会いするのは、時々ご招待いただくお能の会のときくらいだった。

二〇〇一年、先生が脳梗塞で倒れられたという報は内外の免疫学界に大きな衝撃を与えた。人づてに病状を知るしかすべのない日々が続いたある日、「退院して湯島のマンションに移りました」というお葉書をいただき、すぐお宅に伺った。

先生が命をとりとめた、それだけで有難かった。世界中の免疫学者たちも同じ思いだっただろう。そんな気持ちを伝えたくてたびたびお宅にお邪魔するようになった。

車椅子を押して散歩に出ると「しゃばに出た」と喜び、つまらない駄洒落に涙を流して大笑いし、とりとめのないおしゃべりを楽しそうに聞いてくださった。車椅子を器用に操ってエレベーターで玄関まで降り、「また来てね」と指で私の手に書いて見送ってくださった。

不自由な先生の日常生活を支えていた奥様に「もう食べたくない」と駄々をこね、お酒が欲しいときに「ママ、ママ」と甘えていらしたこともある。

九年におよぶ壮絶な闘いの末、音声装置に「モウイイカイ？　モウイイカイ？」という電子音の言葉を残して逝ってしまわれた先生。

告別式でご長男が流した先生のその問いかけに、参列者全員で〝モウイイヨー、モウイイヨー〟と答えた。

先生、本当に有難うございました。
これからは宇宙のどこかで私たちを見守っていてくださいね。
「一石仙人」のように。

（翻訳者）

遠い日の回想

近藤洋一郎

齢を重ねると人は昨今の出来事を記憶することが難しくなるものですが、遠い昔のこと、それもなぜかとりとめもないものを鮮明に覚えているものです。私が多田先生とはじめてお会いした時の印象もそのようなもののひとつです。

先生は私より一年後輩で、岡林篤教授の主宰する千葉大学第二病理学教室に入室したのはかれこれ五〇年近くも前のことですが、この新入教室員の初仕事として記憶されるのは岡林教授をはじめ私たち教室員に、同人誌らしき詩集を売りつけることでありました。全員が詩なるものにまるで興味がなく、今となって甚だ残念なことに、この詩集はほとんど読まれる機会もないままに消滅の運命をたどりました。またそのいでたちも一段と人目を引くもので、たとえばTシャツにマジックで絵らしきものを手書きし、加えてDANGERと大書して一着に及び、学内を独特のリズムで闊歩しておりました。しかしその風貌は一般の温和な青年のそれとことならず、特段にDANGERを予測させるようなところはありませんでした。

五〇年前の教室の雰囲気は自由というよりも放縦に近いところもあり、岡林先生は「大学は自由でなければならない。そしてその中には勉強しない自由も含まれる」と私たちを皮肉混じりに評しておられました。多田先生はこのような私たちに同ずることなく、超然として自分の実験のみに専念しておりました。時としては夜、一人実験室にこもり鼓を打ち謡曲の一節を吟ずることもあり、医学部の実験室と鼓の音というまるで超現実の世界がそこに現出いたしました。漂泊の詩人とでもいったふうのこの若者は、一方では古典的な病理学ではなく、より明確な論理性を持った医学研究を志向しておりました。この期待は、岡林先生の旧知で当時予研におられた石坂公成先生との出会いによって最高の形で実現の第一歩を踏み出しました。予研への国内留学に続く二度のアメリカの石坂研究室での修行を終えて帰国した多田先生には、自分が何者であるのか、そしてまた何処へ行こうとしているのかを、かなり明確に自覚しつつある様子が見受けられました。

こうして地下の狭苦しい一室に研究室がしつらえられ、日夜を分かたぬ免疫反応にかかわる実験が開始されましたが、設備、予算は貧弱の極みであり、研究者の創意と熱意のみがその推進力でありました。この創生期の困窮状況の中で、先生は時折私の部屋を訪れさまざまな難問題について打ち明け話をされましたが、この小さな地下の実験室を水源とするか細い研究の流れが、次第に奔流となりそれに乗って多田先生が世界免疫学の檜舞台に突如立役者として登場することになろうとは、私は夢想だにいたしておりませんでした。十数年後には新設された研究施設の免疫部門の教授として独立し、やがて東大へ移られましたが、その足跡を振り返って岡林先生は「多田さんの研究は詩人の発想によるものであって、他人の真似ることの出来ないものだ」と感嘆をこめて述懐しておられました。以来お会いする機会もあまりなく、東大退職後の多彩な先生の活動も詩人多田の復活、いうなればルネッサンスであると私流に観じておりました。

二〇〇八年九月には千葉医学会の招きで旧知や後輩たちの集う中で、自らの研究史を回想されましたが、人工音声の単調な響きを超越して私たちへの遺言ともみえるその内容には重く深いものがありました。私にとってもそれが先生とお会いする最後の場となりました。

多田先生は類稀な才能に恵まれた人であったかもしれませんが、これまで私の見てきた先生は何よりも確固とした信念と強い意志を持った努力の人でありました。病に倒れ重い後遺症に苦しめられながら、不屈の精神力で活動を続けられたお姿にこのことをあらためて実感させられました。失われた存在のいかに大きかったかに想いを致しつつこの小文を草し、心より多田先生のご冥福をお祈りします。

（千葉大学名誉教授／病理学）

多田富雄の世界——一親友の断片的回想

高橋功

「山紫会」これが私たち千葉大学医学部昭和三四年卒業生の同窓会です。多田富雄君とは同級で、学生時代からむしろ医学以外の面で色々と議論をしたり、文通をしたりしていました。

大学院では、私は薬理学を専攻し、彼は免疫病理学を専攻し別々な道に入りました。彼のそれ以後の科学者としての優れた業績については周知のとおりです。

私たちが学生から、インターン、新人医師となった頃は結核など感染症が医療の中核的問題点でした。しかしその頃の千葉県では医療施設なども十分ではなく、私たちが地域医療に奉仕することが少なくありませんでした。例えばセツルメント的活動などにも、彼の心優しさが十分発揮されていました。

ただその疾病と貧困の絡み合う背景として、いわゆる活動家たちからは戦争とか社会機構が問題なのだから、患者に対する医療のほかに、私たちもその面の戦いに参加しなければいけないとしばしば説かれたものでした。

例えば、若月俊一氏は『村で病気とたたかう』で、古い組織と向き合う農村医療の現場の院長として、次のように言っています。医者は、単なる技術者であってはならない。従来の医者はあまりにも「生物学的」に過ぎた。もっと「人間的」「社会的」医者であってほしい……と。

この点は私にとっても心に掛かるところでした。しかし、まず、先輩を見習って技術を磨き、同時に自分の受け持ち患者と心を通じ合うことで毎日が過ぎてゆきました。その頃は患者の治療の選択肢が今ほど豊かではなく、私たち自身の生き方についても夜を徹して議論をしたものでした。

ところで、このような社会的な面での戦いについて彼は手紙で「僕らは戦わないことはない、ただ感激をもって戦いに参加するということはない」といっています。この言葉の意味は当時私には十分理解できていませんでした。若い医師が義務的闘争の中に入り、言われるままに最大多数の最大幸福を求めることは安易過ぎる気もしていました。

医療における人間的問題は広く、社会的、量的問題とともに、永遠、死、無限、時間、など質的な問題が僕たちのテーマでもありました。その道を開くために、多田が中心になって僕も加わって『メタフィジック詩』を創刊しました。彼は特に神について深めていったようでした。更に美を追求していた彼が如何に孤独であったかということは後になって分かってきました。そしてその結晶が、優れた詩になり、能楽になり、文学になりました。その世界についてはほかに多くの追悼があると思います。

そして、二〇〇一年の脳卒中後のことに話は飛びますが、片麻痺、発声障害のもとでも生き生きした執筆活動を最後まで続けたのは驚くべきことです。とりわけ、自らが不幸にして陥った障害者の一人としてその叫びを、ひろく国民医療としてのリハビリテーションに実に客観的に敷衍して、行政の不合理を説いた『わたしのリハビリ闘争——最弱者の生存権は守られたか』に私は青春の多田富雄を思い浮べます。このように多才で心豊かな私の同級生は命ある限り、すべての時代に自分を投入するようにしてきたようです。ご臨終近くに、家族のかたがたにも、「もうよいだろう」といわれたとか。これからは心安らかにお休みください。

棕櫚の花友との日々を稿四枚　　いさを

（高橋医院理事／内科・神経内科）

多田先生との思い出

髙橋英則

多田先生ご逝去の知らせを冨岡玖夫先生よりいただいた際に、現実のこととして受け入れるには、時間が必要でした。お別れにお伺いし先生と対面させていただくと、あの懐かしい笑顔で、髙橋君、とまるで語りかけてくれそうな、素敵な蝶ネクタイをした先生の姿でした。激しい病との闘いをしていることを知っていながらも、まだまだこのようなお別れの時がくるとは考えられないことでした。定年を迎えたお礼を申しあげないままでのお別れとなってしまいました。

私はこれまでの人生の中で多田先生から多くのことを教わりました。そのどれもが臨床検査技師として、臨床検査学領域での仕事、研究や後輩技師の育成に活かすことができました。

多田先生との出会いは千葉大医学部免疫研究施設の研究補助員募集がきっかけで、一九六八年四月でした。先生より、多発性骨髄腫患者血清からの免疫グロブリンの分離精製や免疫電気泳動法による免疫グロブリン同定法などを教わり、手伝いをさせていただきました。免疫グロブリンの精製のためにDEAEセルローズカラムの作製中に、多田先生に「髙橋君は化学が好きなようだね」と声をかけていただきました。まだ二〇代の私にはそのひと言が大きな励ましとなり、自分の生涯の仕事として歩むことになったのです。出会ったその年の後半、先生が再びデンバーに留学されることが決まった時に、一年で戻ってくる予定であるから心配しないで冨岡先生達の研究の手伝いをして待っているようにと、やさしい心遣いをしていただきました。一九六九年に、デンバーから帰国される多田先生をお迎えに奥村康先生の車で羽田空港に出かけました。先生はバッグの中から宝物のように大事に抱えたある物を奥村先生に手渡され、すぐに研究室に帰って保管するようにと言われ、二人で急いで千葉に戻りました。あとでそれが大変貴重なIgE抗体であったことを知ることになりました。再び帰国された先生と一緒に仕事ができることになり、先生とともにラットと格闘しながら鼻腔内、腹腔内、四肢や皮下を使って抗原接種をし、IgE抗体産生系の確立する実験を行いました。IgE抗体を確実に産生させることができるようになった時の先生のお顔は、いつもより厳しさを増していたように思われました。それからの研究室は谷口・奥村先生を中心に活気に満ちあふれ、やがて多くの大学院生や研究生が先生のもとを訪れるようになりました。この頃、血清中のIgE濃度はＲＩＡ法により測定されていましたが、わが国ではIgE骨髄腫蛋白の入手が困難なことから、私は単純放射免疫拡散法によるIgE測定法の開発を先生と行うことになりました。この検討の中でも抗体精製法や抗体への酵素標識や放射線標識法などたくさんのことを教えていただき、IgEの測定が可能となり、免疫実験操作法の中に先生との共著で「IgEの測定法」のタイトルで掲載され、感激したことを昨日のように思い出します。

一九七二年三月、岩手県北上市の私の実家で行われた結婚式に、先生には千葉から冨岡先生と夜行特急で駆けつけて出席していただきました。先生は私の親類達と一緒に杯を交わし、踊るなど大変に喜んでいただきました。結婚前四八キロであった体重が五五キロにもなった頃、なぜか先生に「養殖鰻」と命名されました。養殖鰻の本当の意味はわからずじまいでしたが、自分なりに気に入っています。

先生のもとに多くの大学院生や研究生が在籍するようになり、先生が研究の指導や論文執筆と多忙となっても、先生は私のことを気にかけていてくださいました。人との出会いを大事にし、そして多くのことを教えてもらいなさいと話されました。先生の教えを守り、多くの基礎研究者や臨床研究者の手伝いを通して教わったことや交流できたことが、その後の歩みの中で大きな財産となっています。

一九七五年八月、先生がアメリカでの講演に出張される際に、当時スタンフォード大学に留学中であった奥村先生のところで、細胞表面マーカーの検出法を教わりに行こうと誘ってくださり、初めてのアメリカ行を計画していただきました。先生は常に新しい技術の習得をすることを私に勧めてくださり、わが国に輸入されたＦＡＣＳの最初のオペレーターとなることができました。

先生が脳梗塞で倒れ、都内の病院に転院された時に、病室に見舞った私を見るなりベッドから起き上がろうとして下さいました。先生はトーキングマシンで出会った頃の話などいろんなことを語りかけ懐かしんで下さいました。先生から著書を送っていただくと、先生の近くにいることに喜びを覚えました。その後は勤務先が遠いことから、先生のお宅にお伺いする機会はありませんでしたが、講演会などで先生と久し振りの再会をはたすと先生は満面の笑みで私の手を握って語りかけてくださいました。先生とお会いすることは本当に楽しみでした。先生は研究のスタートとなった実験に参加した私をいつも気にかけて下さいました。多田先生本当にありがとうございました。

合掌
（総合病院国保旭中央病院健診センター事務長）

多田先生の思い出

谷口脩

多田先生と初めてお会いしたのは私が大学三年の春、本郷の免疫学教室でした。当時、私は免疫学を多田先生の書かれた本で学び、とても感動し、是非免疫という学問を本格的に学んでみたいと思い、本当に世間知らずな私は世界の免疫学最高峰の座におられた多田先生の教室へ、「どうか、先生の教室で勉強させて下さい」とお願いをしに乗り込んでいったのです。この愚かな学生に対して、多田先生は私の話を終始黙って聞いて下さり、「そんなにやりたいのなら、僕のところにいらっしゃい」と大変有難いお言葉を下さり、多田先生の研究室で当時、最新であったフローサイトメトリーを用いた細胞性免疫の抗原認識に関する勉強をさせて頂きました。

私はその後、製薬会社の診断事業部門で働くことになりましたが、企業で働くという環境であるにもかかわらず、ずっと免疫学の領域で今日まで仕事をすることが出来ました。その基礎創りをご指導下さった多田先生には心から感謝の念に堪えません。

しかし、私は多田先生とその後も不思議な場所でお目にかかるのです。就職してから暫くの間、地方にある研究所で私は糖鎖抗原に関する腫瘍マーカーの研究開発を行っており、仕事が忙しく、免疫学会にも行かずに仕事に熱中していました。そんなある日、名古屋に出張となり、地下鉄に乗ろうとした時、地下鉄の席になんと多田先生が座っておられたのです。私はあまりにも驚き、キツネにでも抓まれている感に陥っていた中、多田先生はにっこりとほほ笑まれて最近の私の仕事を聞いて下さいました。そして、最後に「研究室で学んだ友人を大切にしなければいけませんよ」と仰いました。私は自分の領域の極めて狭い人脈の中で生きていることに反省させられました。その後、多田先生のおっしゃった意味を身にしみて感じさせられることになりました。

私は白血病を中心とした造血器腫瘍の解析を行うことになり、フローサイトメトリーを使って微少な細胞群から白血病のタイプを解析する新しい試みに取り組んでいました。当時の解析法を画期的に変えるために、シアトルのフレッド・ハッチンソン癌研究所で検討を行いながら忙しく仕事をしていました。当然ながら、多田先生は世界の免疫学の冠たる研究者でおられたので、多田先生の研究室で学んだということが、私の仕事を行う上でどれだけ多くの研究者から信頼されるようになったか分かりませんでした。私は、多田先生の名古屋で仰られた意味を深く実感したのです。

そうした中でまたある日のこと。出張のため空港を忙しく走っていたとき、後ろから「谷口君」と呼ぶ声が聞こえたのです。気のせいかな。と思いつつ振り向くと、なんと、またもや多田先生がにっこりと笑って私を向いてロビーに立っておられたのです。なんという偶然なのでしょうか。私は多田先生との不思議な再会に運命というものを感じました。そのときも、多田先生は私の仕事を黙って聞いて下さり、「心から誠意をもって仕事をすると目標が掴めるのです。気を抜くと逃げて行ってしまいますよ」と仰られたことをとても強く憶えています。

その後、この白血病の解析がきっかけで、私はある遺伝子の解析の仕事を行うこととなり、それは癌ペプチドワクチンに関するものとなり、今日に至っています。この仕事はとても大変で、私は多田先生のご自宅を何度も訪問して実に多くのご指導やご助言を頂きました。

あまりにも辛くてもう辞めてしまいたいと思ったこともありました。その時、多田先生から世阿弥の「時とても、男時、女時もあるべし。いまは辛抱が肝心。女時の後には男時が来るのです」というメールを頂きました。私はこの先生の言葉を多田先生の言としていつまでも大切にしたいと思っています。

その後、多田先生のお能のお手伝いや、多田先生がお作りになられた「自然科学とリベラルアーツを統合する会（ＩＮＳＬＡ）」の設立にも関わり、いろいろとお手伝いをさせて頂きました。この活動は今後も続けさせて頂きたいと思っています。

多田先生とは最後までお付き合いさせて頂きましたが、お約束をしていた多田先生と一緒にさせて頂いた本の出版、そして、私がお願いをしてお書き下さった沖縄戦の新作能「沖縄残月記」の沖縄での公演を、まだ私は果たしておりません。多田先生の最期に偶然ですが、病床でお見送りすることとなり、とても深い悲しみで私は心が潰されてしまうほどでした。

多田先生とのお約束を最後まで成し遂げ、先生がご指導下さった日々の教えと、残して下さったお言葉を、私は自分の宝物として大切にもっていきたいと思います。まだまだ早すぎる多田先生のご逝去でしたが、多田先生、ゆっくりとオバリー先生とあの世で楽しくご歓談下さい。本当に有難うございました。

（㈱エスアールエル検査管理部腫瘍免疫プロジェクトリーダー、兼富士レビオ㈱研究開発部門）

多田富雄先生をお偲びして

谷口維紹

多田富雄先生が永眠され、はや一ヶ月が経とうとしています。多田先生は昭和五二（一九七七）年七月―平成六（一九九四）年三月まで、免疫学講座の教授をお務めになりました。私はその後任として多田先生にたいへんなご支援・ご教示をいただきました。先生は日本の免疫学の国際的な発展に偉大な貢献を果たされましたが、ご研究の底流には一貫して、研究者個人の持つ独自性を重視した姿勢が窺われました。そして生まれたのが「免疫応答における負の制御システム」というコンセプトであり、当時の免疫学の世界に大きな反響を呼びました。ご研究を通し、今日の免疫学を担う多くの人材を育てられるとともに、日本免疫学会や国際免疫学連合の会長をお務めになり、更には日本発の免疫学の国際誌である *International Immunology* の発刊と Editor-in-Chief として活躍されたことは、先生がまさに日本の免疫学が世界に誇る存在であり続けられたことを表していると思います。先生のご功績に対しては、国内外の多くの賞が授与され、昭和五九（一九八四）年には文化功労者として顕彰されました。また、機械論的メカニズムを超えて生成していく高次システムとしての免疫系を眺め「生物学的にみた自己」の成り立ちを考察した「スーパーシステム」のコンセプトは広く反響を呼びました。ちなみに、その源泉となった『免疫の意味論』は平成五（一九九三）年大佛次郎賞に輝いています。

先生は平成一三（二〇〇一）年に脳梗塞に襲われ右半身の麻痺と言語障害を抱えながらも、数多くの執筆活動や「新作能」の制作など、幅広い社会活動を続けられました。なかでも、芸術的概念と科学的思考性を融合すべく「自然科学とリベラルアーツを統合する会」を設立された先生のご活動には深く共感を覚えるところがあります。一連のご活動は、奥様、式江様による献身的なご看護に支えられてこそ可能であったことでしょう。それは先生のご著書の中に、溢れるような先生の奥様への愛情と感謝の言葉がちりばめられていることからも窺えます。

言うまでもなく、人間の知的創造活動の総体である学術の現代的役割は、自然の理解を広げ深めることに加え、人の理解や自然と人間のかかわりの中で現れる諸問題を総合的・横断的に探求することによって、社会の関心や付託に応えて行くことにあります。一方、現実には「学術を振興すれば社会に貢献する」時代から「社会や国の諸課題を解決する手段としての学術（科学・技術）」の時代へのシフトから、国家戦略としての科学・技術の位置づけによる応用・開発的側面がより前面に押し出されている現実があり、結果的には学術本来の在り方やそれを担う人材の育成等を巡る状況は厳しくなっています。多田先生は、このような「閉塞感が漂う窮屈な時代の到来」を予見され、社会への警鐘を込めて一文字一文字に渾身の魂を刻み執筆をすることにより、問題提起を続けて来られたのだと思います。今こそ、我々は先生の遺志を受け継ぎ、この国とそれを担う次世代の皆さんのために、遠い視野を持った複眼的思考を基に、本来の学術推進の在り方を見極め、それが将来の政策に活かされるようアカデミズムの立場から積極的に発信していくべきではないかと思います。

多田先生はいろいろな局面でいつも私を温かく支援してくださいました。私が三〇過ぎのころ遺伝子研究を基軸として分子免疫学の道をひた走りしようとしていたころ、ある機会に本郷のキャンパスにお招きくださり、「コンセプトの重要性」を説いてくださったのも多田先生でした。私が免疫学講座の後任となったときも、とてもお喜び下さり、いろいろなご助言をいただきました。お酒を酌み交わしながら、先生とお話しさせていただいたことは私にとってかけがえのない思い出となりました。

永眠された後になって、送られてきたご著書『落葉隻語――ことばのかたみ』は、先生が病魔と闘いながら不自由な手で渾身の思いで書かれたもので、先生の不屈の精神力に畏敬の念を禁じ得ません。そして、人生の夕映えに直面された先生の珠玉の言葉がちりばめられた文面は、特に次世代を担う人たちへの深い愛情と大きな期待に満ちたものです。私には、多田先生はずっと、「森羅万象への尽きせぬ好奇心に満ち溢れた秘境を夢見るロマンチスト」であり続けられたように思えます。

先生、たいへんご苦労様でした、そして有り難うございました。心よりご冥福をお祈り致します。

（東京大学大学院医学系研究科・免疫学講座教授／分子生物学）

天は二物を与えた

谷口克

一九六〇年後半、大学の免疫学は、血清反応を主体にした講義だけであったが、石坂公成・照子夫妻による「免疫グロブリンE」の発見に象徴されるように、世界的には抗体を中心とする免疫化学が華やかな時代であった。しかし、免疫学を始めたばかりで米国留学中の青年多田富雄は、それが免疫化学の終焉であると予見していた。帰国後、免疫制御の新しい概念を提唱した。それは細胞免疫学の幕開けであった。

心臓内科医を目指していたにもかかわらず、一年目に受け持った患者が私の人生を変えた。本邦三例目のマクログロブリネミアという免疫系がん細胞が作る「免疫グロブリン」が、細胞免疫学の黎明期に身を置く動機になった。千葉大学には免疫理論から病態・病因を明らかにする免疫病理学を実践していた岡林教授がおられ、助手をされていた多田先生が米国石坂研究室から帰国され、大学院生奥村康君と二人で第一号の弟子として、免疫研究を始めることになった。先生が教える研究の心構えは、四つ、（一）研究をする時には、人とちがうことをする、（二）一旦はじめたら簡単にはあきらめない、

（三）実験の結果、自分の仮説が誤りと悟ったら、さっさと撤退する、そして（四）研究はバラの香りのように美しくあらねばならない、であった。

多田先生は、留学中に研究テーマを十分に練り、帰国後かなり強い確信を持って研究を開始した。当時、免疫反応を起こす〝ヘルパーT細胞〟の発見が話題であったが、先生が考えたのは正反対のことであった。すなわち、免疫反応は必ず終息に向かうが、それは積極的に反応を抑制する細胞が存在するからであると想定し、それを証明することにしたのである。免疫反応がいつまでも続くのは生体にとって、自己免疫疾患発症等の不利な状況を作ることになると考えた。この点は、岡林教授の長期に抗原刺激を続けると自己免疫病を発症するという奇想天外な実験結果の影響があったのかもしれないが、このあまのじゃくな発想は、免疫制御によって免疫系の恒常性が維持されるという新しい概念を生み出し、免疫抑制T細胞の存在を明らかにすることになる。

石坂公成先生の傘寿祝いの折（2006年6月15日、於・パシフィコ横浜。提供＝谷口克氏）

一九七四年、千葉大に多田先生のための新しい研究部門ができた。当時、私は大学院生であったが田中角栄首相と同郷であったことから、越山会を通じて首相に面会するため目白の私邸まで、多田先生に同行した。私邸での田中首相は「よっしゃ」といって願いを聞いて下さり、研究部門設置が決まった。日本で最初の免疫学を専門に研究する講座の設置であった。

研究者には物証を基に還元論的に現象を解明するタイプと、理論を軸に演繹的に証明して行くタイプとがある。多田先生は免疫制御理論を構築し、予言通り免疫抑制細胞の存在を明らかにした。演繹的に生命現象を解明することは大きな想像力と独創性を必要とするが、日本人は得意ではない。その点、多田先生は他人と違っていた。

多田先生は早稲田大学文学部に合格したが入学はせず、医学部に進学し、在学中には江藤淳らと文学活動していたほど、文才があった。先生の文章は華麗で、三島由紀夫を彷彿させた。弟子には容赦なく、赤ペンでもと原稿が見えなくなるくらい添削し、〝貴方の「てにをは」の間違いは「水の中の水素の分子」ほど多くある〃といった具合だった。

先生が晩年経験する脳梗塞の後遺症は、「四五歳を過ぎて生き恥をさらしたくない」を信念にして自分を追いつめていた多田美学にとって大きな屈辱だったに違いない。左半身不随に加えて嚥下・構音障害を伴う球麻痺まであり、水分を摂取することも困難な状態であったが、先生を訪問した時にはシャンパンをあけて下さった。先生はシャンパンをチューブの付いた注射器で胃袋に押し込み、しばらくするとでてくる「ゲップ」を、「こうやってシャンパンの味と香りを楽しむのだよ」、と言って得意げに大笑いされていた。決して楽天的ではなかった先生のしたたかな精神力が、小林秀雄賞を受賞した『寡黙なる巨人』を初めとする数多くのエッセイの出版、現実と哲学的な思索を合体させた新作能の創作意欲を刺激し、脳梗塞後の第二の人生を支えた原動力となったと言っても過言ではない。

人がやらないことを好んでやる先生の信念は、実生活でもそうであった。白いフレームの眼鏡、襟なしの背広を特注して着ていたし、ご自宅で主催する「馬鹿鍋の会」では、馬肉を鹿肉の上に乗せて食べる鍋であり、鹿肉を馬肉の上に載せては「馬鹿鍋」にならないとのだじゃれをまじめに実行。遊び心が旺盛であった。

多田先生はあらゆることを人とは違った観点でとらえていた。一つのことでも、別の見方ができることを教えていただき、天地が拓けたことはしばしばあった。先生の生き方を弟子達は語り部のように後世に伝えて行くと思う。先生と巡り会えたことが何よりの宝である。感謝とともに、先生のご冥福をお祈りする。

（独立法人理化学研究所免疫アレルギー科学総合研究センター長）

多田先生との旅の想い出

辻守哉

私が大学院に入ってまもなく、多田先生より、「抗イディオタイプとT細胞抗原認識レセプターの共通エピトープの存在の証明」という超難題のテーマを与えられ、苦悩な毎日を送ったのも今は懐かしくさえ感じます。多田先生はよく夜半になると研究室を回られ、「どうですか、飲みに行きませんか」という言葉を皆にかけられ、結局酒が一番強かった私のみに白羽の矢があたることがしばしばありました。ある日は朝の五時過ぎまで多田先生と二人だけで多田先生宅でワインを飲み続け、ボトルを五本も空けたことを覚えています。確かその日は先生宅に泊まりそのまま翌朝研究室へ出かけました。いずれにしても、今思えばよく多田先生と会話が五時間も続いたものだと驚いてます。

大学院修了間近になって、多田先生に「どこに留学したいですか」と聞かれ、幼少時代を少しフランスで過ごしたので、「フランスあたりに行きたいのですが」と答えたのですが、その時、先生はただ首をかしげるのみで返事をされませんでした。しかし、一、二ヶ月して、「辻さんはやっぱりニューヨークが合ってますよ」と言われ、しかも「私が生まれ変わったら迷わずマラリアの免疫の研究がしたいですね。とてもおもしろいですよ」、この一言で、ニューヨーク大学のニュッセンツワイグ教授夫妻のところへ、いつのまにか飛んでいました。しぶしぶ行ったニューヨークでした。ところが二週間後に、研究所長のルス・ニュッセンツワイグ教授に「ニューヨークは僕の街だということが解りました。あと最低一〇年はここにいます」と断言している自分に気付き、今やニューヨーク在住も二三年、多田先生の洞察力の凄さというものに感服致しました。

左から辻守哉氏、現地の大学院生、右端は米NIHから常駐しているトントン・ディック氏（2000年、於・マリ立バマコ大学医学部熱帯病研究所。提供＝辻守哉氏）

同じニューヨーク大学の病理学教室に、多田先生の大親友である、ゾルタン・オバリー教授という、PCAを昔発見されたアレルギー学者がおられるため、多田先生も足しげくニューヨークへ遊びにいらっしゃいました。その度に、夜の街へと狩り出され、先生はよく「辻さん、どこか〝ゾクゾク〟するようなところ知っていますか」と尋ねられ、旅行ガイドにはない、危なそうな場末のバーなどを探して、一緒にお連れしたことも多々ありました。

なんといっても一番痛烈な思い出は、二〇〇〇年の二月に国際免疫連合の会議のあったカメルーンから多田先生と奥様と私との三人で、マリ国を一〇日間ほど旅したことです。西アフリカのサハラ砂漠南に位置するマリ国は、マラリアの研究で度々訪れていたので、ある程度は予備知識がありましたが、先生ご夫妻とは知らない土地ばかりを回ったので、かなり行き当たりばったりの無謀な旅になってしまいました。ある日は、予約してあったホテルが満室であったために、危なさそうで、しかも汚い旅館に泊まらされそうになったこともありました。このように、先生ご夫妻にはかなりご心痛をおかけした旅だったと思います。しかし、幾度かの逆境にもかかわらず、多田先生ご夫妻は、始終笑顔でなんとか無事に旅行も終わり、ほっとしました。しかし私は、多田先生ご夫妻を日本へお送りした後、ほっとしすぎたせいか、二日間ほどマリで高熱を出して寝込んでしまいました。しかしそれも、今となっては本当に貴重な思い出です。

このように、多田先生は、私にとってはある意味、父親のような存在でした。今は多田先生に「本当にありがとうございました」との一言しか頭に浮かびません。只々、静かにご冥福をお祈り申し上げます。

ニューヨークから　二〇一〇年五月

（ロックフェラー大学アーロン・ダイアモンド・エイズ研究所准教授・主任研究員）

多田富雄、輝ける友

アラン・ド・ヴェック

多田富雄さんと最初の思い出は、一九八三年に京都で開かれた国際免疫学会議に始まる。そのとき私たちは、彼の紹介してくれた能の古典「葵の上」の公演を手助けする栄誉を与えられた。アレルギーと免疫学だけでなく多くの文化的な話題についても共通する関心があったことが、すぐに私たちを結び付け、知的にも個人的にも本当の意味での友情関係に発展した原因とも言える。富雄はきわめてすぐれた天分を持つ人物であり、彼の興味の対象であった免疫学の領域において第一級の科学者であるだけでなく、非常に幅広い文化的素養があり、それは中世ヨーロッパやイタリアの芸術から日本の古典芸術や古典芸能にまで及んでいた。

また広い心をもった、温かく、親しみやすい人柄だった。

以来、私たちは、組織が、世界の至るところで開催された世界保健機関（ＷＨＯ）や彼が積極的に関わっていた国際免疫学会連合（ＩＵＩＳ）と言ったさまざまな科学的会合でしょっちゅう顔を合

クリスティーヌ・ド・ヴェックとともに（1985年6月。提供＝アラン・ド・ヴェック氏）

わせたものであった。数年後、彼は私の後任としてＩＵＩＳの会長になった。

もう一つ私たちが共有していたものは、彼が師として仰いだゾルタン・オバリー先生との友情である。ゾルタン・オバリー先生は、受身皮膚アナフィラキシー（ＰＣＡテスト）やIgE制御を発見した、アレルギー研究の草創期における主要な人物である。彼は九十代になっても矍鑠とした品格のある紳士であった。そして、ゾルタンの誕生日には決まって富雄と共にニューヨークに集ったものである。

私たちの接点は科学にとどまらず、一九九〇年代の終わり頃、私は富雄に、自分の参加しているスイスのある大きな民間銀行の科学的顧問団に加わってくれるように頼んだ。そこでの職務は、製薬・生物学産業の科学的な将来性を評価することにあった。これは面白い仕事で、富雄の多面的な精神にもうまく合った。私たちはそこで、昨今問題視されるような高額の報酬を得たわけでは無かったが、人間的にも科学的にも幅の広い経験を豊富に得ることができた。もっとも大切なことは、最低でも年に四回は、週末を含む数日を、世界中の快適な環境でくつろげたことである。

最後の数年間は、病気のために交流は電子的な連絡に限られ、富雄は自分のコンピューターのキーボードを通してのみ世界と通信することしかできなくなってしまった。それでも、彼はそれをものともせず、式江夫人の献身的な助力もあって、不屈のエネルギーで創造的人生を追求していった。深刻な障害を負った人が、それでもいかにして人生に意味を見出すことができるのか、私にとって富雄は、その輝かしい見本となった。似たような困難に陥った人々に対して、私はしばしば彼の勇敢さを例として示したものである。そのことを彼は知ってはいなかったが、亡くなる直前まで富雄は偉大な人物の輝ける見本であり続けたのである。

スイス、フリブールにて　二〇一〇年五月一五日

（元国際免疫学会連合［IUIS］会長、元国際アレルギー学会議［IAACI］議長）

（編集部訳）

「もういいかい」

冨岡玖夫

一九六七（昭和四二）年、その青年は羽田空港に舞い降りた。

私が大学院の学生として昭和四〇年四月、千葉大学医学部第二病理学教室（主任教授・岡林篤）に入った翌年であった。

先輩達から聞いていた多田さんは、「薄汚れた白衣を着て、夜な夜な〝鼓を打つ〟おかしな人物」と私には伝わっていた。

ところが、予想に反して、黒いスーツに蝶ネクタイ、長く伸ばしたもみ上げの青年であった。病理学の先輩から聞いていたイメージとは全く異なっていた。

この邂逅から、お別れまで、私と多田富雄先生との付き合いは約四三年である。お別れから不眠が続いている、思い出せば目頭に涙がにじむ。

偉大な国際的科学者、文筆家、エッセイスト、そして障害者〝Tomio TADA〟は、〝言霊〟を大切にする。この時点で、どのような言葉を〝紡ぎ出せ〟と言うのであろうか。

多田富雄先生の呼びかけ方はたくさんある。外国人であれば、親しみを込めて“Tomio”である。日本人であれば、親しみを込めて〝ただ さん〟である。しかし、ここでは、親しみと、畏敬(?)の念をこめて「殿」と呼ぶことにする。そして私と長野一朗氏は、新築した本郷のご自宅は、「本郷城」と呼ぶ。「殿」は、私のことを〝トミさん〟としか呼ばない。

私のパソコンの予定表には、

「もういいかい」 二〇一〇年五月二一日(金)

場所:東京都庁45階南展望室「Cafe202」

とある。

「殿」の叙勲をお祝いをしようと、弟子達が企画したら、「殿」は「もういいかい」という名前をつけた。世間一般の、叙勲祝いの会を望んではいなかったに違いない。

「殿」は、「本郷城」に伺候する度に、私に「葬儀委員長をやれ」と遺言していた。「殿」より軽いとは言え、身体障害者としては一年先輩である小生は、心の中で「真っ平ご免」「お先に失礼」と言っていた。

平成二二年四月一一日に開催された、「自然科学とリベラルアーツを統合する会」(INSLA)第三回講演会「日本の農と食を考える――農・能・脳から見た」(東京大学・安田講堂)では、リクライニングの車椅子で登壇して挨拶をされた。さらに、この会合の夜の関係者の懇親会にまで出席された。その姿は、壮絶であった。そして、ＩＮＳＬＡの存続を望む、執念すら感じた。

関係者や弟子達は、「もういいかい」の開催を危ぶんだが、誰も開催の可否について発言することを躊躇していた。翌日、私は式江夫人に電話で「殿」のご意向を聞いていただいた。「もういい……」のことばが伝えられた。「殿」は覚悟していたのである。


密葬のご挨拶の最後に、式江夫人は「もう十分仕事をしたから『もういいよ、じゅうぶんですよ』と送ってやってくださいますようおねがいします」と結んだ。参会者は、ご子息の多田久里守氏が入力したトーキングマシーンから発せられた「もーいいかい」「モーイイカイ」に呼応して、「もーいいよ」を繰り返してお送りした。納棺する柩にしがみつき、「もういいよ」と叫んで、慟哭した。

しかし、時間が過ぎるにしたがって、「もういいよ」に疑問をもつようになった。

私は、「殿」が叙勲祝いの会に「もういいかい」という名前をつけた真意を、いまも考えている。文学に精通し、ユーモアを解する「殿」は、内《うち》田《だ》百《ひゃっ》閒《けん》の「摩阿陀会」の由来を知らないはずはない。

「もういいかい」の名前は、「もーいい会」と名前にしようとしていたのであろうか？「もぅいい会」だろうか？　それとも仏教由来の漢字を考えていたのであろうか？　名称は問わない。それよりも、

「殿」は私たちに、この会でどのようなメッセージを送ろうとしていたのであろうか。

「ぼくがいなくても〝もういいかい〟」、「〝自然科学とリベラルアーツを統合する会〟の将来は大丈夫かい？」と問いかけているのではないだろうか。私には、まだ答えがない。

「ただきん、〝まぁだだよ〟」

合掌

(社団法人日本アレルギー学会・顧問)

多田先生の死に方

羽廣克嘉

多田先生が数年前書かれた文章の一つに、白洲正子の死に方を描いたものがある。それは各界著名人が『文藝春秋』に寄せた〝理想の死に方〟の一つで、死期を悟った白洲正子が最後に多田先生を含む親しい友人達を招いて宴を持ち、数日後自分で救急車を呼んでさっそうと死んでいったさまを描いたものだ。心ある人間ならば誰しもこのように死んでいきたいと思うものだが、ダンディな多田先生にとってその思いは一入であったろう。

だが、この文章の執筆当時、既に半身不随のご不自由な体になられていた先生は、己の死はこのようには訪れず、苦悶の果てに訪れるであろうことを予見していた。そしてこの文章は、歩キ続ケテ果テニ息ムという境地で締めくくられる。そのあまりに単純な言葉は当時の僕にはぴんとは来なかったのだが、多田先生のその後の生き様はまさにその言葉を体現していた。己に最後に残された執筆活動に、身も命もすり減らせてなくなられた。なくなられる前には書くべきものは全て書いたとおっしゃっていたとのことである。まさに歩き続けた果ての死であり、ご本人は本望だったろうと思う。

ただ、とても残念なことが一つある。今年に入り、己の死期を悟っていたらしい先生は五月に生前葬を予定されていた。その会は〝もういい会〟と名づけられる予定で、宴の最後に先生がトーキングマシンで皆に〝もういいかい〟と語りかけ、皆が〝もういいよ〟と答えて終わることになっていた。いつも通りのにぎやかな宴の最中、己の死さえ軽妙にしゃれとばして見せる。なんてチャーミングな人物。白洲正子に勝るとも劣らぬ、先生らしい洒脱な死に様。本当に苦しい数年間を生きられ、書くべきものは全て書いたという知盛のような境地に達しながらも、なおしゃれっ気を失わない、これぞ多田富雄の真骨頂である。

本当に、先生にこれをさせて差し上げたかった。私も、生前の先生にもういいよと言って差し上げたかった。それが、あとほんの一ヶ月、天は時間をくれなかった。

結局、この企ては、納棺時に先生が生前愛用したトーキングマシンで〝もういいかい〟と呼びかけ、参列者が〝もういいよ〟と答えるという形で実行された。本当は良くない。無念だ。もっと色々聞いておかなければならないことがあった。ちゃんと研究者として成果を上げるところも見せたかった。だが、もういいよとつぶやいた時、先生のはにかんだような笑顔が見えた気がしたので、もうなにもいうことは出来なくなった。

（関西医科大学付属生命医学研究所分子遺伝学部門助教／免疫学）

偉大な方への弔辞

ルビー・パワンカール

私たちが人生において出会い、知り得る方は皆、私たちにとっては特別な人です。人生において人に出会い、交流することによって、多かれ少なかれ必ず人生は変わっていきます。けれども、私たちの人生を通して、私たちに強い影響を残すのはほんの一握りの方々です。そういった方々は、積極的な生きざまによって、私たちを激励する溢れる出る言葉によって、そして思いやりによって、私たちに強い影響を残していくのです。そういった方々が自分の人生に入り込んできてくれることを、私たちは大変幸福なことと感じます、なぜならそういった方々とのほとんど全てのやりとりによって私たちは感動し、そのたびに私たちは向上できるからです。多田先生は私に与えてくれたのもそういった影響でした。

二〇一〇年四月二一日は悲しい日になりました。その日、私はある友人からの電子メールにより、多田先生の御逝去というとても悲しい知らせを受けたからです。私たちは偉大な方を失いました。「偉大な方」を定義する方法は人それぞれではあると思いますが、私は、「偉人は以下の三項目を併せ持つ人である」という話を聞いたことがあります。

・個人、もしくは社会に対しポジティブな影響を与えられる人
・専門とする分野において卓越している人
・多くの人間からの尊敬を受けている人

多田先生には、この三つのすべてが当てはまりました。先生は、影響力のある免疫学者であり、卓越した研究者でありながら、作家であり、知識人であり、万能で格別な方でした。

私と多田先生との最初の出会いは、一九九〇年初頭にさかのぼります。当時、私は、アレルギーと臨床免疫について研鑽を積むために来日しました。私はT細胞のサブセットとそれらの特徴および上気道におけるT細胞の受容体について研究しておりましたので、多田先生を訪ね、自分の研究について指南をお願いしました。多田先生は私を温かく迎え入れてくれ、私に自分の研究仲間を紹介してくれて、私を指導し、助けてくれました。思い起こせば、その日から、私の日本でのキャリアを通して、多田先生は私を導き、支援し、奮起させてくれました。だからこそ、私は、自分にとって偉大な指導者であった多田先生への感謝をここに強く述べたいと思います。私が、科学的な、学問的な、組織的な、様々なことを企画する際には、先生は、私にはなくてはならない存在でした。私が二〇〇一年にISBAARという国際シンポジウムを開催したおり、多田先生は能についてレクチャーをしてくださり、さらに、文化プログラムの一環として、能の公演を催してくださいました。先生は、私がホル

ゲイト（Holgate）教授、ローゼンバッサー（Rossenwasser）教授らと一緒に監修をしたアレルギー性疾患についての六巻の本、*The Allergy Frontiers* に序文を寄せてくださいました。その序文の中で、アレルギーと臨床免疫における、長年にわたっての学識の変遷について記述されていました。多田先生が私にとってどれだけ大事な方だったのかについてを正確にお伝えするだけの時間も、そして紙面もありませんが、つまるところ、私が申し上げたいのは、多田先生は私を感化した偉大な先生であり、先生のお力添えがあったからこそ、私は自分のキャリアを確立し、今日の私を作り上げてこられたということです。

さらに、私と多田先生との関係とは別に、国際文化研究の教授であり、博物館学者である、私の夫、**Umesh Pawankar** も、多田先生とは非常に親しくさせていただいていました。二人は、文化的な興味から、インドの、特に文化遺産のある場所へ、共に何度も旅に出ていました。さらに二人で一緒に、能とインドの伝統的な舞踊の、それぞれの巨匠を招いての、文化研究会を開催していました。さらに、彼らは、多田先生がインドのニューデリーで一九九八年に国際免疫学会を開催された折に、文化公演を行っております。

私たちの人生において、多大な影響力を持つ方々は、たとえささやかな助言ででも、永久に私たちの人生を変えてしまいます。私たちはそういった方々の言葉を聞き、その導きに従い、そしてその方々に感謝するのです。多田先生は、そういった方々のおひとりでした。

東京にて

（M.D., Ph.D.　日本医科大学医学部准教授）

（鈴木忍訳）

多田先生の能舞台

平峯千春

多田先生の訃報の四日後、『落葉隻語　ことばのかたみ』が著者献本として青土社から届いた。能に造詣が深く、多くの新作能を手がけられた先生のなんと見事な演出であろうか。能の世界そのままに先生は蘇られ、静かに熱く語りかけて下さる。「うめくほどの痛み」に耐えながら書かれたこの本のあとがきの「無事出版されることを夢見ている」が叶えられて、「先生、よかったですね」とおもわず声をかけてしまった。

私は、大阪市大から転勤後、二四年間勤務した香川医大（現香川大医学部）を四年前に定年退職したが、故郷ではない香川が気に入って、当地を終の住処と決めている。

こちらで知り合った友人には、先生の愛読者が多くその中のお一人、Tさんと二年前の一二月二六日、白洲正子没後十年追悼能公演「花供養」を観に上京した。作者の先生と奥様に会場のロビーでお目にかかれて、喜びも一入であった。そのTさんが訃報に接した直後に、先生の死を悼み詠んだ一首を先生に捧げたい。

光芒を放ちて巨星去りにけり煌めく詞の尾を曳きながら

『寡黙なる巨人』で先生が小林秀雄賞を受賞された折に、ユーモラスな会見の模様が掲載された『考える人』を奥様が送って下さった。式江先生（内科医）という素晴らしい伴侶に恵まれた先生は、お幸せだったに違いない。

先生に初めてお会いした時期は定かでないが、日本免疫学会の初期の頃の先生は、近付き難く仰ぎ見る存在だった。先生が千葉大から東大に移られた年に、北条憲二先生と先生の研究室にお邪魔したことを覚えている。先生は千葉大で、北条先生は大阪市大で免疫病理学の泰斗岡林篤先生の薫陶を受けられた。私もご退官後の岡林先生の孫弟子に加えて頂き、遷延感作の洗礼を受けた。

胸腺の場でのアポトーシスの研究では、先生に度々執筆の機会を頂いた。アポトーシスの電子顕微鏡写真を、学生の講義に使いたいとのことでお送りしたところ、丁寧なお礼状を頂き恐縮した。その写真を先生はご著書（『生命の意味論』）などにも、そして最終講義にも引用して下さった。

先生には香川医大の免疫学の特別講義に二度お越し頂いた。講義後、志度寺にご案内したところ、「海人」を謡いながら境内を散策された。

先生の定年退官の年に、香川医大の北条先生も定年（新設医大は六五歳）を迎えられ、退官記念会には帰国直後の先生が駆け付けて下さった。宿泊は、ホテルではなく宿をと所望されたので、眼下に鬼ケ島（女木島）の見える「屋島の宿桃太郎」にお願いした。

先生は香川を大変お気に召され、一九九六年にも志度音楽ホールで「親子の恩愛」（能「海人」より）のテーマで講演をして下さった。この時は奥様もご一緒に晩秋の讃岐路を楽しまれた。

香川県の志度の浦は能「海人（士）」の舞台で、二〇〇三年四月に志度寺にある海女の墓前で奉祝能（海士―龍女ノ舞）が行われた。新緑の木漏れ日にきらきら輝く能装束で舞われたのは、津村禮次郎師。五月に横浜能楽堂で多田先生作の「一石仙人」をされると伺い、奇遇に感激して、迷っていた横浜行きを決めた。先生にご報告したところ、喜んで下さり「津村さんとは楽しく打ち合せなどしております」との返信を頂いた。

多田先生作のお能を最初に拝見したのは脳死をテーマにした「無明の井」で、演者は、先生が「深く存在の底まで降りてゆく鬼気迫る演技」と評された橋岡久馬師。一九九一年秋の京都観世会舘での観能以来のご縁で、讃州出身とおっしゃる久馬師から、演能の度に候文の案内状を頂いた。二年後に上演された「望恨歌」での、久馬師の迫真の演技が今も目に浮かぶ。久馬師は二〇〇四年に満八〇歳で急逝され、先生から「悔しいですね。残念でたまりません」と師を悼むメールを頂いた。

先生は闘病中にも精力的に新作能に取り組まれ、二〇〇三年に横浜能楽堂で、平和への祈りを込めた「一石仙人」が上演された。『脳の中の能舞台』には、前二作と共に創作ノートと台本が所収されている。先生がＮＨＫ教育テレビの人間大学に出演された時の担当者、樋口礼子さんと会場で知り合い、打ち上げ会にも参加した。そこで先生ご夫妻にお目にかかり、樋口さんが写して下さったその折の写真を大切にしている。

広島、長崎の被爆六〇周年に、先生は核廃絶の願いを込めて「原爆忌」と「長崎の聖母」を発表された。前者は観世栄夫師によって二〇〇五年八月に上演され、私は広島で先生ご夫妻とご一緒に観せて頂いた。灯篭流しの「鎮魂の段」が心に沁みた。浦上天主堂での「長崎の聖母」と昨年の渋谷での「沖縄残月記」の観能を逃したのは残念でならない。

二〇〇七年春に著者謹呈として藤原書店から届いた『能の見える風景』には、先生の能の創作活動を支えてきた思想が散りばめられている。命の尊厳と平和への祈りが込められた多田先生の新作能が、日本だけでなく世界各地で上演されることを願っている。

（放送大学香川学習センター客員教授／免疫学）

多田富雄先生を偲んで

古澤修一

多田富雄先生との出会い　私は若い頃に微生物学を専攻し、貪食細胞の仕事をしておりました。当時はまだ『免疫学』という名の本がありませんでしたが、ある時、東邦大学微生物学教室の桑原章吾先生から、「今度こういう本を作ったので、君にあげるよ」と、『免疫学入門』の初版(1)を頂戴いたしました。そこで初めて、多田先生の書かれた文章との出会いがあり、また、私の一生の仕事が決まったと確信しています。

先生に初めて直接お会いしたのは、野口義國先生の退職記念講演会でした。この会では私が野口先生と行った仕事を紹介させて戴いたのですが、会の終了後のパーティーで、私は多田先生から呼ばれました。心臓の鼓動を高鳴らせて先生の席の近くに座らせて戴いたことを、今でも覚えております。野口先生は、皆が震え上がるような鋭い質問をされる頑固な老教授として、当時の日本の免疫学、アレルギー学の分野で名を馳せていた皮膚科の先生でした。多田先生曰く、「野口先生と一緒に仕事をできる人は珍しい。米国にも、ゾルタン・オバリー先生という頑固な教授が居て、日本人のポスドクを欲しがっている。野口先生の所で務まるあなたを、是非紹介させてくれないか」というものでした。これが人生の師である多田先生との出会いでした。

多田先生と奈良へ。中央がゾルタン・オバリー先生、左が古澤修一氏（1999 年 10 月。提供＝古澤修一氏）

多田先生と共にした日々　私はＮＹ大学のオバリー先生の下で二度の研究生活を行いましたが、多田先生はＮＹに頻繁に訪ねてこられました。ある時、先生から「古澤さん、グランビーの鼠おばさんの話を知っていますか。私はぜひ彼女のお墓に花を手向けにいきたいのです」と頼まれました。私も興味を持ち、NY大学に免疫関係で留学している他の日本人にも声をかけ、私が車を運転して、総勢六人でボストンのグランビーまで出かけました。六人全員がメガネをかけ、首からカメラをぶら下げた日本人。この団体が花束を持って鼠おばさんのお墓を探し求めた珍道中は、『免疫の意味論』(2)などにも記載されています。

多田先生とは、この他にも宮島の能の鑑賞や、奈良への旅行にも同行させて戴きました。奈良東大寺の二月堂では、仏像を前にして「私は若い頃、悩んで奈良まで旅に出たことがあったんですよ。そして、この二月堂の仏像と出会って、悩みが吹っ切れたのです」と、静かに話しかけて下さいました。そのようなお話を聞かされた私にとっても、奈良での出来事は大きなターニングポイントにもなりました。

多田先生との別れ　先生がお亡くなりになる一ヶ月ほど前、私は東京で開催される学会に参加するため、前夜から東京に乗り込んでおりました。その晩のことです、多田先生が突然夢に出て来られました。お元気なころの顔で、蝶ネクタイをして、私に「古澤さん、今度はこんな作品を創ったのですよー」と、なぜかステンドグラスの大作をバックして先生がくしゃくしゃの笑顔で語ってくれました。翌朝、私は気になって長野さんにメールを送りました。すると、「ぜひ多田先生に会ってその話をして下さい」と返事がありました。すぐに電話で奥様と先生の許可を戴き、ご自宅に向かいました。先生は喉に詰まった痰を奥様に吸引していただきながらも、笑顔でお会いしてくれました。お辛い様子でしたが、私の最近の研究の話や、昨晩の夢のことなどをお話ししたところ、先生は時には「ほー、そうですかー」という口の動きもなされながら、終始笑顔で聞いてくださいました。しかしながら突然、先生は思い立ったようにマシンへ入力され、聞き慣れたマシンからは「これでお別れですね！」という言葉が流れてきました。私に軽くうなずかれながら、寂しそうに私の顔をご覧になりました。帰り際に、お手を二度ほどしっかり握らせて戴きました。

多田先生に与えられた宿題

私のような人間に対してなぜ声をかけて下さったのか、未だにその真意は不明です。最後にお会いした際、先生は「私は変わった人が好きなんです」とおっしゃっていました。そのような私に、日本の高等教育の問題だとか、リハビリ政策の問題など、色々なことを話しかけて下さり、教えて下さいました。研究の面でも、私の研究内容に対して、「薔薇の花の香りがする仕事をしなさい」と、そして、「あなたはなぜこの研究をしているのですか、あなたでなければいけないのですか？」と指摘されました。これは大きな宿題です。私の残りの研究人生、いや、人生全てにおいても、この言葉は私の人生の命題として宿題を出されたと思っています。

先生が書かれた『生命の木の下で』(3)という本の中に、〝先生が長生きせねばならない理由〟というエッセーがあります。先生には、いつまでも長生きして戴きたかったと思います。先生、早すぎました。合掌。

（1）編集顧問桑原章吾ほか『免疫学入門』医薬の門社、一九七七年
（2）多田富雄『免疫の意味論』青土社、一九九三年

(3) 多田富雄『生命の木の下で』新潮文庫、二〇〇九年

多田富雄先生の想い出

ジェイ・A・ベルゾフスキー
(広島大学大学院生物圏科学研究科教授/免疫生物学)

私が初めて多田先生と出会ったのは、彼がまだ千葉大学にいた一九七〇年代の国際的な免疫学の会合においてでした。私たちは共に、免疫応答を正にも負にも制御するクラスⅡMHC分子の役割に興味を持っておりました。私は富雄の研究室に在籍したことはありませんでしたが、彼は多くの機会に良き相談相手となってくれ、免疫学者としてスタートしたばかりの私にとても多くの影響を残してくれました。一九七〇年代末には、彼は私の最初のポスドクとなる河野陽一博士(現千葉大学小児病態学教授、千葉大学病院長)を紹介してくれました。一九八〇年代初期にも彼は、川村肇博士、尾崎承一博士といった数人の日本人ポスドクを紹介してくれ、彼らや続くポスドクたちの助けにより私は自分の若い研究室に弾みを付け、この分野に根付くことができました。本当に、今日に至るまで、長きにわたって日本の科学と密接にかかわることができたのは富雄のお陰なのです。NIHで一緒に働いた河

野陽一、尾崎承一、高橋秀実、竹下俊行、白井睦訓を含む五人の仲間は現在教授や学科長、また何人かは日本で病院長や医学部長になっています。またこのうちの数人は、彼らの学生をポスドクとして、また学問上の〝孫〟として、私の研究室へ送ってきてくれています。これもすべては富雄の、偉大な寛容さと支援から始まっているのです。私たちはみな素晴らしい友情で繋がっており、一五人の現在・過去の研究室メンバーは私の日本の大家族のように感じています。彼らとは、他の日本の友人のネットワークとともに、日本で会えるときは必ず会うようにしています。そして、この家族はみんな、何らかの意味で多田富雄先生の子孫なのです。

私は、富雄を本当の紳士であり学者であると思っています。彼は素晴らしい交流相手であり、いつも思いやりに溢れていて、寛大でした。彼の興味は科学をはるかに超えたところにまで広がっていました。彼は日本文化の偉大な唱道者であり、日本の芸術や舞台の研究家でした。彼は能楽を演じ、自身でいくつか能の台本も執筆しました。いくつかの演目は科学から来るアイデアを表現したものでした。彼は、科学や医学に関するアイデアを一般社会に伝え、医学の課題について一般社会の意識を喚起するために舞台を用いることに非常に関心を持っていました。一九八三年、京都での国際免疫学会では、富雄がオーガナイザーの一人として、会議の参加者のために能の舞台を催し、これが会議のハイライトの一つとなったことを覚えています。富雄が脳梗塞で倒れた後、亡くなる二年ほど前に、私は東京の富雄と式江夫人の家を訪問することができました。脳梗塞のために富雄は声を失い、日本語を話すボイスシンセサイザーを使っていました。一緒に訪問した高橋秀実と私は、秀実が日本語の通訳をしなくてはいけないだろうと思いましたが、富雄はシンセサイザーが英語の文を発するよう、上手に日本語の文字を操ったので、私たちは通訳無しでとても楽しく会話することができました。私は一生、偉大な友人、偉大な学者、偉大な人間、そして日本の免疫界を築いた偉大な先駆者である富雄を忘れることはないでしょう。そして一生、彼への感謝の気持ちを忘れることはありません。

（M. D., Ph. D.　米国・NIH国立癌研究所癌研究センターワクチン部門チーフ）

（松井明子訳）

サルデーニャ・サルデーニャ

松岡周二

順天堂大学病理・腫瘍学講座に勤務しております関係で、多田先生が順天堂医院に通院されると、ある時は私が待ち伏せして、ある時は奥様を通じて呼び出され、外来の待ち時間を共に過ごさせていただきました。多田先生の教室での大学院生時代の思い出話や馬鹿話をすると、涙を流して笑って下さいました。いっしょに花見をしたとき、多田先生が先輩に「ポトマック河の桜はいかがでしたか？」と下問され、「綺麗でしたよ」という返事に「君はそんな答えしかできないから、いつまでたっても論文が下手なんだ」とおっしゃったりされたことなど、先生はほとんど忘れておられたようでした。しかし、もっとも笑って下さったのはサルジニア島での思い出話です。

一九九一年八月一五日から二六日までイタリア、サルジニア島で、NATOの支援のもとで開かれたT Lymphocytes: Structure, Functions, Choiceというミーティングにアジアから多田先生と、ついでに私だけが出席しました。そこで合間に島内をドライブして美術館や教会を二人で観てまわり、漁村のレストランで美味しいシーフードをいただきました。驚いたことに先生はそこでほとんど不自由なくイタリア語を話せたのでした。明日は島を離れるという日に、私に「君も少しはイタリア語を話せるようになったのかね?」と聞かれ、「日本に電話するとき交換手に電話番号を伝えなければならないので、数字ぐらいはしゃべれるようになりました」とお答えすると、「八五は何という?」と聞き返されました。一瞬答えられないでいると「オッタッタ　チンクエと言うんだよ」と笑われました。これが長いおつきあいのなかで多田先生から伺った唯一の下ネタでした。サルジニアでは他にも楽しい思い出がたくさんあります。先生が会の最後の晩餐で「荒城の月」を朗々と唄われ、誰もが感動して涙ぐんだこと。「君のボスはすごい」と私まで賛辞を受けたこと。日本に帰るなり教室員をご自宅に呼ばれて、サルジニアで美味しかったカラスミのスパゲティを料理してふるまわれたりもしました。ワインの後にグラッパまでいただく悪習もあの島で教わりました。

病理を担当させていただいたので他の先生方より少し遅いお別れをいたしましたが、今でも多田先生はすぐそばにいらっしゃるような気がします。明け方など、お能の登場人物のように、いろいろ思い出させて下さり、語りかけて下さいます。あの笑顔で。

（順天堂大学医学部病理・腫瘍学講座助教）

強靭なる多彩さ——多田さんを悼む

村松 繁

多田さんの生年は私よりも二年後ですが、早生まれですので、学年でいえば一年若いだけです。ということは、まあ同年輩といえましょう。ですから、この拙文でも、「多田さん」と「彼」という呼び方で通します。

訃報に接したときは、〝嗚呼〟とは思いましたが、驚きも悲しみもしませんでした。というよりは、よくぞここまで頑張ったものだという賞賛の気持ちが一杯で、感無量になりました。二〇〇一年の脳梗塞も、そのこと自体にはさほど驚きませんでした。というのは一九九〇年代、どれも一時的ですが、彼は顔が少しゆがんだり、味覚を失ったり、歩行にやや不便を感じたりというようなことがありまして、素人目にも、大きな脳梗塞の前兆ではないかと思っていました。驚きましたのは、その後遺症の凄さです。それ以来、約九年、よくあれだけの生産的な文化活動を成し遂げたものと、感服・感嘆・

敬服・賞賛（このような類語をいくら連ねても言いきれません）の思いが、胸にこみあげてきます。

発病以前にも、多田さんはお能の新作や随筆の執筆などをはじめておられましたが、彼の文化活動は後遺症と闘いながらの方が却って活発になりました。それができたのは、ひとえに御夫人式江さんの言葉ではいいつくせないような献身的介護があったからでしょう。多田さんの文化活動の価値の半分以上は、式江さんの業績と言っても、言い過ぎではないと思います。他人が言うのも変なことですが、彼と親しかった者の一人として、心からお礼申し上げます。

本職の免疫学の分野でも、彼の活躍はめざましく、多くの研究者に影響を与えました。文化活動だけでなく、これこそ高く評価されるべきものだと思います。ただ残念なことに、彼のライフワークであるはずだったサプレッサーT細胞の研究は、結果的には幻のように、その痕跡を留めないことになってしまいました。当時、その方面の研究は、多田研究室のほかにも、米国のイエール大、ハーバード大の二研究室、スタンフォード大でも同時的に進行していました。ということは、サプレッサーT細胞は、国際的超一級研究室の連携的研究産物であったということになります。それが分子生物学などの進歩によって、完全に否定されてしまったことは、自然科学的には当然であったとは思いますが、彼のファンであった私のような者からすれば、まことに残念でたまりません。彼や一門の方々が、そのことをどのように評価しておられたのか、はっきりとお聞きしたことはありませんが、複雑な心境だったろうことは、想像に難くありません。彼の退官最終講義は、具体的な研究の話でなく、免疫がいかにスーパーシステムであるかという概念的なものでした。それはそれとして評価すべきなのでしょうが、もし、サプレッサーT細胞の研究顛末記というようなお話でしたら、科学界にまたとない大きな貢献をしたのにと、今でも信じています。

まだまだ具体的なエピソードなどを交えて、もっと中味のあることを述べたいのですが、長くなりますので、ここらで多田富雄さんのご冥福を祈り、式江さんの心身とものご健康を念じつつ、私の駄文を終わります。

（京都大学名誉教授、日本免疫学会名誉会員）

万能人《ホモ・ウニヴェルサリス》、多田富雄

クラウス・ラジャンスキー

私と多田富雄との友情は一九七〇年代にまでさかのぼります。おそらく私たちが最初に出会ったときからはじまりました。科学においては、私たちはともに免疫システムについて研究しており、そういった面で共感していたのですが、すぐに私たちはそれ以上に、芸術や文学、歴史といった、科学以外の部分でも興味を分かちあえる存在であると互いに認識することになりました。私は富雄が持つ、外国文化や生活様式に対する尽きない興味に魅了され、そして彼自身の人生や思想に深く根付き、彼自身もそれを最良のかたちで体現していた日本的な伝統と精神を損なうことなく、自分の中に外国文化に基づく思想を取り込んでいく才能に惹かれてきました。彼は真の情熱を持って、研究者たち、特には若い研究者たちを洋の東西から連れてきては、互いの交流を促し、科学的な議論を深めさせることによって、彼らが一つの国境を超えたコミュニティの一員であると感じ始められるように心を砕いてきました。当時まだ若く、そして子供のころに第二次世界大戦を経験した世代である私たちの多くは、他の国から平和的に人々がやってきて、言葉の壁を乗り越えるという感動的な事態を、新鮮な気持ちで受け止め始めたころでしたから、こういった富雄の働きかけは、私たち皆を鼓舞したものでした。富雄のおさめた成果の一つは、一連の国際的な会合を日本で開催し始めたことでした。これらの会合は、日本の国内外にいる、まだ若い科学者たちと、すでに確立されたベテラン科学者たちとの関係を樹立するという特別な使命を帯びていました。こういった国際免疫学ワークショップ（WACIID: Winter Advanced Course for Immunology and Infectious Disease）は、多くの末長い友情の源となり、その活動を通して、私たちの多くが日本という国に親近感を感じ、愛するようになりました。同様の精神で、富雄は傑出した免疫学者を全世界から集めてグループを作り、免疫学の分野における日本の学術誌である *International Immunology* を創刊したのです。

私の富雄との関係は年を追うごとに深くなっていました。彼は私に日本と日本文化を紹介してくれましたが、それだけではなく、人生について、世界について、数えきれないほど様々な事柄を教えてくれました。私は、彼が私と一緒に東京の、古本屋街を散策しながら、私に正しく麺を食べる作法を教えてくれたことを思い出します。奈良では、彼が若いころに見つけたという、隠れた貴い寺院を一緒に回ってくれました。そして、ケルンのトルコ人街にある簡素なレストランの前に一緒に腰かけ、その場の特有の雰囲気を一緒に楽しんだことを思い出します。彼と話す者が触れるほとんど全ての話題について、彼が百科事典のような知識をもっていることを、私は称賛していました。専門家に細分化されてしまったこの時代において、彼こそは真の「万能人 homo universalis」だったのです。

私は早くから、ケルンの遺伝学研究所（Institute for Genetics）で、海外からの研究者を自分の研究グループにいかに引き寄せるかに心を砕いてきており、その折に、英語を私たちの研究室の共通言語と規定しました。私の最初の外国からのポスドクたち（博士研究員）の中には、多田富雄の教え子がおり、その後二〇年ほどにわたり、私たちの伝統として、私のもとには多田富雄の教え子たちがやってきました。ちょうど私たちがケルンからボストンにうつったころに、富雄は脳梗塞に倒れ、それは彼の科学者としての活動に終止符を打つことにはなってしまいましたが、しかしながら、彼の強靭な精神力と、夫人のサポートにより、それは彼にとって、書物や能の台本の執筆という非常に生産的な年月の本格的な始まりともなりました。そして、彼がそうした活動を始め、行った年月の間に私が彼を幾度か訪ねることができたことは私の喜びでした。彼の逝去は私にとって激しい衝撃でした。偉大で、非常に優れた人間であった我が友人を心から悼みます。

二〇一〇年五月一九日　ボストンにて

（M.D., ハーヴァード・メディカルスクール免疫疾患研究所主任研究員、フレッド・S・ローゼン小児科教授）

（鈴木忍訳）

科学

多田富雄 先生へ

昨夜 みた大きい流れ星の行方を追っているのです。
とことん静寂だった南カルフォルニアの沙漠で、
多田富雄さんの魂をみた
と思いました　翌朝瞑想しました
筑波山のみえるところに能の稽古舞台がほしい
そうおっしゃったときのイメージを　友人のための夏の寝所
としてつくりました。
透明な空気とゆっくり変化する光だけの世界です
多分、魂の居場所にいちばん近い
とあのとき感知したのです

磯崎新

磯崎 新
（建築家）

多田富雄先生と巡った時間

岩崎 敬

出会い 阪神大震災の起きる前、京都の国際高等研究所で「安全科学」研究が始まった。座長は村上陽一郎先生で、多田富雄先生は吉田民人先生とともに統括顧問のお立場にあった。私はその研究会では都市安全学の主査をしていて、そこで多田先生と衝撃的な出会いがあった。当時私は、Cell Cityなる都市概念を創りだし、それを引っさげて京都に通っていた。Cell Cityなどというネーミングをしたものだから、早速質問が飛んでくる「その概念は細胞か、器官か、臓器か、生体か、何に相当するのか？」蝶ネクタイのいで立ちでニコニコしながら理論的な科学者として迫る姿に、私は詰めの甘さを弁解するのに終始した、そんな出会いであった。しかし、自己組織的な都市のあり方と、生命の発生との類似性に意気投合し「何か」のスタートを感じた。

対談 未来工学研究所主催の新春対談で、Cell Cityをネタに話をしようと連絡を頂いた。私は話が散漫で、と言うと、先生は「散漫なのが好きだ」という。結果二時間の予定が五時間を越えた。当然、終了後に一杯！ その時のキーワードは「散漫／冗長／寛容／変人／狂気／破壊／自壊／インタフェイス／都市の自己／共死／自己組織化」である。酒を交わしながら、多田富雄という人は自由奔放で創造的な生活、つまり少し崩れたスタイルが大好きで、それを生命の過程に見いだしているのだ、と合点した。先生の研究成果は、彼自身なのだ、と。

TADA HOUSE　先生が脳梗塞で倒れた後、突然メールが届いた。「今の家では生活できない、家を建て替えたい。相談に乗ってくれ」という内容である。すでにどなたかが描かれた図面があったが、先生は「しっくりこない」と言う。私は先生のコンテクストを表現していない、と感じた。先生は「任せる、好きなように進めてくれ、但し四〇人でパーティをする、七面鳥を二羽同時に焼く」と言う。さらにエレベータと駐車場を、二〇坪の敷地に組み込むといった、好き嫌い以前の困難に遭遇することになった。当時、真南にマンションが建ち真っ暗となった敷地で、周りの光を吸い込むような開放的で明るい家にしようと挑戦を決めた。先生との調整はメールが主となり歯がゆい思いをしながらも楽しく話し合った。その中でも内装の色を決めるときのリクエストは今でも鮮明に思い出される。「天使の羽の色にしたい」。先生の趣味はかなり解っているつもりであるが、禅問答のようなやり取りの末、落ち着かせた。どこの天使？　南イタリアにいる天使……ですね、と、居間・書斎の色となった。建築中に「どうしても上に上がりたい！　エレベータを先につけられないのか？」つけても電気がこないので無理です。なら「螺旋階段を上がる」と言い、押して引いて三人掛かりで上に上がった。大汗をかいた後の、冬の澄んだ空気に包まれた水道橋の風景が爽やかだった。結局二羽の七面鳥は一羽で勘弁してもらったが、四〇人パーティと、部屋からお月見のできる「明るすぎる家」を実現した。

ＩＮＳＬＡ設立と公演　ご自宅を設計してから先生との関係は大いに変わった、と私は思っている。迷いの多い都市研究者から見た尊大な研究者は、ご自宅のデザインを通じて様々な課題を共に解決した仲間となり、生身のおつきあいができるようになった。そんなことから「今の社会は先端科学だけでは解決できない、身体的な何か！が欠けている、活動をしよう」となり、奥村康先生を始め多くの賛同者のお力を借りＩＮＳＬＡの設立に至った。会の理念は「広く・長く・深く」であり、規約や運営方法については、当然のことながら「自由が第一」、となった。

東寺野外能はとくに記憶に残る活動だった。国際物理年で公演した先生の新作能「一石仙人」を改めて開催することになった。開催地については紆余曲折あったが、京都の東寺が候補となり、長野一朗さんの仲介で実現することになった。即、現場に赴いた。空海の建立した平安初期の様式の力強いこと、これに対する舞台は並大抵ではない、カミソリのようなシンプルな舞台で宇宙と地を切り分けよう、柱はいらない。湿った砂山に板を載せることで舞台は落ち着くはず、であるなら間伐材の山に板を載せても大丈夫なはず。ボストンでジャズを学び日本で宮大工に仕えた坂野正崇さんに相談し、可能、との判断を得た。これを早速先生に報告したところ、大変よろこばれた。しかしこのようなコメントがかえってきた。「片付け忘れたようにならないように」。照明デザインも凝った。シテの清水寛二さんは宇宙を感じたと言った。東寺公演の舞台は、先生の遊び心が赦してくださった成果である。

別れと宿題　二〇一〇年四月一一日、昨年から企画してきたＩＮＳＬＡの講演会「日本の農と食を考える」に、先生はいつも通り蝶ネクタイで登壇された。亡くなる五日前、お見舞いに伺ったときのと、能にまつわる歴史とその題材となった天変地異の有様を一つにして年表を創りましょうか、と持ちかけると「時間の無駄」とあっさりと切り捨てられてしまった。つまりとてもお元気だった。合わせて、以前、近代都市論と都市の脳死について対談した原稿のとりまとめについて相談した。対談当時は都市の死の予感だったが、今は兆候がはっきりとしてきた、それをふまえてまとめることで確認。磯崎新さんの協力も得るという方針をお伝えしたときは、手を叩いて喜ばれた。二人でとても明るい夕日を感じた。亡くなる前夜、無性に気になり深夜病院にお邪魔した。今後のことをお話しした。しっかりとした眼差し、手を握る強い力、これが先生との最後の会話だった。

免疫研究者でなく能役者でもない私にとって、先生と巡った時間は、それは刺激的だった。とても大事なキーワードをいくつも頂いた、とくに正攻法の都市研究で欠落しがちな、狂気と自壊は、本質をついていると感じている。話し途中で止まったままの、都市の死と再生への課題は「この混乱の時代だからこそ、さっさとまとめろ」と言われたままだ。ひょっとして最後の晩には、都市再生ではなく「都市革命」と言いたかったのではないか。「広く・長く・深く」である。

（環境デザイナー、「自然科学とリベラルアーツを統合する会」代表理事）

多田先生との思い出

上野川修一

多田先生の御逝去に心から哀悼の意を捧げます。長い間、個人的に親しくさせていただき、かつ多くのことを教えていただきました。先生との思い出を綴り、先生に捧げたいと思います。

私が先生と最初にお会いしたのは先生が千葉大から東大に移られた直後のことでした。私が当時勤務していた東京大学農学部のキャンパスの反対側にある医学部まで歩いて先生の教授室をお訪ねしました。当時、文部省の特別研究「食品機能の系統的解析と展開」が立ち上がり、その目玉部分である食品の生体調節機能のヘッドをお願いしに行きました。特に当時興味がもたれ始めた食品のもつ免疫系への作用を中心に展開するプロジェクトでした。快くお引受けいただきましたが、条件付でした。幹事役を引受けたらやってもよいという御返事でした。この先生との出会いが私の研究人生を決定したと今でも思っています。そして今でも食品と免疫に関する研究を続けています。先生の免疫に関する適確な御指導があってのことです。

先生の名著にしてベストセラーである『免疫の意味論』も大切な思い出です。この本を出版社から直接お送りいただき、一気に読み終わったときの高揚感は今でも忘れません。免疫の原点と本質を余すことなく名文で表されており、今も繰返し読んでいます。私の免疫学のバイブルです。この本が大仏次郎賞をとられた時は、朝日新聞社での授賞式・受賞祝賀会に出席させていただきました。その際、名文家で名高い作家井上ひさし氏も出席されていました。その同氏が多田先生とほぼ同じ年齢で同じ時に天に召されたのも私には偶然とはいえないものを感じました。

さらに、先生の美術と科学に対する言葉も忘れることができません。私がアムステルダムの国際粘膜免疫学会に出席した際、市内の国立美術館を訪れる機会を得ました。その時、レンブラントの「夜警」を見ていたく感心し、先生に次のようなことを興奮して申し上げました。

「『夜警』は大きな壁一面分もある大作で、その人物群像は統制がとれ迫力があり、しかも大勢の人物の自警隊服のカフスボタン一つ一つが微に入り細に入り描かれているのにびっくりしました」と。それを受けて先生は「絵画の傑作はすべて『composition と detail』が同時に描かれている。そして科学研究にも『composition と detail』が同時に要求され、それを満たしたものが優れた研究だ」とおっしゃいました。今もこの言葉を胆に銘じて研究を続けています。

最後に先生のグルメぶりも強く記憶しています。先生の門下の方を中心に「食らわん会」がつくられました。そして私も参会させていただきました。先生は私の食いしん坊ぶりを見抜かれてお誘いいただいたものとも思っています。合鴨料理、すっぽん料理等、先生ならではの選び抜かれたものでした。私も先生に負けないグルメと思っています。生まれて育った東京ダウンタウンの逸品を一緒に味わいたかったと今更残念に思っています。

すでに行かれていたと思っていますが、浅草で、すきやき、天ぷら、上野で、とんかつは本当に御一緒したかったと思って残念の極みです。

僭越ではありますが、先生の学問的業績についても少し触れさせていただきます。先生のサプレッサーT細胞の研究は余りにも有名です。この研究を発表されたときは世界中の免疫学者が興奮しました。その後、長い時間がたって現在、制御性T細胞という形で世界の研究者がこの分野に参入しています。私も食品免疫学の立場から興味を持ち続けています。免疫系の恒常性を考える場合、免疫反応を促進する力とそれを抑制する力がなければならないことは当然の理でこの抑制する力の根源を世界で初めて発見したのは多田先生の偉大な業績です。このことをこれからも世界に向けて発信しなければならないと強く感じています。

最後に先生とお会いしたのは、本年四月一一日の先生が主宰するＩＮＳＬＡでのシンポジウムでした。光栄なことにそのテーマは「農・能・脳」であり、私はその農の部分のコーディネイトするように依頼されました。

私はイントロダクションで「〝農は食をつくり食は生命をつくる〟したがって〝農が破綻すると食も生命も破綻する〟」と題して話をさせていただきました。「能」と「脳」の出演者も多彩で大変な盛況でした。会場の安田講堂が満席、入場札止めでした。この日のことは私にとって先生からの大切な

遺産として終生忘れることはないでしょう。　合掌

（日本大学教授、東京大学名誉教授／食品免疫学、腸内細菌学、食品アレルギー学）

多田富雄先生との出会い

北原和夫

二〇〇五年は「世界物理年」として、世界中で物理学を社会に広める運動がなされた。日本でも物理学に関わる五つの学会が「世界物理年日本委員会」を結成して、様々なイベントを開催した。その中の一つとして、二〇〇五年七月四日、新宿文化センターで多田富雄作の「一石仙人」が上演された。世界物理年は、アインシュタインが現代物理学の革命的な論文を発表した一九〇五年から一〇〇年目を記念するもので、その百年間に起こった急速な科学技術の進歩とその陰の部分も振り返る機会と考えられた。私自身、世界物理年日本委員会の運営に関わり、藝術と科学の融合を考えていたときに、『露の身ながら――往復書簡　いのちの対話』（集英社）を手にした。その中に、「一石仙人」という能のことがでていた。アインシュタインがドイツ語で「一つの石」を表すことから、アインシュタインの思想を能の脚本として書いたものである。真理を求める人々が登場し、一石仙人と出会い、相対論、

宇宙の歴史、原子爆弾のことがでてきて、最後は、人類の愚かさを悲しむ一石仙人が舞台から消えていき永遠の世界に戻る、という内容である。二〇〇五年は原爆投下から六十年、アインシュタインが核兵器廃絶を訴える「ラッセル・アインシュタイン宣言」に人類への遺言のように署名して直後に世を去ってから五十年という年でもあったので、この能を世界物理年の記念に上演したいと考えて、多田先生にお願いした。その企画を進めていた矢先に先生が一時東大病院に入院されたこともあった。その後、快復されて、実際の上演のときには会場に来て頂いた。このイベントでは、アインシュタインの思想を引き継いだパグウォッシュ会議を進めている大西氏（日本パグウォッシュ会議代表）、能楽の野村氏（東京芸大名誉教授）、科学振興政策に関わる北沢氏（科学技術振興機構）によるパネル討論も開催された。

このときのビデオが記録として残っており、その年の秋に南アで開催された世界物理年記念の国際会議で紹介したところ評判がよく、その後、米国の物理学会誌『フィジックス・トゥデイ』でも紹介された。

その後、先生に誘われて「自然科学とリベラルアーツを統合する会」のメンバーになったが、あまり協力できないままにお別れすることになり、残念に思う。大学で二年ほど前から一般教育として「科学・技術と社会」という講義を担当しており、そこで科学者の平和運動について話すときに、「一石仙人」のビデオ記録を学生に見せているが、学生たちは、芸術と科学と思想の融合に感動を受けている。

先生が最後に講演された本年四月一一日は、私自身が同じ病で手術を受けた直後の静養中であったので、出席することができなかった。私自身は手術によって一応完治できたが、先生が骨転移で苦しまれて逝かれたと聞き、さらに心痛むものがある。ご冥福を切に祈る。

（国際基督教大学教授・東京工業大学名誉教授）

不発に終わった出会い

佐藤文隆

多田さんとの出会いはふいに飛び込んだ。朝日新聞が行っている朝日賞の選考委員就任の話が舞い込んだのであるが、事務の方の話では私の名前は多田さんが言われたということであった。京大を定年になる二〇〇〇年の頃だと思う。当時の朝日賞の自然科学系の選考委員は多田さん一人だったのではないかと思う。ながく物理学の大先輩である小田稔さんも選考委員であったが逝去されたあとがうめられていなかったのだと思う。小田さんとは宇宙科学という研究分野の近いこともあり長いお付き合いのあった方だが、多田さんとは個人的には御縁はなかった。私の名前が浮上したきっかけが何にあったのかはいまとなっては知る由もない。

ともかく、選考委員就任は受諾して委員会で多田さんに初めてお目にかかるのを楽しみにしていた。

ところが委員会の直前に多田さんは病に倒れられ、私の初おみ見えの委員会は御欠席であった。多田さんの他の当時の選考委員は大江健三郎、大岡信、磯崎新、河合隼雄という錚々たる顔ぶれであった。多田さんは文書で意見を述べられた。

翌年の委員会には多田さんは車椅子で出席されたが、病は重症で会話が不自由になり、お会いしたらお聞きしようと思っていたことなどを聞くチャンスを逸してしまった。多田さんはコンピュータ音声でのご参加であり、冗談話を出来る雰囲気ではなかった。たぶんその翌年の会から、選考委員にノーベル賞を受賞された野依良治氏が加わって自然科学系は三人になり、二〇〇七年までこの体制でつづき、それ以後は大幅にかわったようである。

多田さんは病に倒れられてからＩＮＳＬＡの会を組織され私もお誘いいただいた。二〇〇七年一〇月末に京都の東寺の境内で多田さん作の能「一石仙人」の公演があり、家内と一緒に鑑賞した。寒い夜で、会場で多田さんに御挨拶した記憶がある。この時知ったのは多田さんはずいぶんとアインシュタインに御執心であられたことである。私の本職は理論物理、それもアインシュタインの一般相対論、膨張宇宙、ブラックホールといったテーマである。また『アインシュタインの考えたこと』（岩波ジュニア新書）『孤独になったアインシュタイン』（岩波書店）『アインシュタインの反乱と量子コンピュータ』（京大出版会）などアインシュタイン論もずい分と深堀りしてきた自負がある。多田さんはこういう私を知っておられたのかどうか知らないが、このことで対話ができなかったことはかえすがえすも残念なことであった。

一石仙人のお能を鑑賞しているときにふと頭に浮かんだのはベルトルト・ブレヒトの『ガリレオの生涯』（岩淵達治訳、岩波文庫）だった。ぞくぞくするような魅力ある新知識に止まらなくなるうごめきという、コントロールのきかなくなる才人達の憎めない愚かさをブレヒトは描いた、というのがこの戯曲に対する私の解釈である。原爆の時期をはさんで一度手を加えたといわれるこのブレヒトの作品の見方は一義的ではないが、私にはそのように読めた。

それはもしかしたら、素粒子の物理や一般相対論といった人間的サイズを意に介さない超越的な存在を紙の上であれこれいじくることを仕事とする場に長いこと身をおいていた人間の思いなのかもしれない。原爆製造前夜の一九三九年、ハンス・ベーテは太陽の核エネルギー説を完成し、ロバート・オッペンハイマーは星の核燃料終結時のブラックホールへ変脱する理論を発表した。そして一九四一年の欧州本格戦争のさなか、アインシュタインはナチスに対抗して原爆開発を米大統領に進言し、オッペンハイマーをリーダーにして、ベーテをはじめとする物理学者は一九四五年に原爆を爆発させるのである。戦後になってからも、一九五〇年代、ブラックホールの命名者でもあるジョン・ホイラーは水爆の開発に寄与しており、ソ連の水爆開発の貢献者にアンドレ・サハロフやヤーコブ・ゼルドヴィッチ等がいたことが明らかになった。彼らも素粒子論や一般相対論に専門家で、一九六〇年代以後の宇宙論やブラックホールでの一大スクールを形成した。

このようなことは、第二次大戦後、軍事の先端科学が不在であった日本では想像できない奇妙な光景である。このことについて私は『科学と幸福』（岩波現代文庫）に考察を展開した。

多田さんの「一石仙人」とブレヒトの『ガリレオの生涯』を勝手に結びつけるのは見当違いなのかもしれない。しかし、重さのない知識とそれがもたらす重さのある現実の過剰なコントラスト、真の新知識をかぎわける天才とそれにうごめく人々、先端の科学はいつもこういうものである。多田さんと自由に対話できるチャンスがあったならばこういう問題をぶつけてみたかった。

不発に終わった出会いを悔いつつ、御冥福をお祈りいたします。

（甲南大学教授、京都大学名誉教授／物理学）

困ったときはお互いさまの、喜びも悲しみも分かち合う日本を実現しよう

澤田石順

私は回復期リハビリテーション病棟の勤務医（四七歳）です。故多田富雄先生とこの二年余りにわたりメールでお付き合いさせていただきました。先生の高潔な精神に学び、幾度も励まされました。お会いできたのはただ一度。社会学者の細田満和子さんと共に本郷のご自宅にお邪魔して、お酒を酌み交わしたこと。私の一生の思い出であります。

あの日は衆議院選挙当日。新政権誕生によりリハビリ制限は中止されるだろうと私たちは楽観的で

した。その後、何の動きもなし。多田先生は新政権がリハビリ制限を中止するか否かは「脱官僚の試金石」（「落葉隻語」『読売新聞』二〇〇九年一一月）だと世に訴えました。リハビリ診療報酬改定を考える会の有志や私ら諸個人も様々の手段で運動しましたが、新政権は棄民政策廃止を決断することなく、先生は失意を残したまま永眠されました。

二〇〇八年、私の厚労省への怒りは臨界点を超えました。〇八年度の診療報酬改訂でリハビリ日数制限を廃止しないどころか、重度障害者のリハビリを入り口で制限する制度の創設を公的に表明したからです。リハビリ日数制限廃止を求める多田富雄先生らの四四万筆余りの署名が厚労省に黙殺されたことを考えると、一度制度が始まってしまえば再び取り返しのつかない事態になると確信されました。予防第一。直ちに「厚労省の棄民政策を阻止しよう」とのホームページ（http://homepage1.nifty.com/jsawa/medical/）を立ち上げ、国会議員、報道人、医療人、患者関係者らに、「新たな棄民政策を阻止するために残された時間はたった一ヶ月。被害発生予防のため共に頑張ろう」とメール等で呼びかけました。

二月四日、多田富雄先生より初めての返信メールが届きました。

お送りいただいた文書を読みました。

ご意見には、まったく賛成です。

リハビリはいま力が弱いとターゲットになっています。

私も読売新聞に月一度スペースをもらっているので、

四月には「棄民政策」を弾劾したエッセイを書きます。

今は各方面からリハビリの問題を書いて、力をつけることが大切です。

翌日のメールより。

私はもう先も短いし、エネルギーもない。でもこの問題は捨て置けない。

ほうっておけば日本人が危うい。人間が危うい。

「多田先生の気力と体力は以前よりも衰えているかもしれない。私たち現場の者が先頭に立たねばならぬ」と覚悟し、リハビリの棄民政策を廃止できないならば、この国を分かち合いと助け合いの方向に戻すことはできないだろうことを再確認しました。

澤田石順氏と（2009年8月30日。提供＝細田満和子氏）

短期間の訴えは奏功することなく、三月上旬に新たな棄民政策が官報に掲載されました。重度障害者を入り口で遮断するものですから、日数制限開始時のように全国で何十万人もいっせいに打ち切られるような大事件にはなりません。患者・家族は「リハビリの適応がない」と言われてあきらめる他ないのです。あれだけの大規模な反対運動や新聞等の膨大な報道に直面しても、制度を廃止しなかった厚労省です。私は行政訴訟に訴えることを決意。多田先生は「もしも負けたら制度の合法性が認められてしまうのでは」と危惧を表明されました。

「裁判所は、医師には提訴の資格がない、診療報酬の告示は行政行為ではないので訴訟の対象にならないとして〝門前払い〟するに違いありません。万が一門前払いされないならば、諸法令にはもちろん憲法違反の告示であることは明白なので勝てるでしょう。勝てそうだから訴訟するのではなく、世間に強く訴える手段としての訴訟なのです」と説明したところ、先生は理解してくださいました。

三月一八日、四月一一日と二つの棄民政策の廃止を求める訴訟をおこしました。予想通り、東京地裁も東京高裁も門前払い判決を下し、最高裁は上告を受理しませんでした。けれども、医師が患者の権利侵害に反対して訴訟をおこした事実には一定のインパクトがあり、多田先生が幾度も新聞等で訴えたため、〇八年度の一年間において新聞、テレビ、週刊誌などが幾度も二種類の棄民政策の問題を取り上げました。

君は忿怒佛のように
今こそ
怒らねばならぬ
怒れ　怒れ
怒って　怒って　地上をのたうち回れ
虐げられた難民
苦しむ衆生のために

（『わたしのリハビリ闘争』より）

この詩がなかったら私は中央政府の暴挙に直面しても行動しなかったかも知れませんし、活動を開始はしても中途で挫折していたに違いないと思います。幾度も幾度も読み返しました。その度に心の迷いは解消され、やり抜く決意が新たになりました。多田先生の言葉は真理に基礎を置いていますから強いのです。今はなき多田先生は現在と未来を照らす光明であります。

リハビリを必要とする患者さんの苦境は続いております。六月一八日の「偲ぶ会」に厚労大臣が出席して、リハビリ日数制限廃止を声明するべく全力を尽くします。

（鶴巻温泉病院内科医師／回復期リハビリテーション専従）

リハビリ日数制限反対運動の風

道免和久

平成一八（二〇〇六）年六月、私は段ボール三〇箱・四四万人余の署名を大阪から東京に送り、夕刻には東京へ向かう新幹線の中にいました。明日はいよいよ、リハビリ打ち切り反対署名を、多田富雄先生とともに厚生労働省に提出する日。しかし署名提出は、先生の判断によっては中止の可能性がありました。不安に思いつつの車中に、予定通りとの連絡が入り、胸をなでおろしました。先生は、「丹羽元厚生大臣が紹介議員にならなければ、署名提出は中止する。全国の患者会には自分が土下座して謝る。四四万人の声を厚労省に握りつぶさせないために元大臣の紹介はどうしても必要だ」とおっしゃっていました。署名提出を実現させるためのぎりぎりの交渉が丹羽事務所で行われていたのでした。実はこの会談には、診療報酬担当の官僚も同席予定でした。しかし先生は、「官僚は絶対に同席させない。そこで手打ちをしたら、四四万人を裏切ることになる」と拒否されました。この間のやり取りを振り返るにつけ、「リハビリ診療報酬改定を考える会」代表としての多田先生は、市民運動の象徴というより、最強の戦略家であり実務上のリーダーであったと実感します。

その夜、先生のお宅で乾杯することになりました。やや緊張していた私に対し先生は、いつものトーキングエイドで「ネ・ク・タ・イ・ト・ッ・タ・ラ?」と。ほっとするユーモアでした。嚥下障害を診ている私には、〝むせ〟の状態から先生の嚥下障害は重症であることがわかりましたが、先生が口にされたのは何とウイスキーの麦茶ゼリー割！　医学的常識を覆す飲みっぷりに度肝を抜かれました。奥様は、「でも現実は厳しいのよねぇー」と言って、先生にそっとエプロンをかけました。病苦の中にも、ほっとする空気のあるご家庭でした。翌日、マスコミ各社の前で署名を提出し、記者会見まで数時間の日程を無事終えて、再び先生のお宅で乾杯しました。私は「本当の祝杯は、リハビリ日数制限が白紙撤廃されたときですね」と申し上げ、先生もゆっくり頷かれました。その後の厳しい闘いを予期していたからです。

あれから四年弱。日数制限は撤廃されないまま、先生は天に昇って行かれました。見せかけの「緩和策」が出されたので、解決済みと勘違いする人も少なくありません。先生はずっと「白紙撤廃を」

署名提出の朝の夫妻。左は道免和久氏（2006年６月。提供＝道免氏）

と各方面で訴えながら、新たに持ち上がる障害者自立支援や後期高齢者問題にもNOを突きつけました。昨年政権が変わりましたが、リハビリ日数制限だけは全く解決していません。それどころか、医療への成果主義導入や介護保険への強制移行など、問題は膨らむ一方です。

先生は最期までリハビリ医療の崩壊を嘆いていました。診療報酬改定を考える会のメーリングリストでは、力強い言葉と、体調不良による気弱な発言が交錯するようになりました。リハビリ打ち切り問題が解決しなかったために、最後まで先生と祝杯をあげられなかったことが残念でなりません。厚労省は、これでリハビリ日数制限撤廃運動は下火になるだろうと喜ぶかもしれません。しかし、先生の御遺志は不滅であり、残された者を一層強く結びつけています。そのような力を与える先生からのメールがあります。順風で始まった署名活動に続き、ネット上で私への個人攻撃が始まった頃、多田先生に「逆風」というメールを書きました。それに対する先生からの返信タイトルは「逆風も風」でした。

「こういう批判は必ずつき物です。やがてわかる日が来る。そのとき笑えばいい。批判の無い運動は、力も無い。ぐっと受け止めて、抵抗を力にすればいいのです。多田富雄」

私と先生との関わりは医療問題が主でしたが、ＩＮＳＬ

Aの東寺野外能の印象記を私が書いた際に、先生から頂いたメールを紹介して稿を終えます。もう一つの私の宝です。「おかげさまで東寺公演は大成功でした。弘法大師のご加護のせいかこの季節にはまれなる好天に恵まれ、終演後は、五重塔の向こうに半月天にかかり、満席の衆生をみそなわすというおまけもつきました。（中略）あなたにはＩＮＳＬＡの実行委員として加わっていただきたい。何か今後の活動に、あなたの音楽的素養を生かせていけないかとねらってきました。（中略）リハビリ打ち切り反対運動のときから、何か他人ではない友情を感じていました。もう少し発展した絆を持ちたいと、感じています。お分かりのように私たちは政治的な色はついていませんし、何より自由な発想を大事にしています。ですから政治を動かすことは、言葉によるしかありません」

そして「風が吹かないときは、静かに風を待つのが得策です。そのうち風が吹く。私も風を待っています」と結ばれていました。多田富雄先生の教えの通り、今後も言葉によって「リハビリ日数制限の白紙撤廃」を実現できるように頑張る所存です。先生、天から見守って下さい。先生からの「風」を待っています。

（兵庫医科大学教授／リハビリテーション医学）

『免疫の意味論』の意味

永田和宏

外山滋比古氏にアルファ読み、ベータ読みという「読み」のパターン分類がある。既知の事実・内容を確認的に読むのがアルファ読み、未知の事実・内容を摂取的に読むのがベータ読みである。

実に魅力的な考え方であり、最初読んだときには意表をつかれた。それに異を唱えるわけではないが、もうひとつ、敢えて言えばガンマ読みとでも言えそうな読みの型があるように私は思っている。それは読むことによって知識を得たり、確認したりするのではなく、読むことによって発想のきっかけを得るような読み方である。書かれている内容とは直接関係が無いが、自分がまったく別の分野で考えていた問題に、不意に何かの啓示に近いヒントを与えてくれるような読み。確かにそんな読みがある。

多田富雄氏の本は、そんな私説〈ガンマ読み〉のスリルと醍醐味に満ちている。

多田氏の多くの著作のなかで、『免疫の意味論』を最高のものとして推す人が多いだろうが、私もその一人である。私は免疫が専門ではない。その意味では門外漢だが、かと言って、まったくの素人とも言いがたい。『免疫の意味論』で展開される主張については、その免疫学的基礎については知識としてなら知っている。

そんな素人と専門家の中間にいる私のようなものにとって、『免疫の意味論』は、それまでの免疫学という分野に対する見方を根底からゆすぶるような迫力を持っていた。

まず驚いたのは、免疫における非自己の認識の仕方についてであった。この本は、全巻を通じて、「自己と非自己」の認識がテーマであり、その認識の方法およびその曖昧さの、科学的根拠に基づいた哲学的論考とも言うべき本である。

免疫系が外界からの侵入者を〈非自己〉として認識し、排除する機構であることは誰でも知っている。そのために、外界から入ってきた異物を断片化し、それをHLA抗原という〈自己〉の旗印としての分子と一緒に、細胞表面に提示し、HLA抗原に結合した異物の断片だけが、異物としてT細胞に認識されるのである。

このような免疫の機構については、生命系の大学生なら誰でも講義を受ける。免疫学のイロハである。それは誰でも知っているが、そのような機構は、多田氏の腕にかかると、次のように表現される。「(T細胞表面の)レセプターは、異物の断片が取り付いた『自己』のHLA抗原を発見する。すなわち『自己』のマークであったHLAが、異物によって『非自己』化したのを認識するのである」

「一九六〇年代までの免疫学が、免疫系を、『非自己』を認識し排除するシステムとアプリオリに規定していたのに対して、現代の免疫学は、もともと『自己』を認識する機構が、『自己』の『非自己』化を監視するようになったと考えるのである。『非自己』は常に『自己』というコンテキストの上で認識される」

知識としてメカニズムを知っているということが、その生物学的意味を正しく理解することとは如何にかけ離れているかを、私は、多田富雄氏のこの端的な表現から思い知らされたのであった。「自己と非自己」の考察は、もちろん哲学の永遠の命題でもあろう。しかし、ここには、現代科学の最先端の知識を基盤に分子の挙動を語ることが、「自己・非自己」という、すぐれて哲学的命題の考察として成立している現場を見ることができる。事実を事実として知っていることが、その本来の意味を理解したことにはなっていないということを改めて教えてくれるのである。「『非自己』は常に『自己』というコンテキストの上で認識される」という、この鮮やかなパラフレーズが着想として浮かんだとき、たぶん多田氏は『免疫の意味論』の構想を得られたのだろうと、ほとんど確信に近い思いを持っている。

同じようなことは、続編『生命の意味論』でも随所に見られる。例えば私が同じように知識としては持っていても、多田氏のパラフレーズによって蒙を開かれるように感動したのは、性の発生分化の章であった。

性の決定がY染色体の遺伝子によって行われていること、発生のある一定の時期に、その遺伝子の発現のスイッチがオンになり、その場合に初めてオスとして決定される。そのような性決定の機構については、少し成書を読めば知ることができる。しかし、その機構を知ったとしても、「したがって、人間はもともと女になるべく設計されていたのであって、Y染色体のTdf遺伝子のおかげで無理矢理男にさせられているのである。人体の自然の基本形は、実は女であって、男はそれを加工することによって作り出されるわけである」とまで言える学者は、あまりいないであろう。

まして、そこから「性は決して自明ではない。ことに男という性は、回りくどい筋道をたどってようやく実現しているひとつの状態に過ぎない」と言い、さらに「私には、女は『存在』だが、男は『現象』に過ぎないように思われる」とまで発想を飛躍させることのできる学者は皆無であろう。

多田氏の著作は、知識をわが物として、その後にさまざまに考えをめぐらせることによってのみ、その真の生物学的、哲学的、そして文学的な〈意味〉が見えてくるのだということを、鮮やかに示してくれるのである。

女と男の考察に驚いて、私が作った歌を一首紹介しておきたい。あまりいい歌ではない。

女は存在、
男はただの現象と言われてみればそうかも知れぬ

（歌集『百万遍界隈』）

（歌人、京都産業大学総合生命科学部教授・学部長、京都大学名誉教授／細胞生物学）

巨人を仰ぎ見る小人

中村桂子

一九八〇年代半ば、生命科学に何か物足りないものを感じ始めていました。遺伝子やDNAという言葉が専門外の人々の口にものぼるようになって生命科学は華やかに見え、バイオテクノロジーという言葉も生れて社会の役に立つことを期待されてもいたのです。しかし、生きものの多様性、生きものに感じる日常的な関心に眼を向けると何もわかっていません。純粋に生きもの、更には生命に向き合う知がなければいけないのに、という疑問と悩みが日を追って深くなっていきました。そんな中で「生命誌」(実は「生命誌研究館」)という言葉が浮び上ってきて、少しずつ何を考え何をやったらよいかが見えるようになった頃、出会ったのが多田先生の『免疫の意味論』、九三年に大佛次郎賞を受賞なさった名著です。御専門の免疫学を基盤に自己とは何かを追求し、生命をスーパーシステムと捉えられたみごとさには圧倒され、こういうことを考えたかったんだと思いました。私の求めていた知をこんなにみごとに捉え、表現なさる方がいらっしゃるなんて……身が震えるようでした。

実は、同じ年私は『自己創出する生命――普遍と個の物語』で毎日出版文化賞をいただきました。

長い間の悩みをそのまままとめたものでしたから、それを受け止めていただけたのを本当にありがたく思いました。そこでは、生命の特質を「創出」と捉え、自己について考えました。

それを読んで下さった多田先生が「何か同じことを、同じ方向のことを考えているんじゃないかと思う」とおっしゃって下さったのです。私もまさにそう思っていたわけで、それはとび上るほど嬉しい言葉でした。しかし多田先生は、でき上った個体から出発なさっており、一方私はでき上るところを見ているので、まったく同じではありません。そこで哲学書房の中野幹隆さんが話し合いの場を作って下さいました（その中野さんももういらっしゃらない、寂しい限りです）。当時『唯脳論』で世間を賑わせていた養老さんと三人、自由に思いきり話し合ったその記録は『「私」はなぜ存在するか――脳・免疫・ゲノム』としてまとめられています。

今回読み直し、改めてなんとすてきな機会を与えられたのだろうと胸の詰まる思いがしました。話がとびそうになると、ちょっとたしなめるように語られる多田先生の声が聞こえてきます。脳梗塞で倒れられて発話が不能になっても、書くことで次々と大切な発信をなさり、コンピュータを活用して話をして下さったのはありがたいことでしたけれど、少し故郷のなまりがおありの語り口から伝わってくる先生の思い、もう一度受け止めたかったと思います。「免疫学的な自己というものがあるかというとそれはない。自己ということがあるんだと私は思っています。ことというのが実在かどうかは考え方によって異なります」「行動様式を自己と言っているにすぎない」とおっしゃる言葉にはなるほどと納得しました。でも、だから子どもの頃の写真を見ると確実に自分と違う、行動様式なんか全く違うからと言われるのには、いや私は子どもの頃も自分でしたと慌てて主張したのでした。「カエルはオタマジャクシに対して免疫反応を起こしますよ」。それはそうかもしれないけれど……結局これは男と女の違いかもしれないというところに落ち着いたのです。それが本当かどうかは別にして、生身での話し合いの楽しさを味わった思い出です。

それからの先生の御活躍は、多くの方の御存知の通りです。『生命の意味論』を始めとする思想書、「無明の弁」「望恨歌」などの能、数々のエッセイ、最近は詩集まで出されています。更にはＩＮＳＬＡの活動も精力的に進められました。それほど大きくはないあの体の中にどれだけのものが詰まっているのかしら、羨ましいを通り越してふしぎでした。まさに巨人です。まだまだたくさんのものが入っていたでしょうに、もう先生からそのまま伝えられることはありません。私には悪い癖があり、すばらしい方は遠くから仰ぎ見て近づくのをためらうのです。ＩＮＳＬＡには参加しましたし、著書や能を楽しませてはいただきましたが、積極的に先生を訪れることはしませんでした。せめてもう一度生命について語り合う機会をもつ努力をすればよかったと思いますが、これまでにいただいたものを少しでも深くまた広く育てていくだけでも大変です。「同じ方向のことを考えています」という言葉の持つ重みは、今も変りません。

実は、科学、そして研究を取り巻く世界は、あれ以来、とくに今世紀に入って悪くなる一方です。予算は増え、外から見える世界は華やかさを増していますが、本質は彼方に去っていきます。自然を見つめ、文化としての知を深め、日常を考える。楽しく刺激的であるはずの研究はどこへ行くのか。

巨人のいらっしゃらない中で、小人は考え続けますとお約束します。先生、すばらしいものを残して下さってありがとうございます。

（JT生命誌研究館館長）

多田富雄先生と植物の器官分化

原田宏

先生との交流はかなり限られたものであったので、私などが拙文を寄せるのは、たいへんおこがましいことですが、先生の印象が今なお強く脳裏に焼きついているので、この機会に一筆書きとめさせて頂きます。

先生とお話しする機会があったのは、主に委員会や集会の前後でしたが、これらの会合では植物科学研究関係の出席者は極めて少数だったせいもあり、この分野への先生の学問的好奇心が私にむけられ、多くの鋭い質問を受けて、タジタジとなったものです。

先生がとくに関心を抱いておられた問題を二、三挙げてみると、高等植物の不定胚や、葉や根などの不定器官の分化や花芽形成のテーマでした。それらに関連あるものとして、植物ホルモンと動物ホルモンの差異と類似性や、雌雄性にも大きな興味をもたれていました。私どもが実験材料として使用していたアスパラガスの葉状茎から酵素などをまったく使用せずに、小さなホモジナイザー一つで至極簡単に遊離細胞がとれること、また、それらの細胞からホルモン処理などによって、不定胚形成を誘導できることなど、ちょっと羨ましい、というような面持ちで熱心に聞いておられたことを思い出します。不定芽分化研究の材料に使用していたトレニアの表皮組織の便利さにも関心を寄せられていました。こう並べますと、私が一方的に話を聞いて頂いたようですが、先生とのディスカッションで多くの教示を受けたのは専ら私のほうであったことは言うまでもありません。

私も今ではほとんどの仕事から離れ、また余生は何年あるのか予測不可能ですが、すくなくとも、先生から頂いた貴重な教訓、すなわち好奇心、探究心を持ち続けることはなんとか実行したいと思っています。

（筑波大学名誉教授、バイオインダストリー協会会長／高等植物の発生生理学）

燦然と輝く玉稿の数々

藤田恒夫

多田富雄先生が亡くなられたことをテレビと新聞で知りました。

偉大な免疫学者として、またお能やエッセイの世界で、文化の香り高いお仕事を残されました。ご不自由になられてからも活動を続けられ、敬服にたえませんでした。

多田先生には、一九九一年から『ミクロスコピア』(季刊)の編集同人として、執筆者としてご協力をいただきました。先生への感謝と追悼の気持ちを込めて、一言書かせていただきます。

生命科学の総合雑誌『ミクロスコピア』は、昨年二六巻四号、通算一〇四号をもって終刊といたしましたが、二〇〇七年には日本科学技術ジャーナリスト会議から「科学ジャーナリスト賞」をいただいております。科学ジャーナルが次々と消えた時代に、同人誌のような形で、二六年間発信を続けてきました。

一九八四年の創刊当時、私は五〇代前半で、新潟大学で顕微解剖学の教室を主宰しておりました。くつろぎ駄弁っているときに浮かび上がる、どんな動機でその細胞をいじっているのか、どんな夢をもって顕微鏡をのぞいているのか、その人にとって学問研究とは何なのか、といったことを、そのまま活字にしたいと思いました。かたくるしい学術論文より、学問研究のすすめに役立つのではないか、だいいち学術論文よりもはるかに面白い――ということは研究者の滋養になるということでしょう。趣旨に賛同する同志を得て、編集を始めました。

多田先生は一九九一年から編集同人としてお力を貸してくださり、一九九一年から九四年にかけては、「ペンヘヌウトジウウからの手紙――エジプト古代文化とDNA」「歴史と生命の旅　サルジニアの旅」「ビルマの鳥の木」と大作をいただきました。卓越した発想、たくみな語り口、網羅する分野の大きさに誰もが魅了され、ここで本誌のグレードは一気に上昇したのでした。

『ミクロスコピア』創刊一〇周年は一九九四年一月二三日、新潟県六日町の温泉旅館・龍言に読者など百余名の参会を得て、賑やかに催されました。

午後の「文化講演会」では、岡部昭彦氏（科学ジャーナリスト、元『自然』編集長）が、ゲノム分析によって小麦の祖先を探った木原均の生涯を、日本の生物学の青春時代への憧憬を込めて語られました。丸山工作先生（千葉大理学部教授、生化学、生化学史）はファーブルに耽溺した少年時代を回想しつつ、昆虫の本能を生化学の新しい技法で解き明かそうという試みを紹介されました。そして、多田先生は、受精卵が分割し、発育し、性に目覚め自己を意識し、老いて死んで行く人間にとって、「自己」とは何かという問題を、「スーパー免疫学」とでもいうべき視点から話されました。

つづいての晩餐会にスピーチ、その夜は雪もしっかり降って、雪国の情緒を演出してくれ、二次会、三次会も盛り上がりました。「誌面で想像していた多田先生の本物に会えて嬉しかった」「い

『ミクロスコピア』創刊 10 周年講演会の折、二次会にて（1994 年 1 月 23 日。提供＝藤田恒夫氏）

ろんな（たぐいの）人に会えて愉しかった」との感想をたくさん頂きました。自分と違う世界の人との出会いを愉しいと感じる——これこそ「ミクロスコピアン」に共通の感性ではないでしょうか。そのおかげで、多様な背景をもつ人たちの集いが成立し得たのだと思います。白髪の熟年から紅顔の青年まで、学者から芸術家まで、男女をとりまぜて、実にバラエティーに富んだ百人でした。

それにしても、ノーベル賞級の業績をお持ちの多田先生がお気軽に参加してくださり、若い人たちを刺激してくださったのは、本当にありがたいことでした。

囲炉裏端での二次会、高く杯を掲げ、多田先生のパワー全開のこの写真、『ミクロスコピア』編集部の最高の「お宝」です。

（新潟大学名誉教授／顕微解剖学）

「所属なし」を越えて

藤原一枝

しずかに　五感をあたためシマフクロウは　塔のうえでじっと動かない

アルフレッド・L・テニスン

多田先生は目利きでした。イランの映画監督アッバス・キアロスタミの「友だちのうちはどこ？」「桜桃の味」のビデオの返礼にお貸しした「バベットの晩餐会」を、ことの外お喜びになり、主人公のような腕前のシェフをお抱えでした。ワイン通だし、料理は得意、はじめての町でも飛びきり美味しい店を見つけられる鼻をお持ちだと聞き、ウーン。友人が織ったギリシャの山羊の染めない自然色の絨毯をお見せすると、鼻を付けて「ああ、懐かしいこの匂い」。好きなバイオリニストは高田美穂子さん、度々共演をお願いしていました。人が集う栃の大きな食卓の周りには、倉敷本染手織研究所のノッティングを敷いた木の椅子、でしたね。

木と言えば、三四郎池のそばの樹齢百年を越す木の名を「博物学」しましたね。問いのあった三月には葉一枚なく、芽吹いても、地上から三メートル以上のところに葉は茂り、三階の教授室の窓からは見えても、枝に届かないのです。この難問に、五月はじめ地上に落ちた病葉から、牧野植物図鑑をめくり、森林学者に問い、札幌やソルトレークで似た葉を見つけました。在任の一八年間毎日窓から眺め語りかけたという話は、随筆「樫の葉の声」に収まっています。そして、晩秋も晩秋に届いた定形外郵便には、大きな完璧な一枚の葉に万年筆の色も濃く、こうありました。

「前略　お教え頂いた樫の葉が空に舞っています。秋ももう最後の日です。そのうち一枚もなくなってしまうでしょう。その前にと思って一筆認めました。早々」

多田先生の移植医療への発言に関心を抱いたのは、一九九〇年頃からです。まずは、医学部時代の恩師の主宰する雑誌の宣伝部長でありましたので、科学と芸術をブレンドしたような手作りのライフ・マガジン『ミクロスコピア』（一九八四—二〇〇九年、考古堂）へのご寄稿をお願いいたしました。ついで、ワーカーホリックの人間の狭さに警鐘を鳴らす立場で一九八九年から私が主宰していた「ホモ・ルーデンスの会」をご案内すると、早速奥様や娘さんが参加されました。先生から「面白いそうだね。趣旨には大いに賛成。自分も山形で点睛塾を開いているほどです」とご連絡いただき、思いがけなくもありがたいお付き合いが始まりました。お茶の水はカザルスホールで、年一回開かれる「医学と芸術のつどい」には、度々足を運んで下さいました。一九九四年にご登場、「一〇年くらい前、研究は佳境、役職も重なり超多忙になり、自分が見失われてしまうと感じた。覚悟を決めて週一回、小鼓の稽古に通い出し、理詰めな研究の世界とはまったく異質の、理屈が無い世界を持った。それは、普遍的な何物かを持ち、科学の進歩を包括し、その進歩を人間優位の立場から制御していく勇気を与えてくれるようなものだった」と、先生の社会的発言の原点を語られました。

拙著『医者も驚く病気の話』（平凡社、一九九四年）には、「眼から鱗が落ちました」と言って頂きました。頭皮の下に出来た瘤からチフス菌が培養された男性を診察した私が、チフスにまつわる話をまとめたものですが、怪訝な顔をしていると、「『千葉大チフス事件』で犯人とされた医師を知っていますよ。千葉大出身で基礎の教室にいた僕は、彼の患者さんの具合が悪い時など、急にバイト先の宿直を頼まれたりしていたんですよ。真面目で律儀な人で、お礼にバナナやウイスキーなどもらいましたね。アメリカ留学中に、千葉からの手紙で彼の逮捕（一九六六年）を知り、不思議に思っていたんです。おっしゃるように、やはり冤罪だったのですね」。

六〇歳定年退官の随筆では、「（三〇年余りの）国立大学の教官というのがいかにせせこましいものだったか、また自由がこんなにすばらしいものだったかが実感される」「あとは現役のころに読めなかった原著を読み、執筆したり考えたりで、毎日何かを発見する」と記しつつ、「名前だけの名刺」を渡すと当惑し、所属や肩書きにこだわる世間をいぶかしんでおいででした。紆余曲折あり、先生が望んだ形だけではないとしても、今や肩書きなしで通るお名前になりました。嬉しくもツライです。

最後に、先生を支えた奥様であり医師の式江先生と秘書の山口葉子さんのナンギ（難儀）をねぎらいたいと存じます。

（脳神経外科医、藤原ＱＯＬ研究所代表）

複数の顔を持つ巨人

細田満和子

突然のことにただ驚いております。ボストンにいると距離が遠いせいもあり、なかなか本当のこととは思えません。二〇〇九年夏に一時帰国した際、お宅にお邪魔させていただき、思い出深い骨董品を拝見しながら、年代物のお酒をご相伴させていただいた時が、最初で最後の出会いでしたが、今でも鮮明な記憶として残っております。

長い間、一方的に私の方から存じ上げていただけでしたが、多田先生とは何か不思議なご縁でつながっていたような気がします。初めは、義父・細田嵯一が先生と知己で、夫・細田徹の方は学生の頃に免疫学の授業を受けたということで、先生のことを知りました。ちょうどその頃（一九九六年頃）、私は観世流銕仙会の清水寛二先生のところでお稽古をしておりましたので、能の世界でも有名であることを知り、医学と能、まったく異なるふたつの領域でご活躍の卓越した方なのだと感銘を受けておりました。

その後、二〇〇〇年前後から、私は脳卒中になられた方への聴き取りを基に、東京大学社会学研究室に提出する博士論文を書くようになりました。それは数年来、脳卒中の患者会でボランティアをさせていただきながら感じた、〈生きる〉ということの重さと、それを支える社会的資源が未整備であることについて、世に問う必要があると考えたからです。尊敬する社会学者の鶴見和子先生が一九九五年に脳卒中になられたことも、この問題を問おうとする際に背中を押してくれました。

この間に、全く予期していなかったのですが、多田先生が脳卒中になられました。大変驚きましたが、しかし私は脳卒中になられた方が、初めは死を思うほどの絶望を感じても、果てしないご本人の努力と周囲の支えによって、やがて希望を持てるようになることを、脳卒中サバイバーの方々からのお話で知っていたので、さほど心配はしませんでした。そしてやはり多田先生は、しっかりとご自分にとっての脳卒中を生きる意味を見出していらっしゃいました。

細田満和子氏と（2009 年 8 月 30 日。提供＝細田氏）

「元の体には戻らないが、毎日のリハビリ訓練でゆっくり姿を現してくる何かを待つ心があります。体は回復しないが、生命は回復している。その生命は新しい人のものです」

（多田富雄『邂逅』藤原書店、二〇〇三年）

多田先生のこのお言葉を引用させていただいた論文は審査を通過し、二〇〇六年三月に博士号が授与されました。おりしもその直後、二〇〇六年四月に、多田先生が生涯をかけて闘うことになった一八〇日を上限とするリハビリ診療報酬改定が出されました。先生はすぐさま、マスメディアを通してリハビリ打ち切りに抗議され、やがて後に全国から四四万人余の署名（提出時、最終は四八万人余）を集めることになるリハビリ診療報酬を考える会のリーダーになられました。この運動は社会的関心を巻き起こし、翌年二〇〇七年には厚生労働省から異例の再改定が出されました。しかしそれは問題の全面的解決ではなく、多田先生はリハビリ打ち切り撤廃を目指して「最後まで闘う」とおっしゃっていました。私も微力ながら、この多田先生たちの運動を、日本における市民運動と行政との関わりを端的に表す重要な運動と捉え、何かできることはないかと探ってまいりました。

ところで、私は色々な事情から二〇〇四年からニューヨークに住むようになりました。そしてある時、ずっと連絡を取り合っていた清水先生から、二〇〇七年に多田先生の能「一石仙人」をボストンで上演する企画があるというお知らせを頂きました。上演の際には是非うかがおうと思っておりましたが、残念ながらこの時は延期になりました。

その後二〇〇八年に、ニューヨークからボストンに引っ越すことになり、今度は、私自身が多田先生の能ボストン公演準備を期待されるようになりました。ところが、こうしたことに関してはまったく経験がなく、しかも引っ越したばかりで何のつてもない状態で、どこから手を着けていいのか分からないまま月日が経ってしまいました。

それでも、二〇〇九年夏に多田先生にお会いしたとき、長年のご友人で上演を応援してくださっているハーバード公衆衛生大学院バリー・ブルーム前学長を紹介していただき、年末にご相談させていただくことができました。さらに二〇〇七年の上演計画のときの協力者（ボストン在住）と今年の三月になって偶然にも出会うことができました。こうして能ボストン公演に向けて具体的な話が進みそうになった矢先に、多田先生の訃報を聞くことになってしまったのです。

先生と私は、リハビリ診療報酬打ち切りの撤廃、そして能ボストン公演の実現というまったく異なるふたつの領域でつながっておりましたが、今の段階ではどちらも成し遂げることができませんでした。深い反省の念を感じます。ただし、リハビリの方は少し状況が好転しそうな気配があるようですし、能ボストン公演のほうもこの秋を目処に実現させるべく具体的計画を進めております。

もちろんこのふたつは、私だけの力で実現できるものでは到底ありません。もっと頑張っていらっしゃる方はたくさんいらっしゃいますし、私などほんの一部をお手伝いしているに過ぎません。それでも多田先生のご遺志を継いで、この大きすぎる宿題を成し遂げるよう、精一杯のことをさせていただきたいと思っております。

科学と芸術、学びと遊び、優雅さと野太さ、それぞれの領域を極められ、複数の顔を持つ先生の生き方を心から賞賛し、その生き方を文章として思想としての我々に残して下さったことに感謝を込めて、ご冥福をお祈りしたいと思います。

（ハーバード公衆衛生大学院国際保健リサーチ・フェロー）

追悼　多田富雄さん

村上陽一郎

現代の科学研究の世界は、細分化が限りなく進む。研究論文誌に関係するレフェリーの好みによってさえ、分野の細分化は起こる。研究者は、それに従って、自分の属する細分野（そんな言葉はないが、発明してみた）の仲間だけにしか、コミュニケーションのチャンネルを持たない。

多田さんは、そうした細分野でも世界に誇る輝かしい業績を上げながら、他方で、細分野の外の人々との間に、実に多くのチャンネルを持っている稀有の方だった。歌人であり詩人である。能の作家であり、思想家として、また警世のエッセイストとして人々を魅了する。その背後には揺るぎのない、清潔な倫理観があり、義務観があった。最良の意味での「ルネサンス人」という感がする。

多田さんの死による日本の社会の欠落感は時が経っても、増えこそすれ、減ることはないだろう。個人的には、今ようやく積み重なる心身の苦痛から、安らぎへと世界を移されたことに、祝福を差し上げたい思いもあるが。

（東洋英和女学院大学学長、東京大学・国際基督教大学名誉教授／科学史・科学哲学）

多田富雄先生の死生観

柳澤桂子

「私は二〇〇一年の五月に、旅先の金沢で突然脳梗塞の発作に見舞われた。何日間か生死の境をさまよい目覚めたときは、声が出ないから、苦しくても訴えることもできない。右半身の完全な運動麻痺に加えて声を失い、嚥下の障害で水さえ飲めなくなった。声が出ないから、苦しくても訴えることも出来ない。ただ妻に向かっておろおろと泣くばかりだった」

多田先生のご発病当初のご様子である。ご発病前の多田先生のご活躍ぶりは「オランダの会議から帰って間もなくニューヨークに行き、友人の九五歳の誕生日に行われたシンポジウムに出席、とんぼ帰りで東京に帰って翌々日に、病気で寝たきりの恩師、石坂照子先生のお見舞いに山形まで出かけるというすさまじいスケジュールでした」。

検診でどこも悪くないといわれたからと、毎月のように外国にお出かけになり、その合間に原稿をお書きになり、他の人の原稿を直すというご生活でした。

先生は以前からあったらしい小さな脳の梗塞巣とあいまって、言葉を発することや嚥下が出来なくおなりになったのです。

「まる三ヶ月の間、口からものを摂ることが出来ず、どんなに喉が渇いても水さえ飲むことが出来ない。自分の唾液ですら飲めずに、むせてしまうのです」

これにただでさえ苦しい検査に次ぐ検査。先生はしばしば自殺を考えられたといいます。「死ぬ用意もしました。死のうと思えば、手段はいろいろあるものです」。

けれども先生に死を思いとどまらせたのは、ご家族に対する思いでした。「懸命に看護している妻や娘を思えば、死ぬわけにはいかない。自分の命は自分だけのものではないことを、こんなに実感したことはありません。死は一人だけの所有物ではない。愛する者と共有し、いつも共鳴しているものであることを強く感じたのです」。

私も長い闘病生活の経験から、多田先生のお考えには心から賛同します。特にアメリカやオランダで主張されている「死の自己決定権」には反対です。

先生は発病されてから一年後、病院を退院されると、動く方の左手でワープロを打たれ『文藝春秋』に闘病記を発表されました。

「あれが発表されると、たくさんの方からお手紙をいただきました。私の苦しみと闘いを見て勇気づけられたというのが大半でした。（中略）

ほんとうに私の文章で勇気が与えられるものなら、覚悟を決めて私の見てきた『地獄編』でも『煉獄編』でも書いてやろう。私の文が癒しや慰めになるのなら、もう一度本気で書いてみよう」

ここで、多田先生の「生きよう」というお気持ちは家族から社会に向けられます。大きな前進です。そして「身体が不自由になっても、出来る限り積極的に社会と接点を持って行きていこう」と決意され、観劇に、音楽会にと外出をなさるようになります。それに付き添われた奥様のご苦労を考えると、頭の下がるような思いが致します。

特にお能に対して、大変力を入れられ、自らお作りになって、海外公演までなさるというご活躍が始まります。ここで取り上げられたのは「一石仙人」というアインシュタインの物語ですが、これには核爆弾廃絶の思いが込められています。

それまでにも二つの新作能「無明の井」と「望恨歌」を書いておられます。前者は脳死と心臓移植の問題を、後者は朝鮮人の強制連行の悲劇を書かれたものです。ご病気になられてからは「原爆忌」というお能を書かれ、二〇〇四年の広島音楽祭に出す予定だといっておられます。多田先生は人格的にも非常に優れた方で、社会のいろいろな問題を真剣に考えておられました。それをお能を通して社会に訴えることで何かの力を発揮してくれると考えておられました。そしてそのことが逆に先生の生きようとなさる力になったと思います。

先生は次第に「病気になる前の自分はほんとうに生きるという実感を持って生きていたのであろうか」と疑い、「病気になってはじめて生きることの大切さを確かめたような気がする」とまでいわれるようになりました。二〇〇三年のことです。

けれどもいつでも強気でいらしたわけではなく、しばしば泣いていらしたようです。悲しみの涙も生きておられることへの感激の涙もあったとおっしゃっていました。

もう先生とお話しできないのだと思うと寂しくて仕方がありません。先生は、平和の問題、環境の問題、教育の問題、科学の問題を真剣に考えておられました。惜しい方を失いました。（生命科学者）

温暖化地獄

山本良一

多田先生の奥様と筆者の家内や家内の姉は幼友達である。

家内は小学一年生の時、通学上の困難から多田先生の奥様の実家である水戸の井坂病院に預けられ、一年間一人娘である奥様とそれこそ姉妹のように育てられた。それ以来五七年間、多田先生の奥様を姉のように慕い、また奥様からは大変な御厚誼に預かってきた。そのため多田先生は家内にとっても筆者にとっても奥様共々崇拝の対象であり、我が家では長年「神のような存在」として語られてきた。

その神様から筆者に声が掛ったのは一昨年のことである。

ＩＮＳＬＡの第二回講演会で「温暖化地獄」について講演し、パネル討論にも加わって欲しいというお手紙をいただいた。実はその前年筆者は『温暖化地獄』という本をダイヤモンド社から出版し、多田先生へも一部献本させていただいていた。それが先生の御眼に止まったようで、光栄にも講演依頼をいただくことになったものである。一〇月一六日東大弥生講堂で「地球に地獄がやってくる！――地球温暖化で何が起こる」をテーマに講演会が開かれ多田先生と初めてお会いした。そしてこれが最後の出会いなり、文字通り一期一会となってしまった。それは聞きしに勝る壮絶なお姿だった。筆者には何とも表現しようのない迫力であった。

この講演では「焦熱地獄の曲舞」が演じられたことからも推察されるように、多田先生には人類の直面する「温暖化地獄」の危機が科学的にも直感的にも了解されていたに違いない。会の終了後自宅にお招きいただき短時間とはいえ機械を通して直接会話できたことは貴重な思い出になった。

今年の四月一一日、第三回の講演会では先生の病状悪化のため残念ながら直接ご挨拶することはできなかった。先生のご逝去の報に接し、来るべきものが来たと思ったが、返す返すも残念なのは昨年末に出版した『温暖化地獄』三部作の最後の著作、『残された時間』を献本しそびれたことである。これは書名を「地球の平均気温の上昇が二℃を突破するポイント・オブ・ノーリターンが二〇年後に迫る、すなわち温暖化地獄の入口まで残された時間は二〇年」という意味でつけたものである。しかし「残された時間」という題名の本を先生に献本するのはためらわれた。しかし今にして思えば、先生の境地は既に死生を超越したところにあったに違いなく、そのような配慮は無用だったと思われるのである。

先生の提起された「自然科学とリベラルアーツの統合」はきわめて重要な課題であり、これをますます発展させることが残されたものの責務であろう。

（東京大学名誉教授／材料科学）

東大退官記念能「高砂」宝生能楽堂（*1994.2.18*）*Photo by Miyata Hitoshi*

Ⅳ Liberal Arts

能

「多田先生、ありがとうございました」

浅見真州

多田先生に初めてお目にかかったのは、二〇年ほど前のことです。亡くなられた小鼓の寺島澄代先生の会において、たまたま当時お稽古なさっておいでだった、多田先生のお相手を務めさせていただいたのが最初です。曲目は「江口」。お恥ずかしいことに、多田先生が高名な免疫学者でいらっしゃるということを全く存じ上げず、ただお素人ながら打込が厳しくなかなかの腕前の方と思いながら、謡っていたことをよく覚えております。

先生がたいへんな能楽通でいらっしゃることは、よく知られているところですが、私の師、観世寿夫はもちろんのこと、すばらしい先輩方の舞台もほんとうによくご覧になっていらして、光栄なことに、私の能も度々観て下さっていました。

奈良興福寺の貫首様とのご縁も、多田先生にご紹介いただいたことがきっかけで、その後、私にとっては特別な思いのある復曲能「重衡」を、興福寺の東金堂の仏様に奉納する形で務めさせていただく機会に恵まれました。

その塔影能の翌日、貫首様ご夫妻と多田先生ご夫妻にご案内いただき、家内を同伴して、和歌山県の山あいの秘湯、湯の峰温泉の、風情ある「あづまや」という宿に参りました。美味しいお酒をいただき、湯の峰温泉が小栗判官のゆかりの地であることなど先生からうかがいながら、ひなびた温泉で過ごした楽しいひと時も忘れられない思い出です。

また、先生の食通ぶりも皆さまよくご存知のことですが、とりわけフランス料理は大好きでいらしたご様子で、上等なワインをいただきながら、ニコニコと楽しそうにお話しなさる、蝶ネクタイがお似合いのダンディーなお姿は、今も目に焼きついております。

大相撲初場所を観戦した帰り道、浅草の麦とろに立ち寄り、お食事をご一緒したときのこと。先生のご専門である「脳」のメカニズムについて、まったく科学に疎い私にも、とてもわかりやすくご説明くださって、まさに目からうろこの思いをいたしましたが、講演のお仕事で出かけられた金沢で、先生が倒れられたということをうかがったのは、この年のことでございました。

ご専門の免疫学の分野における功績や、病床にあっても精力的に続けられた数々の執筆活動について、門外漢の私には、残念ながら何か申し上げる言葉を持ち合わせておりませんが、お若い頃から能に親しみ、能に精通していらした先生の、能楽の世界に残された足跡は特筆すべきものであると思います。

脳死をテーマにした「無明の井」を初めとして「望恨歌」「一石仙人」「原爆忌」など、現代社会が抱えるさまざまな問題を鋭い視点で捉え、能という形で表現なさいました。

また、先生が書かれる能評は、いつの場合も公平で、愛情に満ちたものであったように思います。私も、時にはお褒めの言葉も頂戴いたしましたが、厳しいご指摘に背筋が伸びる思いをいたしたものでした。

平成一八年に、独演三番能をさせていただいた折、パンフレットに掲載する文章を先生にお願いいたしました。快く引き受けてくださった先生から頂戴したのが、「浅見真州の物語性の造形」というエッセイで、全文を皆さまにご披露したいほど、私にとりましては幸せなものでした。奥様やご子息が、ご自分たちもこんな愛情に満ちたお手紙を受け取られたことがないとおっしゃったとか、あとからうかがいましたが、今となっては、先生から頂戴したかけがえのない宝物です。

身に余るほどのご厚情に対し、私にできることといえば、世阿弥の言葉にかえて多田先生からおくられたメッセージ、「物数を極めて、工夫を尽くして後、花の失せぬところを知るべし」を心に刻み、なお一層の精進を重ねることでしょうか。

先生のご冥福を心よりお祈り申し上げます。

多田先生、本当にありがとうございました。

（観世流能楽師）

「沖縄残月記」沖縄公演実現に向けて

池田竹州

新作能「原爆忌」、「長崎の聖母」をまとめられた多田富雄先生が、次の作品のテーマとして、激しい地上戦が繰り広げられ、二〇万人以上が犠牲となった沖縄戦を選ばれ、執筆に臨まれた際に、友人の谷口脩君の紹介でお会いし、参考文献の調査など、若干のお手伝いをさせて頂きました。

本郷のお宅に資料をお届けした折、多田先生のお話を伺う機会に恵まれましたが、作品のテーマである沖縄戦はもとより、沖縄の歴史や文化、伝統芸能に至るまで、極めて幅広く、深い知識をお持ちであったこと、あわせて、苦難の歴史を歩んできた沖縄へ深い愛情をお持ちであったことなどが思い出されます。

昨年六月、セルリアンタワー能楽堂において、能楽師の清水寛二先生がシテを務められ、琉球舞踊の志田房子先生、琉球古典音楽の比嘉康春先生など多くの方が参画されて「沖縄残月記」の初演が行われました。

私も、八〇歳を迎えた母とともに拝見させて頂きましたが、大変素晴らしい作品であり、深い感銘を受けました。また、上演後に多田先生が、なんともいいようのない、すてきな表情をされていたことが印象に残っています。

沖縄に戻ってから、この作品を地元で公演する方法はないものか、先輩方や友人たちを交え、いろいろと模索している間にも時は過ぎていきました。そのような中、突然の訃報に接し、自分自身の不甲斐なさをただ恥じるばかりです。

私にとって、太平洋戦争の悲劇を描いた三部作の最後の作品である「沖縄残月記」の沖縄公演を実現することは、作品の主題について考えることとあわせて、多田先生から頂いた宿題のようなものになりました。

作品の主題については、「原爆忌」については鎮魂と哀悼を、「長崎の聖母」については復活と再生について描かれたと述べられているのに対して、「沖縄残月記」については、作者ノートで「(六月は)沖縄の招魂の季節、この曲を沖縄戦の犠牲者の御霊に捧げたい」と述べられているものの、他の二作品ほど明確にはお示しになられていないように感じます。

私個人としては、多田先生が「大ばんばカマドが、自決を覚悟したのに、腕に抱えた赤子(彼女の次男、清隆の祖父)を死なせないために、心ならずも敵の手に落ちるに至った彼女の絶望」を表すために、作品の終盤に引用された次の琉歌に深い共感を覚えます。

月は昔から変わること無さめ

変わて行くものや人の心

「沖縄残月記」の沖縄公演につきましては、二〇一一年七月、「国立劇場おきなわ」において上演するべく、今、多くの方々が頑張っております。

時間がかかってしまいましたが、沖縄公演が実現に向けて動き出しましたことをご報告させていただきますとともに、関係者の皆様に心から感謝申し上げます。

（沖縄県職員）

能の鬼となって

大倉源次郎

初めてお会いしたのは故橋岡久馬師の「無明の井」の舞台稽古でした。ご自身の作品が初めて舞台に掛かることもあり、細々と各役と各場面についてのイメージを稽古毎に的確に語られていました。故大倉宣利から小鼓の手ほどきを受けた後、故寺島澄代に付き精進を重ねられ、素人では稀な「翁」まで披曲された経歴を生かし、囃子事についても様々に思いを持っていらっしゃいました。

文章面については、次第の謡いは「桧垣」を手本にしたことなどを語られ、新作の醍醐味をまさしく味わっていられました。小生が後半の謡いの文句の繋がりが少し不自然に感じた箇所を申し上げると「ここはカットされてしまったのです」と少し残念そうにされながらも、作品としての仕上がりを重視して橋岡氏を信頼しての決断であったことを語られ、そこには一観客の視点を忘れない姿勢を感じ取ることが出来ました。

今から思い返しますと、出会いの新作能から実に多岐に渡り能のお話をさせて頂き、氏の能を見る視点の広がりに、これからの能の可能性を見たように思います。

その後、「望恨歌」、「原爆忌」を故観世栄夫師と共に務めさせて頂き、釜山や広島で非常にリアルな体験を共有しながら、現代の新作の現場に立ち合わさせて頂きました。

また、没後一〇年を期に制作された白洲正子さんを題材にした梅若玄祥師の「花供養」も忘れることの出来ない作品でした。

これらの優れた新作能に参加させて頂くことにより、大和四座の人たちが何を思い能を作ったかという根本的な問題を、より深く考えるきっかけを作っていただきました。

これはすなわち何故能を続けるかという自身の立ち所を確認する作業でもありました。

一昨年から取り組んだ「大和秦曲抄」という能楽DVDは、これらの念いを一つの形にするべく制作させて頂いたのです。今二作目の制作に入っており、そのご批評をお伺いしたく望んでおりましたが、それも叶わぬ夢と成ってしまいました。

今となっては先のお二方と共に鬼籍に入られ、あちらで新たな作品に取り組んでいられるかと思います。

良い作品が出来たら、それこそ能の鬼となって現れて、私たちの前で夢幻能を見せて頂きたいと願っています。

合掌

（小鼓方大倉流十六世宗家）

永遠の自由人

大倉正之助

多田富雄さんとは、三〇年程前に橋岡久馬さんの会に於いて出会ったのが、お付き合いの始まりでした。

大変御高名な大学教授で、超多忙な激務を縫って臨まれた舞台で、申合せ（リハーサル）もなさらずに、ぶっつけ本番で小鼓の舞台に出られる際、お相手させて頂き、こちらは些か心配しましたが、御本人は悠然と構え、堂々と小鼓を打たれ、その姿は、玄人はだしで驚いたのを思い出します。

いつもよく蝶ネクタイをされとてもお洒落な方で、また御自宅にはワインセラーをお持ちで、最初は和よりヨーロピアンの生活様式が身に付いておられた姿の印象が強くありました。その後、「無明の井」、「一石仙人」と新作能制作に関わらせて頂くうちに、今まで抱いたクールで西洋化及び洗練された学識者の持つ、我々表現者とは違う世界の人という印象から、実は最も我々に近い存在であることをすぐ理解しました。

当時、「飛天双〇能」という名の能の会を主宰しており、この会のテーマの一つが、〝能とオートバイのコラボレーション〟であったのですが、多田富雄さんはこれをとても楽しみによく来て下さいました。それに興じて、遂にオートバイライダーに寄せた詩を頂き、これを元にワキ方の森常好さんが謡い、私が大鼓を打ちました。「一石仙人」の初演も当会で企画制作をさせて頂き、横浜能楽堂を始め、劇場やホールでの映像とのコラボレーション等度々上演させて頂き、またＩＮＳＬＡの金沢公演にも協力させて頂きました。

今こうして多田富雄さんとの出会いを振り返ると、人生における人と人の出会いの必然性に感じ入ります。また、晩年に於いて、御身体が不自由になられた分、それに反して精神、心が益々自由を得られ、大いに飛翔されました。この世に肉体を持って生まれ、その束縛の中でもがき苦しみながら生き、ともすると精神、心の自由を忘れてしまう。死をもって肉体の束縛を解かれ覚る精神、心の自由を、生きながらにして手にすることが誰にもあることを、多田富雄さんは全身全霊でその存在を通して伝えて下さいました。

多田富雄さん、貴方が死の間際、安田講堂にて「三番叟」の舞台を御覧になられた後のパーティーで、音声変換機も使えない程衰弱された身でお出ましになり、しかしながら、私の手を強く握り締め見つめる眼からの伝波は、しかと受け止めさせて頂きました。長くも短いこの世の出会いに感謝を捧げます。

（能楽囃子大倉流大鼓）

多田富雄先生宛のメール

笠井賢一

多田富雄先生

こうして書き始めるといつものように先生宛のメールを書いているような錯覚に囚われます。この何年も多田先生宛てにメールを書き続けてきました。私が演出の仕事をする折々に、先生に私の考えを報告したり、ご意見を伺ってきたように。また先生に書いてくださいとお願いした、『古事記』による新作能「イザナミ」は残念ながら実現しませんでしたが、先生ならどのように書かれ、演出されたかと考え実現していきたいと思います。先生の詩や往復書簡や新作能を演出する折には、お返事がいただけないにしても、やはり問いかけは続くと思います。

思えば、新作能「花供養——白洲正子の能」を上演した折は、短い期間で密度の高いメールのやりとりができました。一つ心残りは『花供養』の本に、能作者である先生に世阿弥の「能作書」に相当する、「なぜ新作能を書くか」という文章を書きのこしていただけなかったことです。昨年一〇月の鎖骨骨折でそれは諦めざるをえませんでした。

第三回ＩＮＳＬＡ講演会「日本の農と食を考える——農・能・脳から見た」の企画を立ち上げる段階では、かなりな頻度でメールのやりとりがあり、鎖骨を骨折されてからも数は激減したものの、痛みをこらえて絶筆となった会のイントロダクションを書きあげてくれました。思えば先生のメールは命綱でした。それが打てなくなっていく過程を目の当たりにするのは本当に辛いことでした。

四月二三日、二四日の先生の密葬には参列できませんでした。その日は岐阜のＮＨＫ文化センターで「言葉の力・美の力」の公演があり、真野響子さんが先生の新作能「花供養」のなかの、正子を知る人の語りと、先生が書かれた式江夫人へのオマージュの詩「いとしのアルヘンティーナ」を朗読し、他に夏目漱石や宮澤賢治の詩作品を構成して上演していたからです。その二三日のリハーサルの後、亡き先生と式江奥様宛にこんなメールをお送りしました。前日にお別れをしたときの、やや蝋人形のような死化粧を施された先生のお顔を思い浮かべ、かつ式江奥様の長い介護のご苦労を思いながら……。

多田富雄先生、式江奥様

長い間お疲れ様でした。また今日のお通夜もお疲れ様でした。先生もあのお化粧ではさぞ疲れられたことでしょう。

私は今、岐阜の長良川に面したホテルでこれを打っています。真野さんと明日のリハーサルを終えて帰ってきたところです。先生が亡くなられてはじめて、先生の作品を一般の方に見ていただくことになります。私と真野さんにとっては、多田先生へのオマージュであり、鎮魂の儀礼です。真野さんは「いとしのアルヘンティーナ」を読むのは辛いといっていますので、代わりに私が「新しい赦しの国」を読もうと思っています。

『花供養』でやりとりをしていた一年半ほど前、先生の『残夢整理』の火葬の後の骨壺の熱さから始まる文章を、メールで最初の読者と仰って読ませていただき、長い感想を書いたことを思い出しました。私は明日お葬儀には立ち会えませんが、丁度同じ時間に多田先生の作品を上演していきます。これからも追悼の想いを込めて先生の作品を上演していきます。

笠井賢一

結局本番では真野さんは悲しみをこえて「いとしのアルヘンティーナ」を朗読し、私も「新しい赦しの国」を朗読し、追悼の思いを果たすことができました。

先生のトーキングマシーンで打たれた忘れがたい言葉があります。今年の三月、真野響子さんと桜の花を持ってお見舞いに伺いました。そのとき、若者たちが一階から三階にベッドを移動させた後でした。先生はトーキングマシーンで、「多くの人の手を煩わせて、やっと死の床が完成しました」と打たれたのです。その言葉の悲しさ切なさ。と同時に、チェーホフが死ぬ寸前に「私は死ぬ」とドイツ語で言って死んだということを思い出しました。これほど多田先生は医師としての自己意識が明晰であり、死さえも客観化してしまう、いわば離見の見なのだと思いました。

そのあと、真野さんが先生の書棚から白洲正子さんの著書『名人は危うきに遊ぶ』をとりだし、そのなかの「さくら」という詩的なエッセイを読みました。初見での読みでしたから決して上手く読んだとはいえませんが、彼女の先生への想いが伝わる読みでした。真野さんは前々から先生の「読む人」になりたいと思っていたのです。その後で先生がトーキングマシーンで「素敵な詩を、素敵な人が読んで、素敵な響が広がった」と打ってくださった言葉は真野さんの生涯の糧となると思います。

先生からのメールで読ませていただいた『残夢整理』のあとがきは、深く心に響きました。この本を手にした全ての人がこの本の内容と、それを渾身の力で書き続けられた多田先生の深い思いと、その生涯の思いが結晶したあとがきに感銘するに違いありません。私は読ませていただいて、心からお疲れ様でしたと申し上げたく思います。もう先生に頑張ってくださいというよりは、痛みのない心静かな時間をすごしていただきたいと切望します。ゆっくりとお休み下さい。


（演出家、銕仙会プロデューサー、アトリエ花習主宰）

新作能「長崎の聖母」初演の思い出

Sr.片岡千鶴子

多田富雄先生ご逝去の報から二週間余の日々、先生の笑顔が折に触れて心に浮かびます。その度に不思議なご縁が重なって新作能「長崎の聖母」の初演をお手伝いさせて頂いたことが、どんなに素晴らしい恵みだったかと感謝の思いを新たにしています。

あれはいつのことだったのでしょうか。「多田先生が長崎の原爆被爆について新作能を書きたいが、長崎については深く知らない。資料がないか、とお尋ねになっています。何か探して送って下さい」とSr.緒方から電話がありました。『純女学徒隊殉難の記録』をはじめ若干の資料をまとめて送り、その後すっかり忘れていました。第一、恥ずかしいことに多田富雄先生についても無知でした。二〇〇四年の七月頃、翌年の学園創立七〇周年、原爆被爆六〇周年の記念行事について検討会を開いた時、多田先生の新作能のことが突然脳裏に浮かんだのです。「あれはどうなったのだろう?」Sr.緒方を通してお尋ねすると、ほぼ出来上がっているが、上演のことまでは決まっていない、とのことでした。「善は急げ」と上京、Sr.緒方に同伴を願って多田先生をお訪ねしました。

満席の浦上天主堂で嬉しそうな開演前の先生御夫妻（2005年11月23日。提供＝長崎純心大学博物館）

先生は笑顔とパソコンの電子音による「ようこそ！」という歓迎の言葉で迎えて下さいました。銕仙会の清水寛二さんも同席、早速、新作能のお話になりました。新作能は被爆からの魂の復活を主題にしたが『純女学徒隊殉難の記録』が一番の参考になったとお礼の言葉を頂きました。上演に関しては、作品の舞台である浦上天主堂で初演ができれば最高であること、グレゴリア聖歌が歌える殉難学徒と同じ世代の高校生のコーラスがあればとお話しになりました。浦上天主堂の上演については主任司祭平野勇神父様にご相談しましょう。純心には全日本合唱コンクールで金賞を度々獲得し、グレゴリア聖歌も歌える高校生コーラス部があります、と話が弾みました。上演の日程について秋の一一月二三日を、次の理由を述べて提案いたしました。八月九日、浦上天主堂は倒壊炎上、一万二千人の浦上信徒のうち八千五百人が命を失い、家屋も田畑も灰と化した。二ケ月半余が過ぎた一一月二三日、崩れ落ちた浦上天主堂の前庭で被爆死した人々の合同葬儀ミサが捧げられ、告別式で永井隆博士が在天の家族、友人、知人に呼びかけて「弱い私たちが廃墟から立ち上がり、十字架の道を進む勇気を聖母マリアに祈って下さい」と弔辞を述べた。この日から浦上は再建に立ち上がった。翌年木造仮教会が再建され、天主堂の再建は、同時に信徒たちの魂の再生の歩みとなって現在に至っている。復活と再生を主題にした新作能「長崎の聖母」の初演の日として意味深いのではないかと思う、とお話ししたのです。

私は先生が重度の摂食障害に苦しんでおられることにも無知で、奥様のお心尽くしの夕食を先生がお選びになった美味しいワインと共にそれは楽しく頂いて帰ったのでした。

長崎に帰ると、早速に平野勇神父様にご相談、カトリック浦上教会も純心女子学園と主催者として全面協力することの快諾がありました。実行委員会を立ち上げ、銕仙会の清水寛二さんを長崎にお招きして現場視察をお願いしました。それからは様々の準備の過程を経るなか、先生のご健康だけが気掛かりでした。そして遂に二〇〇五年一一月二三日を迎えたのです。心配していた先生はお元気でご到着、何よりの喜びでした。以下は先生がメールで発信されたお礼の言葉の要約で結びにします。

「会堂に美しいグレゴリア聖歌が流れ、ステンドグラスに夕日がさし、能管のヒシギが鳴り渡って〝長崎の聖母〟が始まりました。シテ清水寛二さんのマリアが〝早舞〟に魂の救いと復活の願いを託し、神々しく昇天しました。祭壇の奥のキリストの十字架にそこだけ光があたり、ワキが祭壇の燭を静々と持って退場する、鳥肌の立つような終幕でした。あの早舞は普通の能としても水準を抜いた出来だったと思います。松田（弘之）さんに導かれて大小の息が合い、東京でも珍しいほどのいい演奏でした。二段目のクツロギのところで大小が打ち止めると美しい聖歌が聞こえてきました。純心の無垢なコーラスです。この見事なコラボレーションは演出の笠井（賢一）さんの功績でした。ここでは作者の僕まで感激して泣いてしまいました。……高揚した三日間の旅を終えて家でくつろいでいます。疲れは残りましたが満足感に浸っています。この上演に力を貸してくれた皆さんに心から感謝します。ご報告まで。

多田富雄　」

新作能「長崎の聖母」は東京、福岡、東京と、その後も毎年上演され、今年は八月八日に長崎での上演が決まっていました。長崎での再演が先生の追悼公演になってしまったことが惜しまれてなりません。今年は純心高校コーラス部がグレゴリア聖歌を歌います。天国の先生に捧げ、世界平和を祈って歌います。どうぞ、お聞き下さい。

（長崎純心大学学長）

心のなかに

喜多省三

多田富雄先生との出会いは先生の新作能「長崎の聖母」でした。

観世流銕仙会能楽師清水寛二先生のお話がきっかけでしたが、お話を聞いて即座に能舞台としてやるべきこととして決断していました。

日々、薄れていく平和の大切さを能楽堂で、それも東京の能楽堂で大勢の方に「長崎の聖母」を、と思い、二〇〇七年八月九日長崎原爆記念日に、私たちの能楽堂特別企画公演として二公演を実施しました。

初演は、被爆地、長崎の浦上天主堂で行われましたが、その教会での録画を見て私は引き摺り込まれてしまったのです。

浦上天主堂という教会の地で、能楽とグレゴリオ聖歌隊、私は、同じ長崎県の佐世保市で育ちましたから教会はとても身近な存在だったのです。

幼児時代の聖心天主堂（三浦町カトリック教会）付属聖心幼稚園での記憶が蘇る思いでした。

今でも鮮明に思い出すことが出来ますが、心が清められるような平和な聖堂と神父、そして、子供心にも鮮明な記憶として残る、天使のように清らかで優しいシスターと、重なっていったのです。

浦上天主堂という教会の頭上での原爆と復活……。

先生がまだ崩壊したままの浦上天主堂を訪れたのが一九五五年、私たちの公演で、多田富雄先生はパソコンでの人工音声でご挨拶してくださいましたが、その中で、まだ被爆の残骸が残る浦上天主堂に最初に立ったとき、いつかこの惨禍を能にしたいと思っていたが、あまりのその重さにとても長い時間がかかってしまった、とおっしゃっていました。

能楽堂初演として、グレゴリオ聖歌隊を見所後方の座敷席に配置し、鐘の音と相俟ってご覧の皆様の心に残る公演となりました。

再演を希望される声が続き、二〇〇九年の八月九日に再度、実施いたしました。能は単なる見世物ではなく、舞台と見所の人々が心を通わせ、お互いの心に貫入していくもの、こういう意味で多田富雄先生がその思いを能という形にされたことで、初演で終わる新作能が多い中、これから先も先生の平和への願いが必ずや伝承されていくものと信じています。

二〇〇九年六月には、第三作目となる「沖縄残月記」の初演を行いました。

六月二三日の慰霊の日に向けて、同じく観世流の清水寛二先生を始めとする能楽師、琉球舞踊の志田房子先生、志田真木先生、それに比嘉康春先生ほかの琉球音楽奏者により、住民を巻き込んだ第二次世界大戦の悲惨な地上戦を取り上げ、広島や長崎とともに、戦いの無い世を祈る最後の作品となりました。

能の形式を使いながら、沖縄の人々も、能楽師も、ひたすら「平和を願う」という思いで、時には原作者の先生と厳しいやり取り・確認をしながら舞台を作っていかれたのを記憶しています。

志田房子先生は、公演の舞台では当時の沖縄のことが思い出されて、涙が流れて止まらなかったとおっしゃっていました。

先生とはパソコンの人工音声を通しての会話だけになりましたが、お元気でしたらもっと自由に意見を交わしたり、お考えを伺ったりできましたのに、一番歯痒かったのは多田富雄先生だったと思います。

これが残念なことですが、作品の作舞の過程で、清水寛二先生と多田富雄先生のご自宅に伺ったりして、先生の眼差しを見ていると本当に先生は若いときからの純粋な気持を忘れることなく信条としていらしたのだと思います。

先生は私たちの心の中に生きていらっしゃる、いつまでも忘れることはありません。


（セルリアンタワー能楽堂館長）

永遠の生命の夢幻能

櫻間金記

ニコニコと少年のように笑っておられる方がそこにいらした。

「謡は声に出さず頭の中で謡って稽古しています。それがドンドン上手になっていくのです」と、全く嫌味のない自慢を愉快そうにおっしゃっておられました。

王子駅前にある北トピアで、ホール能を催すことになり、北区の文化振興財団と私達三人（観世流・浅井文義、喜多流・粟谷能夫）が同人である「三鈷の会」との仲介をして下さった地元の方のお宅での打合わせの会のあと、初めてお目にかかった時のことです。二〇年程も前のことになりましょうか。お元気な浴衣姿でした。

「水虫は薬を規則的に塗れば治ります。わたしはフランスでミッテランとの会談のときも、中断して薬を塗りました」。これまたニコヤカに話されました。

脳死の問題を取り上げた新作能「無明の井」を再演する企画があり、多田先生直々のご指名を私にいただきました。お宅へご挨拶に伺い、使用面の「淡男」を見せていただいたりで、実現へ動き出しましたが、私が前立腺がんに罹っていることがわかり、治療・手術の期間が公演日と重なって、この舞台を勤めることが出来なくなりました。先生ご自身も同じ病に冒されておられ、欠勤のお詫びの手紙の返信に、ご丁寧な書状を下さいました。このお手紙を何度も読み返すことで、病気・手術への不安が和らぎ、枕元に置くことで大きな支えとなってくれました。

「無明の井」の再演へむけてのお話の中で、ご自身の新作能が、一流・個人に限定されずに、他の流儀でも演ぜられることを望まれておられるのではないかと、拝察いたしました。とはいえ、この「無明の井」は、故橋岡久馬師の深い洞察と個性的な演技とが相俟って完成され、成功を収めた曲で、なかなかなことでは他の人が及ぶべきものではないと感じております。貴方の「無明の井」を作って下さいと、発声のキーを押されながら、私を見据えておられたお顔が、忘れられないのですが……。

先生を介護し支えておられた奥様には、外側の者がおざなりな言葉を申し上げることは、かえって失礼にあたるかと存じますが、お二人の軌跡こそが、次元をこえて語られる、永遠の生命の夢幻能ではないでしょうか。

ご冥福をお祈り申し上げます。

合掌

（能楽師シテ方金春流）

先生、新作能を

清水寛二

先生の新作能の曲目一覧を、先生のパソコンの前にて今日拝見しました。

初めの「無明の井」と未上演の「高瀬舟」を除いて全作品に関わって、「望恨歌」を観世榮夫先生がなさってからはほぼ先生の新作能公演全部に、地謡・後見・シテ・節付・演出、色々な形でこの一〇年ほど絶え間なくやってきたのだなと改めて思いました。

ありがとうございました。

昨年の今頃は、「沖縄残月記」の上演に向けて、先生となかなか厳しいメールのやり取りをしましたね。初稿をいただいて二年、私は沖縄に通い、上演台本確定に関してのたくさんの提案を、もう土壇場になってお送りしました。

そして、「怒りで体が震えた。削除！」の赤のマーキングだらけのメールを頂戴したのです。

しかし今思えば、結構採用していただいたのですね。終演後にはＯＫのサインもいただきましたし、「カンパーイ！」の発声もしていただきました。

これは、能の謡の言葉と琉球の組踊風の言葉の交る初めての能になりました。砲火で吹き飛んだ自分の子供をかき抱くところでは、私は本当に頭の中が真っ白になっていました。「芭蕉に月」の扇は、後の静かな舞のために新たに作ったものです。沖縄から参加した人たちが沖縄でぜひ再演をと言ってくれています。

「長崎の聖母」は、このところ毎年長崎原爆の日に東京や福岡で上演する機会を得てきました。今年は八月八日に長崎で上演いたします。初演の浦上天主堂には先生もお見えくださって、一番前でご覧いただきました。乙女たちの歌うグレゴリオ聖歌が身体の中まで沁みましたね。今度はその後輩たちが歌ってくれます。

そう、昨年クリスマスに長崎歴史文化博物館のエントランスで舞いました「長崎の聖母」の半能バージョン（聖歌あって後シテの登場より）も何かの機会にはよいかと思います。

同じ港町の「横浜三時空」は、オートバイの横浜ケンタウロスの皆さんが公募で題材を募集したものを先生がまとめられたのですね。防人の歌を基に物語を紡いでいく、そしてそれを舞台の上のものに現していく、その過程がとても楽しいものでした。能に多い二場の構成でなく、題名の通り三つの時空が繋がっていく不思議な興奮がありました。

アインシュタインの「一石仙人」。初演の時、私は地謡でしたが、先生の故郷の結城文化センターアクロスでの公演の時にシテを仰せつかって（この時は舞台正面に小惑星とも思える大きな岩を吊ってやりました）、それから色々な先生の新作能を舞うことになっていったのです。

世界物理年を記念しての上演の時は、舞いながら「私という生命体はビックバンから繋がっている」と思いましたし、一昨年の東寺野外能の時には、舞台の組み方にも不思議な作用があったのでしょう、「能舞台の上で能役者はただ立っているのではなく、前後左右上下すべての方向からの力の均衡の上に立っている」のだと教えられてきたことを、本当に実感しましたが、これを先生はシテに要求することとして本の中に書き込んでおかれたのですね。

しかし、これらの公演は上演に至るまで、実はいくつもの障害がありましたね。先生は口をへの字に曲げて、ねばって、いろんな方々のお力添えをいただき、遂に当日を迎え、また「カンパーイ！」

を笑顔で聞くことができました。

初めて先生に間近にお会いしたのは、やはり新作能の縁と言うのでしょうか、観世榮夫バージョン「望恨歌」の大阪公演の鏡の間でした。私は後見で、面装束をお目にかけると、颯爽とした蝶ネクタイ姿の先生はにこにことご覧になっていました。

「望恨歌」釜山公演の時は、日韓関係が微妙な時で心配しましたが、地謡を謡っていて、舞台と観客席が一体になった感覚がありました。先生は間際までいらっしゃるおつもりが、その体調のためにいらっしゃれなかったのですね。

「原爆忌」では、私は地謡でした。この上演を力強く進めた制作の荻原達子さんから受け取った榮夫先生の節付を、稽古用の本にして皆に配るために、大阪への新幹線往復で一心不乱に清書をした覚えがあります。長崎の人から原爆の慰霊の能はできませんかと言われていた私は、荻原さんと榮夫先生が先生に「広島の能を」と頼まれたとお聞きして、即先生に「長崎の能も如何ですか？」と申し上げたのでした。そして沖縄へとまたつながりました。

能でしか表せないものがあると思いますが、なかなか能にしにくいものを先生は能に仕上げてこられました。宿題だらけで困っていますが、先生の厳しいお顔とあの大きな笑顔を交互に思い浮かべて、取り組んでいきたいと思っています。

実は、去年新作オペラ「ポポイ」（間宮芳生作）に出演した折、脳梗塞で倒れた元首相役でしたが、先生の車椅子で床をけって進むやり方や、何かを指さす手、厳しいお顔から口が動いていって破顔大笑になるところなど、ふと、そのままに動いていました。

先生、ありがとうございました。

（能楽師観世流シテ方）

忍びしままに

関根祥六

しばらくの御無沙汰故に、お伺いをと思い居りました矢先きの、御訃報となりました。

永い永い御不自由なるおからだの内からの文面、御高説は、拝読する度に、感動を頂いておりました。

殊に「朝長」の「懺法」、「鸚鵡小町」の「ぞ」への御批評など、今尚忘れがたく、そして有難く思い居ります。

「関寺小町」の折でしたか、車椅子での御高覧をいただきました。その頃常に、感銘致しおりました事は、献身的な奥様のお姿で御座居ました。

また、大分以前にはなりますが、星田様の御好意により、朝比奈隆様の指揮されたオーケストラ演奏を、サントリーホールに御一緒させて頂き、種々のお話と共に楽しい夕食をさせて頂きましたこと等、忘れ難き、大切な想い出で御座居ます。

今は只々、安らかにお休みいただきますことを念じ申し上げ、ここに一筆を捧げさせていただきました。

合掌

（シテ方観世流能楽師）

書いて下さったエッセイ

野村万作

今から二〇年程以前であろうか。「橋岡久馬さんからお弟子の会で、『三番叟』を舞ってほしいと頼まれ、三人の小鼓の中に、多田富雄という先生も出られる」と倅の萬斎から聞かされた。多田先生が免疫学の偉い学者であることは知っていたが、能に興味を持ち小鼓を打たれることを聞き、少々驚いた。その後、現代の諸問題と向き合った数々の新作能を書かれ、能評やエッセイを読むにつけ、先生の詩人としての優れた観察眼に強く魅せられた。

殊に記憶にあるのは、亡き観世栄夫の舞った、「姥捨」の折のパンフレットに、先代橋岡久太郎先生の舞囃子による「姥捨」がすばらしかったと書かれた一文である。その舞台は、私も拝見し、一曲の能以上の感動をうけた。何も巧まず、淡々と月光の下で舞い遊ぶ風の名人の姿が忘れられぬ。大いにわが意をえた思いであった。

先生への親しみは増して行ったが、拝眉の折はなかった。

数年前、朝日賞を受賞したパーティーの折、その銓衡委員でいらした先生に、はじめてお目にかかった。しかし先生の方は昔から、私の舞台を観て下さっていたことをその後に知った。

私は、「万作狂言十八選」という公演をしてきたが、そのパンフレットに「野村万作、冷えたる芸」というエッセイを寄せて下さった。その中に、「五十余年、私は彼の『冷えたる』芸の成熟を見守って来た」とあって、世阿弥の言う「冷えたる芸」を若い頃の私に感じて下さっていたようである。先生の文からは、私の志向している狂言の質をよく理解して下さっている眼が感じられ、強力な味方を得た思いであった。

ＩＮＳＬＡの発足に際し、お声がかかったので、賛同者にさせて頂いた。加齢と共に、身近な狂言のことを考えるばかりで、次第に世の中の現実とのかかわりが薄れてゆく自省もあっての参加であった。四月一一日の第三回の「日本の農と食を考える」では、お世話役の笠井賢一氏から、五穀豊穣を祈念する「三番叟」を安田講堂で舞ってほしいと頼まれた。日も近づいた頃、多田先生の体調がおもわしくなく、出席出来るかが心配だと聞かされた。当日、観客席下手側前方に先生のお姿を拝見して嬉しかった。やや前下がりになっているステージをそのまま使って、老骨に鞭打って懸命に足拍子を踏んで舞った。由緒ある講堂独自の雰囲気には、新鮮さと緊張感を体感させられた。

この催しの一〇日後に先生は逝かれた。数日後に最後の著書であろう『落葉隻語――ことばのかたみ』が送られてきた。前記の私に対するエッセイも掲載されていた。「万作の『冷えたる芸』がどのように深化をもたらしてゆくか、さらに万作の『黒い翁』が、これからどんな呪力を発揮するのか、私の期待は尽きない」と締めくくられている。「黒い翁」とは「三番叟」のこと、安田講堂での催しと重なり、御縁の深さが思われてならない。

（狂言師、人間国宝）

多田富雄先生のこと

松田弘之

多田先生に初めてお会いしたのは二十数年前、故橋岡久馬師のお弟子さんの会「舞謡會《ぶようかい》」の折でした。先生はご趣味の小鼓《こつづみ》で参加されたのです。曲目は定家《ていか》の舞囃子《まいばやし》で笛は私でした。定家は難しい曲ですが、柔らかいよい調子で打たれたのを覚えています。

また能の海外公演でオランダへ出掛けた時、アムステルダムのホテルで偶然お会いしたことがありました。お元気でいらした頃で、スーツにトレードマークの棒タイのお洒落なお姿でした。いずれの時も、後に能作者としての多田先生と関わりを持つようになるとは思ってもいませんでした。

後年お会いした時は、新作能の作者としての多田富雄先生でした。御作の内「一石仙人《いっせきせんにん》」「原爆忌」「長崎の聖母」「花供養」「沖縄残月記」の初演の笛をさせて頂きました。初期の「無明《むみょう》の井」も勤めました。

長い時間の中でのことですが、お会いしてご挨拶はするものの、直接お話をすることはありませんでした。私は先生の能のテキストを読み、詩や著作を読むことで多田先生と向き合っていました。その中で分かることは、個々の能の内容は多岐に渡るものの、どの作品にも強い意志と主張が込められていることでした。

「無明の井」を通して、免疫学を研究された科学者の立場から臓器移植に反対であること。「一石仙人」では広大無辺の宇宙の摂理を、目に見える形で具現化すること。戦争を扱った三部作の「原爆忌」「長崎の聖母」「沖縄残月記」では、戦争そのものへの強い反対と、苛烈で凄惨な状況からの再生の希求を。その中で「花供養」は少し違う作品だと思います。白洲正子さんへの想いを通して、美なるものへの憧憬を椿の精霊と白洲さんとを重ね合わせて表現した、夢のあわいに遊ぶような作品でした。

どの作品もテキストに演者側から実際に謡われるものとして節が付けられ、囃子のリズムが付けられ、舞の型が付けられして行く中で作品が能として立ち上がり、その内容が色濃く現われて来ました。また或る時、病を得られた後《のち》に作られた詩の朗読の会がありました。朗読に笛とジャズのウッドベースで音を付けることとなり、その時は優れた詩人の多田先生と向き合うことになりました。

誠に残念なことですが、多田先生は逝って仕舞われました。そして、残された能を再演してよりよいものにして行くことが宿題となりました。只、殊に新作能の意義として、臓器移植のことも、戦争三部作のテーマも現在進行形であり続けています。広島にも長崎にも沖縄にも当事者や関係の人々が多く今を生きておられます。それ等の能をすることは、演者にとっても現在の問題であり、その作品自体が多田先生からの問い掛けだと思うのです。ただ能を再演するだけではなく、自身の問題として能を勤める、そのことを含んだ宿題だと思います。

（能楽森田流笛方）

桜の花びらの拾い人

真野響子

多田先生の「本を読む人」になりたいと思い始めたのはいつ頃だったか定かには思い出せない。多分第一回目の「花供養」の公演が終わった後、何かお礼に私に出来ることが無いかと考えたときに思い浮かんだのだと思う。最近の洋画に本を読む人のことが随分と出てきて、これなら私も出来そうだとひそかに考えていたのが、現実になったという感じで、先生に「私が読める、詩でも何でも良いですから、おっしゃってください」ともメールをしたのだが、具体的なお返事が返ってこない。ほかのことではやり取りがあっても、このことについては言及なさらないのだ。今思えば先生は、もう深刻になりつつあるご自分の病状にかんがみられて、そんなゆとりがおありにならなかったのだろうと思う。私の方はといえば、午後の陽だまりの中で、先生の隣で、静かに先生の選ばれた珠玉の文章の数々を朗読している自分を夢想していたのだが。

第二回目の「花供養」の公演が終わった昨年の暮、演出の笠井賢一さんが、先生のご自宅の忘年会に参加するようにお声をかけてくださった。「花供養」の出演者は全員、打合せのときにご自宅にうかがっていたのだが、私だけは都合がつかず、ずっとそれを悔やんでいた。番組で見たあのコンピュータのある、後ろに本がずらりと並んだ書斎を拝見できるかしら？ 花と苺を抱えてドキドキしながら玄関に立つ。そこは先生のお弟子さん達（といってももう大学の立派な教授方なのだが）と姪御さんやお嬢さんの子どもさんたちが、先生を囲んで和やかに大宴会の真っ最中であった。先生は一瞬私の顔を見てびっくりされたが、すぐに招き入れてくださった。私は丁度その頃ドロドロした「宿命」という連続ドラマで、かなりあくの強い役を演じていたので、この万葉時代の春の野にいるような暖かい澄んだ空気に、心を洗われる想いがした。

笠井さんと事前に申し合わせて、好きな詩を朗読することにしていた。先生が、クリスマスカード代わりに英語のメールを外国の友人の方々に送られたのを拝読させていただいていたので、一つは英詩にしようと思った。ワーズワースの「ラッパ水仙」。もう一編は先生が奥様に捧げた「いとしのアルヘンティーナ」。私は子ども時代をアメリカで過ごしたので発音だけはいい。英語でけんかできると申し上げたら、先生もご自分もそうだと自慢気におっしゃった。子どもたちが走り回り、幼児番組のビデオ音がワンワンしている中で、朗読を始める。大道芸人はこういう中で仕事をしているのだということが初めてわかる。凄い集中力。先生の気持ちになって、「アルヘンティーナ」を読み終え顔を上げると、先生を初め全員が号泣をしていた。私は泣けない、詩を伝えたかったから。表現することの原点を学んだ気がした。

先生の癌が骨髄まで転移されたと知ったとき、もう先生を見え透いたおざなりの言葉で励ますことを止めようと思った。先生がそうなさっているように、私もめそめそしないでこの現実と向き合おうと思った。先生のベッドが書斎へ移され、皆がそのために集うという日、桜の花束を抱えて再び伺った。先生に何か読んでよいかと伺うと、大きく肯かれたので、一人で書斎に上がっていって、本を漁った。「これが科学者の書斎かしら！」と奥様の式江さんがいつもおっしゃるとおり、一番手前にお能に関する本がびっしり並んでいる。その中から白洲正子さんの本を一冊手に取ると、ここを読めとばかりに「さくら」の章が目に飛び込んでくる。桜の和歌がちりばめられた晩年の白洲さんの桜の無常の美学を、つっかえながら音にしてゆく。車椅子の耳元で先生の息遣いを感じながら読む。先生のうなずきやため息が、一つ一つこちらに伝わってくる。まるで子どもに読み聞かせているような、純粋なリアクション。ああ、勇気を出して読んでよかったと思う。

次は初見ではなく練習してから読もうと思った。イタリアから帰った直後をお約束していて、あのアイスランドの火山灰で他の飛行機が飛ばなかった日、私のローマ発の日航機は一路日本を目指し、低緯度飛行で切り抜けた。おかげで賢治の「祭の晩」を携え伺うことが出来る。シシリー等で咲いていたのと同じ花の色の花束をお持ちした。先生はかなりお具合が悪く、お顔の色は陶器のようで、息をするのもお辛そうだった。私はなんだかもうお会いできただけで十分の心持になったが、恐る恐る用意したものを読んでよいか伺ってみた。かすかにうなずかれた気がしたので、読み始めた。時々先生の意識が遠くなられるのを感じたが、「セロ引きのゴーシュ」がゴーゴーとチェロの練習をしたときのようにわき目も振らず読み通した。奥様とお嬢様がベッドの横で立ったまま聞いて下さっていた。読み終えて、帰ってしまうのが心もとなくて、詩を読みましょうかというと、奥様がご自分の昔の岩波文庫の詩の本のある場所を教えてくださった。大好きな三好達治の「雪」と「甍のうへ」、堀口大学の「夕暮れのときはよいとき」の三篇を読む。帰り際に

「またお会いしましょうね、すぐに伺いますから」

と英語で申し上げると、日本語より反応なさるので、皆でにぎやかに笑ってお別れした。

それから二日後に先生は身まかられた。

私は辛くて、これを書くのにもまだ先生のメールを開けられないでいる。ようやっと自分のを開けてみたら、すっかり忘れていた先生に送った文が出てきた。良寛のことを書いている。

良寛が、桂川で入水自殺をしたと思った父親が、実は高野山に逃れたといううわさを聞いて探し回るが見つからない。あきらめて冥福を祈りながら吉野山を歩いてゆくと、金峰山寺に着き、そこの本尊「蔵王権現」が、「この吉野山を愛し、散ってゆく花びらを惜しまれて、それをお拾いになるのだ」という話を住職から聞き、中国に修行に行こうと思ったのをやめて、故郷の越後に帰り、今の良寛になる。「ふるさとの花びらを拾う、ということは、散ってゆくふるさとの人の心を拾うということだそうです。急に先生のことを思い出しました。先生は、桜の花びらの拾い人です」と締めくくっている。先生が亡くなる前に大切なかたがたの思い出話を書き始めた頃だったと思う。

先生は天国でもまだ桜の花びらを拾い続けていらっしゃるような気がする。いつか私たちに届くようにと。

（俳優）

微笑める巨人

安田 登

お宅にお邪魔すると、いつも優しい微笑みを湛えた多田先生が迎えて下さった。すぐ横には献身的な奥様の微笑みがあり、そして棚にはローマ文明遺跡の、さらにその下から出土した古い胸像が、こちらはちょっと悲しげな微笑みを浮かべて迎えてくれた。

多田先生と親しくさせていただいたのは、先生の新作能「無明の井」のアメリカ公演がきっかけだった。脳死をテーマにした異色の作品で、公演だけでなく医療関係者と多田先生との座談会もあった。シテは鬼才、橋岡久馬師。脳死と診断され、移植のために心臓を摘出された男だ。その男の亡霊が、移植を受けた女の元に訪れる。多田先生秘蔵の面をかけた久馬師が登場すると、あの世もこの世も、生死すらも超えた不思議な世界が現出する凄い作品だ。私はワキとして同行したが、パーティでも免疫のお話や現代物理学のお話など、さまざまなお話を伺った。名作「一石仙人」でもワキを勤めさせていただいた。

先生は新作能の作者としてだけでなく、小鼓もよくされ、能「蟻通」でご一緒させていただいた時には「音取置鼓」という玄人でも難しいものを、ほとんど独学で修得され演奏された。

能がきっかけでお付き合いが始まった多田先生だが、先生はいつも品のいいお姿で、そして静かに微笑まれていた。

が、晩年の多田先生は怒りの人であった。少なくとも「公」の多田先生は怒りの人であった。

鶴見和子さんとの往復書簡が始まったころ、多田先生のお宅にお邪魔する日々が始まった。お二人の往復書簡は鶴見和子さんのテープのお手紙から始まった。多田先生の傍でそのテープを聞かせていただいた。多田先生は脳梗塞でおしゃべりを奪われ、鶴見さんはそれを保持されていた。リハビリを始めた時期の違いだという。おしゃべりだけではない。鶴見さんは、多田先生に比べれば、さまざまな面でお元気だった。

が、そんな鶴見さんが急逝された。多田先生も、そして周囲の人たちも驚いた。死因は大腸癌だったが、その直前に「リハビリ医療の日数制限制度」が施行され、鶴見さんへのリハビリも打ち切られていた。直接の原因かどうかはともかく、その法律と、そしてそのような法律の成立を許す政策が鶴見さんの命をもぎ取った、そう感じた。

多田先生は「鶴見さんの死の直接の原因は癌であっても、リハビリ制限が死を早めたことは間違いない」と書かれ、そこから怒りの人としての多田先生が生まれた。決して無理をしてはいけない体に鞭打ち、精力的な執筆活動が続いた。自分がやらなければ誰がやるという怒りの執筆だ。

「自分はこんな体だから、何を書いても文句をいう人はいない」そうおっしゃっていた。

「命を削って書いている」そうもおっしゃっていた。

後期高齢者問題も新たな怒りを生んだ。働ける人だけが偉い、そういう風潮に世間がなっていく中、怒りの執筆は驚くべきスピードで進められ、そして先生の身は確実に削られていった。ローマ文明に滅ぼされた文明の胸像を先生が愛されていたように、大きなモノの下に踏みつけられるものを先生を愛し、それを踏みつける大きなモノに対しては強い怒りを感じ、果敢に戦いを挑まれた。

そのころの文章には鬼気迫るものがある。非・医療関係者をも驚かせた『免疫の意味論』や、白洲正子さんに「この本で死が怖くなくなった」と言わしめた『生命の意味論』での多田先生とは全く違う多田先生がそこにはいた。

しかし、そんなときでも公を離れた「私」の多田先生は微笑みの人であり、奥様や胸像とともに静かに微笑まれていた。

先生の詩を子どもたちとの朗読に使わせていただくことがある。先生にその許可をいただくためにお話ししたら、やはり静かに微笑まれてご快諾いただいた。

「新しい赦しの国」だ。

飢えても喰うことができず、水を飲んでもただ噎《む》せるばかり。乾燥した舌を動かし語ろうとした言葉は自分ですら分からず、新しい言語で喋っていた老人は、杖にすがって見知らぬ土地を歩き回る。そして、懐かしい既視感の中でやっと見つけたのは「新しい赦しの国」だった。

老人が海鳥の声で預言者の言葉を呟く。それは音声言語を失った多田先生の発する新たな声であり、新たな言葉だろう。その言葉で呟かれるのは「赦し」の言葉だ。以前の言語で話していた時には赦せなかったことを、新たな言語で語ることによって赦そうというのだ。

おれは新しい言語で
新しい土地のことを語ろう
昔赦せなかったことを
百万遍でも赦そう

「昔赦せなかったことを、百万遍でも赦そう」

この詩に、朗読する子どもたちも涙することがある。もしいま自分から言語が奪われてしまったら何が一番悲しいか。子どもたちはさまざまなことを考える。が、ちょっとしたことで怒ったために仲たがいした相手に対し、赦しの言葉を一生かけることができなくなる、それが一番悲しいのではないかとこの詩から思う子がいる。そして仲直りをしたりする。

多田先生の怒りの文章の中には、常にこの「赦し」をも読むことができる。そして、その底には静かな微笑みを感じることができる。

多田先生のお写真で思い出すのは大島紬を召されて腕組みをされているお写真だ。もったいないことに、この大島紬を頂戴した。形見の衣を身に触れれば移り舞をなすという。弱きを踏みつけるものに対する怒りと、そして赦しと微笑みを兼ね備える、そんな先生の大きさが菲才の私にほんの少しでも移ってくれればと思って大島を身に纏う。

（下掛宝生流能楽師）

能楽界への遺言

柳沢新治

NHKで能楽番組のディレクターをつとめていた時分、橋岡久馬師から、多田富雄先生の新作能「無明の井」をやることになった、と聞いた。橋岡師は、毀誉褒貶はなはだしいというか、高く評価する人とまったく否定する人がいる、独特の味をもつ名手で、その舞台は目の離せない魅力があり、それまでに「鵜飼」「邯鄲」をテレビ放送していた。その橋岡師初の新作能、しかも心臓移植がテーマとなれば興味津々、世間の関心もあつまり話題になるだろうから番組の宣伝になるという計算もあり、公演を録画、放送することを決めた。そして東大の多田先生の研究室にご挨拶にうかがったのである。

言ってみれば海のものとも山のものともつかない新作、台本を見ただけで放送しようと決めたのだから責任は重い。平成三（一九九一）年二月、初演の録画にあたっているときに報道局の社会部と文化部の記者から取材をうけ、映像を提供することができ、結果として十分な成果を挙げた。先生と橋岡師のお陰であった。

先生はその後いくつもの新作能をお書きになったが、テーマの斬新さ、現代性がすばらしい。「望恨歌」「長崎の聖母」「原爆忌」、みな問題意識が根底にある作品であり、「一石仙人」ではアインシュタインを念頭に能の表現の極地に挑まれた。しかし私には処女作である「無明の井」の印象が強い。古代中国のある土地で、伝説的な名医・扁鵲が、有力者の心臓に欠陥を持つ娘のために、たまたま舟が難破して漂着した仮死状態の若者の心臓を取って移植する。当時の世間をさわがせた問題が正面から取り上げられているのだ。さらに驚くのは、心臓を移植された側の娘の、他人の命によって生かされたことへの苦悩も描いていることである。

と、ここまで書いてきて、愕然とした。「無明の井」の主人公と、病に倒れられてからの先生とが、重なって見えた。能の後半で、亡霊となって現れた男は、意識があるのに心臓を取られたときのおそろしさを〝身は縛られて、叫べど声の出でばこそ〟と悲痛に訴える。多田先生も、声にならない苦痛に身をよじって耐えたことを書いておられる。まさかご自身の将来を予測されていたとは思えないが、恐ろしい一致ではないか。

能では〝なふ我は生き人か死に人か〟とつづくのだが、先生は〝死に人〟にはならなかった。むしろ我々の何倍もの濃縮された生を全うされた。その強烈な意志とご努力には唯々頭が下がる。

今、先生が愛された能の世界は、先細りが案じられている。時代の変化は早い。どのように対処するのか、先生は一つの回答を出しておられたのだ。つまり、手法は伝統に立脚した古典的なものでありながら、内容的には現代的な主題に挑む新作を作ってゆくことである。この方向を進め、再演・三演される作品を生み出してほしい、伝統に安住するな。それが先生の能楽界への遺言だったのではなかろうか。

（能楽ジャーナリスト、元ＮＨＫディレクター）

人文学・社会科学と芸術

多田富雄先生にお詫び

有馬稲子

あれだけお書きになったものに教えを受けながら、遂に謦咳に接することが叶わなかった先生が、最後に残された『落葉隻語』が目の前にあります。

その中に、もしお目にかかっていたら「有馬さん、それはいけない。その悪癖が人間の体をだめにしたんですよ」と厳しく叱られそうな章があります。タイトルは「賞味期限に頼らぬ知恵」、その一節に「近頃、日本人には過剰な無菌志向がある。もともと私たちの周囲は黴菌だらけである。黴や細菌、総称として黴菌と人類は共存しながら進化してきた……」、ところが社会全体が極端な清潔志向になってその共存関係が崩れたというわけです、まさに先生のご専門の人間の免疫という精妙なシステムに関わることが書かれています。

何を隠そう、実はこの私こそがこの極端な無菌志向の当人だったのです。指頭消毒器というものをご存知でしょうか。昔お医者さまが往診にこられた時など目にしたピカピカ光るあの金属の容器のことで、エタノールにひたした脱脂綿が詰められていて、指先など滅菌なさるのを見ると、子供心にうわっすごいと感心したりしたものです。

そして何と女優の仕事をするようになってから、あの容器をいつも持ち歩くようになったのです。いまはどこの劇場も美しく清潔になりましたが、当時は舞台裏とか楽屋というのは、何となく不潔な雰囲気の漂う場所でした。私は、まずこの指頭消毒器から脱脂綿をとりだし、鏡の前や椅子や、ドアのノブまで、ていねいに拭いて回りました。そうしないと、落ち着けないのです。まさに「過剰な無菌志向」そのもの、先生がご覧になると、何と愚かなとお思いになったでしょうね。この〝悪癖〟が嵩じて、下田の別荘に行った時などは、エタノールを一ビン空にして台所からお風呂場まで拭いて回るようになりました。

日本の食文化には発酵食品という伝統があり、人の体は微生物と見事な調和を保って生きてきたのだ、いわば人間の命はそうした目に見えないものの命で生かされていると、やはり先生のご本で教わって、ようやくこの悪癖に終止符を打つことができました。それでもいまも消毒用のウエットティッシュは数多く持ち歩いていて、笑われています。

そして章のタイトル通り、過剰な賞味期限の重視にも触れられています。期限を過ぎたからと、大量の食品を捨てて資源の無駄を生んでいる、本当に危険な「消費期限」を表示して、後は消費者に任せることが本当の「食育」ではないかと。私などの年代になると、これはまったくその通りと思ってしまいます。

これは私が思うことですが、ペットブームということで、家の中で動物たちと暮らす習慣が増えています。ペットショップで驚くのは、イヌたちを清潔にするための何と多くの商品が売り出されていることか、毛を清潔にして、ノミがつかないようにして、あろうことかオシッコの匂いを消すエサとか、ペットの年齢に応じた糖尿病対策のエサとか、人間に迷惑をかけないためのさまざまなものが売られています。こうした過剰なペットの清潔健康志向も、決して動物の幸せにつながるものとは思えません。「安全」という言葉は水戸黄門の印籠のような働きがあります。それを見せられると誰も正面を切って反対できなくなる、そのためらいを衝いて安全のためのムダが罷り通る。かつて多田先生の教えに背いていただけに、私は余計に先生の心配が身にしみる気がするのです。黴菌でもウィルスでも食品の味覚の変化でも、自分の目で見えないことになると、人間はどこまででも極端になれます。若い世代にも、電車の吊り革が握れない人が増えているといいます。そうした極端に走ることを防ぐのが「知恵」というもので、知恵は人間の目に見えない世界のことまで教えてくれる、先生の文章にはいつもその教えがありました。

『落葉隻語』のあとがきに、涙が止まらなくなりました。最後の原稿をお書きのころに車椅子を押していると、胸に激痛が走り、ぽきりと音がしたそうです、鎖骨の骨折、がんの転移が骨を傷めていたわけです。パソコンで一文字ずつ書かれる先生にとって、骨折というのは、筆を折るのに等しい……その最後の衝撃を乗り越えるために、先生は最後の勇気をふりしぼられたのでしょう。そしてやはり最後は先生の勝ちだった、この本を読むと、それが確信できます。

お目にかかって、お話をお聞きできなかったことが、かえすがえすも残念です。

（女優）

同人雑誌の思い出

安藤元雄

私たちの小さな同人雑誌『pureté』は、たった三二ページ立ての季刊誌として、一九五四年五月に創刊された。創刊時の同人は一二人。ほとんどが文科系や美術系の学生だった。ただ一人、千葉大学医学部にいた多田富雄が異色と言えば異色だったが、文学という一点にかけて集まったつもりの私たちは、表向き誰がどこに籍をおいているかなどということはあまり気にかけなかった。この雑誌の相談のために集まったときが、多田との初対面である。誰が引き合わせてくれたのかはおぼえていない。もしかすると、二人にとって共通の友人だった、私の同窓生、川村知也が仲立ちしてくれたのかも知れない。

発行所は港区の芝白金台町に置いたが、これは私の生家の住所である。創刊号を編集したのは私で、その年九月に出た第二号の編集は多田富雄、一二月の第三号は手塚久子の編集となっている。どうやら回り持ちだったようだ。創刊同人にはほかに、私から見て高校時代の同窓で、慶應の英文科にいた江頭淳夫（江藤淳）が加わっていた。彼はその後も、同人の名簿が手薄になると、慶應から幾人かの仲間を誘って来てくれた。学生たちが乏しい小遣いを持ち寄って雑誌を出すには、どうしても一定の人数が必要だったからだ。

誌名のフランス語は「純粋」というほどの意味だが、当時の私たちは皆、自分たちこそ純粋に文学に取り組んでいると自負していた。しかし pureté という言葉には、どうも何だか痩せた、ひとりよがりのニュアンスがあって、もう少し清濁併せ飲む気構えが欲しかったから、五五年六月の第四号以後は『位置』と改題して続けた。

多田富雄はこの雑誌の創刊号に「プレリュード1」「プレリュード2」という二篇の連作詩を載せ、第二号にも「プレリュード3」「プレリュード4」の二篇のほかに、「呪術の終焉」という、いささか大上段のエッセーを書いている。「プレリュード」の連作には、当時詩を志す者のバイブルだったT・S・エリオットの影が濃く落ちているが、エッセーの方では、これもそのせいか、芸術における「戒律的態度」の重要性を主張し、「鎌倉時代の芸術特に能に端的に示されるのは、この戒律的傾向であった。吾々が能の中に見出す喜びは、生命の如実な流動感ではなく、むしろ吾々の生命を抑圧する硬い死んだ固定した形骸の美しさである」と書く。のちに新作能に腕をふるった多田が、学生時代からすでに能の美学に言及していたことは興味深い。

雑誌が出るたびに、私たちは新宿の喫茶店「風月」に集まって、合評会を開いた。だが、この多田の、時代やジャンルを縦横無尽に見渡したエッセーは、合評会で一同から賞賛を浴びたものの、内容的によくフォローされたとは思えない。浮いてしまっていた、というのではないが、必ずしも全員の関心が合致しなかった、ということになるのかも知れない。

多田富雄の名前は、一九五五年九月の第五号ではまだ『位置』の同人名簿に載っているが、その年の一二月の第六号からは消えている。つまり退会したわけだ。たった一年半ほどのつきあいだったが、このとき同人間に何らかの意見対立や行き違いがあったのかどうか、私には記憶がない。少なくとも喧嘩別れだの決別だのといった、劇的な出来事は何もなかった。彼の方から、彼以外の私たちに対して何となく不満が溜まっていたといったようなことは、もしかするとなかったとも言えないが、そのあたりは私にはわからないし、あったとしても確証はない。離合集散もまた、こうした小さな同人雑誌の常であり、それほどの人数でもない同人名簿がいつもかなり激しく変動している。江藤淳もやがて退会し、もっと大きな場所で活躍した(ずっとあとになって江藤が自決したのち、多田はそんな江藤の行動や心理について、いかにも医学者らしい、しかし共感をこめた文章を書いて、随筆集に収めた)。残ったメンバーはとにかく雑誌を維持するのに手いっぱいとなり、それでも一九六一年の第二一号まで刊行を続けた。

このときの多田富雄との離別が必ずしも仲たがいではなかったことには証拠がある。一九五八年の三月に、多田はこれまでとはまったく別の同人を集めて『メタフィジック詩』という名の、大きさも体裁も『位置』とそっくりの雑誌を創刊した。そしてその創刊号のために、かつての『位置』の同人の中ではただ一人、私にも詩を寄稿するよう求めて来て、私はそれに応じた。この雑誌は私の手元には第二号までしかないので、そのあとどこまで続いたかは確認できないが、この創刊号と第二号との巻頭には「メタフィジックへの試み」と題する文章が連載され、筆者名は「メタフィジック詩同人」となっているけれども、明らかに多田の筆になるものだ。このマニフェストは、正直のところ私にはよくわからなかった。何か不必要に政治がかった衝動から書かれたように見えた。作品を書くのに何らかの言挙げが必要だという気持は、私にはない。しかし私は寄稿者として、こうして声をかけてくれる旧友の態度を嬉しいと思い、自分の寄せた詩がそれにふさわしいものとなっているかどうかだけが気がかりだった。

（詩人、明治大学名誉教授）

「点睛塾」塾長としての多田富雄先生

井澤豊隆

ここに、一冊のレポートがあります。

一九九九（平成一一）年八月一〇日に開催した「点睛塾・開塾十周年記念講演録」です。中身は、「地方文化と新しい文化の創造」と題して行われた多田先生の基調講演、そして「日米の教育事情」というテーマで交わされた、石坂公成先生と多田富雄先生の〝師弟対談〟を記録にまとめたものです。免疫学の世界的権威のお二人による、公の場での対談は、おそらく初めてのことであり、その後もなかったかもしれません。参加者五十余名のまさに寺子屋塾といえる密な集まりを通し、おおよそ一〇年間、地方の文化創造に、多田先生は深く関わってくださいました。

「点睛塾」は、山形県の日本海側の「庄内」と呼ばれる地にある、いわば「異業種交流勉強会」です。酒田市在住の医師・水戸部勝幸さんと、夫人でフリーランスライター・水戸部浩子さんご夫妻が主宰

「点睛塾」開塾10周年記念、石坂公成先生との師弟対談が実現（1999年8月10日。提供＝井澤豊隆氏）

され、山形県が主催していた「青年洋上大学」という船上交流事業で浩子さんと出会った面々が中核のメンバーとなり、九〇年に結成されたものでした。

多田先生が、東京大学医学部教授をされていた時代、あるご縁から、この塾の塾長に就任いただけるという幸運に恵まれ、九二年頃から、幾度となく庄内を訪れていただき、この寺子屋風の塾を開催することができました。講師には、多田先生はじめ、芥川賞作家の古山高麗雄先生、直木賞作家の胡桃沢耕史先生、朝日新聞政治部長の羽原清雅先生（現帝京平成大学教授）といった各界一流の方々を迎えることができました。毎回の塾は、夕方から始まり、第一部ではゲストの講師の方からお話をいただき、第二

部では、山形・庄内の郷土料理（藤沢周平氏の小説ゆかりの海坂膳もある鶴岡三瀬の旅館・坂本屋さんのご協力）を囲み、地酒を酌み交わしながら、参加者どうしが交流する、といった二部構成の内容で進められました。この塾が活発に活動していた時期は、九〇年から一〇年余りの間でありましたが、記録では、その間、多田先生には少なくとも六回も講師をおつとめくださいました。そのほとんどの回で、ご夫人の式江さんも同伴され、しかも手弁当でご出席いただきました。講師も多彩でありましたが、参加者の顔ぶれも多士済々で、毎回欠かさずご支援くださった富塚陽一鶴岡市長さんはじめ、地元の加藤寛英平田町長さん（いずれも当時）ほか、病院長、医師会、歯科医師会の方々、新聞記者、会社社長、会社員、主婦、行政職員など、職業も年齢も幅広く、しかも多田先生のお話が伺えるとあって、金沢や新潟、東京、宮城など、県外からも多くの方々が酒田市（旧平田町）の古民家に集いました。夜遅くまで、楽しく語り明かし、飲み明かしたことが昨日のことのように思い出されます。

多田先生に塾長に就任いただいた当初、塾の会場となる古民家の前に「点睛の家」という看板を掲げようという話になり、多田先生に無理を承知で恐る恐る揮毫のお願いをしたところ、快くお引き受けいただくことになりました。お忙しいであろう多田先生がお受けくださったことは驚きでしたが、戴いた「書」は、まさに多田先生の芸術文化に対する造詣の奥深さがにじみ出て、また、塾に対しての思い入れと先生のあたたかなお人柄が感じられる、風格のある字そのものでした。この書をもとに、塾の建物の前に、多田先生の署名入りの看板を立てることが叶ったことは何よりでした。

先生が、その後、幾度も庄内を訪れてくださることになったのも、山形や庄内、そして塾の雰囲気をたいへん気に入ってくださったことが大きかったのかもしれませんが、あるいは、もしかして、この看板のお蔭だったのかもしれません。『日経新聞』のエッセイでも九五年九月に「点睛の家」という題でご紹介して下さっております。多田先生ご自身が、ペンでも細筆でもなく、太い「毛筆」にて書かれたものは、この世に数多くはないのではないかと思いますが、その意味で、この書の原本は貴重なものであり、まさに宝物です。

残念ながら多田先生が病に倒れられた後は、なかなか塾を開催できずにおりましたが、講演の記録集や塾発行の新聞、写真、ビデオなどを通し活動をふり返ることができ、これらは塾の財産となっています。多田先生と一緒に過ごすことができた時間は、まさに夢のような時間でありましたが、実に大きな存在の先生であり、私たちには、とても印象的な数多くのメッセージを残してくださいました。今思いますと、多田先生のような偉大な方を塾長としてお迎えできたことは、奇蹟としかいいようがありません。先生が、山形を庄内を、とても愛してくださったことをとても誇りに思っております。最後になりますが、塾主宰の水戸部浩子さんが、今年二月、病に起因する事故で旅立たれてしまいました。主宰者と塾長を立て続けに失い、言葉もありません。

しかしながら、人間としての魅力に満ち溢れた多田富雄先生とともに過ごし、交流させていただいた思い出と、先生にいただいた数多くの教えを胸に刻んでまいりたいと思っております。

塾長多田富雄先生に心より感謝申し上げ、そして哀悼の意を捧げ思い出の記とさせていただきます。

（「点睛塾」事務局長）

変人の出会い

石井髙

多田先生は二〇〇〇年九月四日にクレモナにいらした。免疫学の世界的な権威の先生が、ヴァイオリン作りがごとき者に会いにはるばるイタリアの田舎にいらしたのは、そこに変人が住んでいるという間違った情報を信じたからで、先生も変人と言えないこともない。

ぼくは仕事中で散らかったままの状態で先生ご一行を迎えた。先生が中に入ってすぐの一声は「オー!」だった。それをぼくは、初めて不思議な素晴らしい世界に入り込んだ感嘆の声と解釈した。仕事台の上には、作り始めたばかりの荒削りのヴァイオリンがおいてあった。当然、カンナ削りの木っ端が散らかっていた。

ヴァイオリンの表板にあたるモミ材はすでに三〇年以上の材料で貴重品ではあるが、そのモミの木の素晴らしい削り具合を先生に試してもらうことにした。二〇ミリある厚みを最終的には五ミリにしていくのだが、ヴァイオリンには全くの素人である先生がどう間違っても、削りすぎて向こう側まで突き抜ける心配はないと思ったからである。この工程はヴァイオリン製作でもっとも重要で、この削り具合で材料の性格がわかる。ヴァイオリンの最終的な厚みをきめるのはコンピューターではなくこの手応えの経験である。良い音を出すか出さないかはここにある。だから材料と話をしながらやる楽しい作業でもある。本来ならぼくは弟子にも決してやらせない。だが先生にはひとまず特別な弟子になっていただき、削ってもらうことにしたのである。

先生は、怖いと言いながら豆カンナを動かしていたのだが、怖かったのはこちらである。ところがどうしたわけか、先生は非常に素人ばなれした手の動かし方をなさった。スムーズに削っているではないか。なんでも出来る天才的な人だなと思ったのが実感であった。

このヴァイオリンはその年の年末には仕上がって、今広島のオーケストラで弾かれている。完成したヴァイオリンには胴体に作家の名前を入れるのだが、「石井髙」の名前の脇に「多田富雄の協力による」と入れたら、広島には大いに関係のある先生はお喜びになったかも知れない。

しばらくぼくの仕事場で楽しんでから、市庁舎にストラディバリなどの名器を見学に出かけた。「ヴァイオリンの間」にはストラディバリを始めグァルネリ、アンドレア・アマティなど一〇台ほどの名器が陳列してある。先生には、広く伝えられている説明を超えて、ぼくのこれまでの自分なりに解釈した説をご披露した。かなり独断的ではあったが、それを先生は非常によろこばれた。あれから一〇年経って資料も大体揃った。あのときの思い切った独断に自信がつき、そろそろ公表するつもりでいる。

昼食にはクレモナ地方料理の居酒屋に行った。当然のことながら地元の赤、白のワインでの乾杯であった。先生はかなりの酒豪であられるとのこと、こちらもそれに近かったので大いに話が弾んだ。免疫学は門外漢だが、ぼくの実生活についてのくだらない質問にお答えしていただいた。それは納豆が大好きなぼくにとって重要なことであった。納豆は大体納豆菌に侵され腐っているようなものだ。その納豆を冷蔵庫に六ヶ月入れて完全に腐ってしまったのを食べても、ぼくが病気にならないのは免疫のおかげかという、免疫の権威にお聞きするような質問ではないのだったが、貧乏で何でも食べるぼくには免疫があり、たとえガンジスの水を飲んでも大丈夫だろうという結論でしめくくっていただいたのである。

　ところでぼくは冒頭に先生と初めてお会いした日時を書いた。忘れられない日だったからである。先生がクレモナにいらっしゃる一ヶ月前、ぼくはイタリア人と実にばかばかしい賭けをした。ダンテ通りからクレモナ公園に行くまで三〇〇メートルの間には四軒の Caffe bar がある。今前を歩いている若い美女が、公園までの間に誰か男にコーヒーを誘われるかどうか賭けたのである。ぼくは負けて、その美女をも誘い友人にもコーヒーをおごったうえ、今後一ヶ月間、九月五日の誕生日まで髭をそらないことにされたのであった。そういうまことにむさ苦しい状態で多田先生にお会いしたのであったが、まさか先生は今賭けの最中だとは思っていらっしゃらなかっただろう。

　先生は日本での再会の堅い約束をして、クレモナ駅のホームをミラノに向かって発たれた。髭面のぼくはホームに残った。翌日五七歳の誕生日をまって早速床屋に飛び込んだ。先生はいまだに石井はむさ苦しい変人と思っておられるであろう。

心残りは日本に行っても一度も先生のお見舞いに伺えなかったことである。偶然見たNHKの放送の中で、奥様にウィスキーをねだる場面があった。ほんのちょっとと言って親指と人差し指でこのぐらいとおっしゃっている。先生の貴重品はジョニーウォーカーの赤ラベルだった。お宅にはすっきり髭を剃っていい男になったぼくがオールドパーを持ってご自宅を訪問すると言うのが、ぼくの計画した筋書きであった。

巨星が亡くなったいま奥様の献身的な愛情あふれるご介護に頭が下がる思いであるとともに、ずっと先生のお姿をライカの目で追いながら、先生のご回復を願い逐一病状を知らせてくれた宮田均ご夫妻のご努力と、日本の変人・多田富雄、イタリアの変人・石井高を結びつけてくれた二人に、心からのお礼を申しあげる次第だ。

遠くクレモナから先生のご冥福を心からお祈りする。合掌。

（ヴァイオリン製作家、マエストロ・リュータイオ）

多田富雄先生——平和を求める声

パティ・クリスティーナ・ウィリス

私が初めて日本を訪れたのは、二七年前の夏の盛りだった。成田から金沢に向かう列車は、木々の鬱蒼とした丘や山々をぬけて、そして収穫のせまった田んぼの中を通り過ぎていった。おとぎ話の大好きな私は、木々や田畑のなかに隠れて踊っている物語に思いを巡らせた。寺の庭園のあちこちで歌っている蝉たちのコーラス、それは彼らがお互いに交換するメッセージなのだろうか？　漢字で覆われた看板はなんの広告なのだろうか？　まだ字の読めなかったころにみた絵本のイラストのように、私にとってまだ判読不能なこの新世界は、想像力によって到達しうるあらゆる可能性に満ちていた。

この〝知らない〟ことによる可能性に満ちた長い期間のはじめは、石川県立能楽堂で行われた私にとって初めての能の鑑賞であった。きれいにつめられたお弁当を食べているお年寄りたちに混じって座って、私は夢中で舞台を見た。家の形をした屋根のもと、磨かれた木の床の上を登場人物たちが滑るように動く音に耳を傾けるとともに、また同時に彼らの足が床を踏み鳴らすことで大きく響き渡る音が出ることも知った。時に彼らは踊り、そして低く太い歌声は、役者たちの足下深い地球の内部から湧き上がり、彼らの体を駆けぬけ、舞台を超えて宇宙へと解き放たれているように思えた。能の世界は、時間と場所の両方に広がる神聖な世界のようであった。「橋懸り」は変化の場所であり、海底を泳ぎ回る魚たちの道や流れを包み込む海のように、時間と場の両方を内包する流動的な空間であった。

多田富雄先生は、私が知覚的、感覚的にとらえてきた日本文化という複雑な世界を自ら体現する人だった。彼は、時間と場所、サイエンスとアート——それらは橋をかけなければならないような切り離された存在ではなく、それらすべてが全体の一部であるかのようだ——を旅するまるで能楽師のような旅人だった。彼の目は多くの世界の言葉を理解するとともに、彼の精神は、その素晴らしい見識を、彼の能や研究生活そしてこれまでの人生の中で表現してきた統合されたヴィジョンの中に持ち込むことを可能にしていた。科学者が伝統的、代替的、補完的、統合的な医学にその心を閉ざそうとしていた時、多田先生は彼らに"epimedicine"に向かうように熱心に説いた。ギリシャ語の接頭語"epi"つまり英語の"upon""over"を使うことで、治癒というものをもっと大局的に見るように、熱心に顕微鏡をのぞくと同時に顔を上げて宇宙を見上げ、夜空の美しさを感じるようにと我々をいざなってきた。

一石仙人（日本の賢人の格好をしたアインシュタイン）という人物を通して、多田先生は我々に、光の速さで飛ぶものにとって時間は遅く、星の流れる砂漠で休息するものにとって時間は速いことを諭した。この素晴らしい能の演目の中で、羊飼いの老人は宇宙の心理を求めて旅する女に、光が曲げられ時間が歪む世界があることを見せている。彼は日食を晴らし、砂嵐に乗って消え去る。しかし、現実は個人的な体験、壊滅的な被害を受けた広島の悲しい歴史に基づいている。日本の賢人の格好をしたアインシュタインを通して、多田先生は西洋と東洋を、科学とアートを一つにした。そして最後にもう一度、賢人を通して多田先生は我々に「我々の知識を戦争に使ってはならない」という一つのメッセージを残した。

今、彼は賢人として橋懸りを渡り、我々の前から去って幕の向こう側へといってしまった。幕の向こうへと去った後、空中へと舞い上がり、一石仙人と共に空高く飛び立っていってしまったのだろうか。宇宙は我々に友のヴィジョンを思い起こさせるだろうか。彼の声はいまだに、平和への道を歩いていくように我々と世界全体に呼びかけてくれている。

（作家）

（原田洋介訳）

ほほえみとともに……

緒方真理子

新作能「無明の井」を紹介するポスターを初めて見たのはどこでだったか、今では、もう思い出せないのですが……千駄ヶ谷の能楽堂だったでしょうか？　「脳死と臓器移植」をテーマとするこの作品はどのように創られているのか、舞台を観たいと思い、是非、作者にお目にかかりたい、と、願っていました。

原作者、多田富雄先生にお目にかかれたのは、一九九一年の九月。私どもで発行している月刊誌『あけぼの』一一月号での対談に初めてご登場いただいたときでした。精神科医であり作家である加賀乙彦氏の連載対談「日本の知識人と宗教」へのご出席で、テーマは「生命の本質を探りながら」。お二人の間で「人間」を深くえぐる対話が展開されました。

このときのちょっとしたおしゃべりで私の緊張が一度に解けました。先生は笑顔でおっしゃいました。〝人間の体にはたくさんの臓器があります。このどれ一つ、どんなに小さなものであっても、自分の具合が悪くなったから他人のものと取り替えようとしても、体内に入れたら必ず元の体は入れたくない、と、抗体反応を起こすんですよ。この反応は見事です。家内はプロテスタントですが、ぼくはノンクリスチャン。でもこれをみると神様は一人一人完璧に固有にその人全体を準備されたと思わざるを得ないですね〟。免疫学の専門家から非常にわかりやすく大切なポイントをいただき、このポイントとともにやわらかな笑顔がずっと心に残りました。

お倒れになられてからも新作能を書き続けられましたが、「長崎の聖母」を準備されているときに機会があり、ほんの少しかかわらせていただきました。長崎は私が学生時代を過ごしたところです。先生が舞台にされた浦上には毎朝ミサに通い、在学した学校は原爆で大きな被害を受け、多くの犠牲者を出していました。正門を入ったすぐ左に美しい慈悲の聖母像があり、犠牲になった女学生、先生、シスター方の名前と、永井隆博士の燔祭の言葉が掲げられていました。純心聖母会のシスターで長崎純心大学のシスター片岡千鶴子学長を先生にご紹介し、キリシタン研究家でもあるシスターから資料を提供していただき、また長崎初演では浦上カトリック教会での公演が実現しました。

打ち合わせの席にたまたま居合わせたとき、後シテのベールの色が、先生のイメージされていた色と違ったようで、それ以外にもお考えと違うと、機械の助けを借りながらもビシビシと指示を出されていて、「原作者の厳しさ」をかいま見させていただきました。

『あけぼの』への執筆は二〇〇四年一一月号の原稿が最後でした。「生と死――大いなるいのちの流れのなかで」という特集テーマのなかでのご執筆をお願いし、自分に向き合う非常に苦しいときだった、という言葉とともに原稿を頂戴しました。多方面にわたって専門家でいらした多田先生の業績やお働きは、福祉も含めた各分野の研究などに大きな意味と影響を与え続けていて、まだまだご発言を続けていただきたかったと切に思います。

今年の二月、作家の木崎さと子氏とご自宅を訪問させていただきました。検査結果が思わしくなく、落ち込んでいるんですよ、とそばについていらっしゃる奥様がおっしゃり、先生の発言も若干トーンの弱さを感じざるを得なかったのですが、お話しするうちにやがていつもの笑顔が浮かんできました。

最初にお目にかかったときにうかがった〈一人一人、固有にいただいた「生」〉を生きること……いつのときもダンディでユーモアに満ちていらした多田先生の存在そのものが「人生を生きること」を、今も笑顔で示してくださっているように思います。

（聖パウロ女子修道会会員、月刊誌『あけぼの』編集長）

多田富雄さんの思い出

加賀乙彦

一九八〇年ごろ、多田富雄さんは免疫学者として著名な人であり、免疫学の講演を二度ばかり聴いたことがある。論旨は明快だが、とにかくT細胞の詳細な作用がむつかしくて、全部を理解したとは言えない。ただ、多田さんが免疫というのは個体にそなわっている自立機能であり、他者と自分とを区別する、もっとも重要な作用だと強調されたのは鮮明に覚えている。人間のほかあらゆる生命体が自分を他と区別するものが免疫だというのだ。当時は心臓移植は是か否かの議論が数多くおこなわれ、移植をしたとき、個と個とがおたがいに反発する現象をどう解決するかが、大問題であった。多田さんは移植反対派で、生体の手術に対して拒絶反応がおこるのを、免疫学の立場から批判していた。新作能の「望恨歌」なども、移植反対の立場から書かれたと私は思っている。

多田さんが小鼓を打ち、能に深くその演能の呼吸まで知りつくして、新作能を書いていたころ、私も、「高山右近」を書いて上演を始めていた。もちろん、多田さんに招待状を出して、彼はわざわざ観にきてくれた。しかし、新作能と言っても多田さんのは古典的なお囃子や舞を用い、私のは、西洋音楽とお囃子とを融合させ、衣装も新しくして、能管も節回しを変えるというので、作風はまるで違っていた。しかし、多田さんの、免疫学と能の領域にまたがる活躍ぶりには、精神医学者で能に関心を持つという姿勢の私は共感し、またその新作能のたしかな出来ばえに感心し、尊敬の念を覚えていた。多田さんが脳梗塞の発作に襲われたと新聞で知って非常に驚き、心配し、また日本の免疫学と新作能の世界での大きな損失だと思った。

多田さんが病に倒れたときの詳細と、その後の苦闘は『寡黙なる巨人』に書かれていて、その復活にいたる道筋に私は目を見張った。これまでの新作能に加えて、詩や評論や随筆の文章が、洗練されて力強くなってきたのに、私は驚きとともに、そこまでに到達する気力の強さに感嘆した。

発作がおきたのは、二〇〇二年五月、金沢においてであった。右半身の麻痺とともに声を失い、物を飲み込むことができないので、持続点滴によって栄養を補給した。やっと少しジュースを飲めるようになったのは三ヵ月ほど経ったときであった。やがてリハビリによって少し歩けるようになるまでの、不安と絶望と、みずからのそういう負の精神に反発する生命力との闘争は、まさに壮絶ないとなみであった。自分の体が自分の思い通りにうごかない巨人のように思えたと著者は感じている。

ところで、病に侵される前に書いた著書『懐かしい日々の想い』には、医学者でありながら文学に関心を持った経緯が書かれていて、多田文学の源泉を知ることができる。青春の友人たちは、江藤淳、安藤元雄、愛読書は小林秀雄、とくに『無常という事』がバイブルだった。これに続いて富永太郎、中原中也、中村雄二郎。

彼が情熱をこめて読むのは詩だ。私とは文学と言っても趣味が違う。詩は並列である。沢山の詩が大小さまざまに並んでいる。小説は織物である。縦糸横糸が切れずにどこまでも続いている。物語の構成は、二〇世紀になって精緻になって、無限に続くようになった。が、あとに来た私の小説など、とんでもない代物である。

脳梗塞になってからの多田富雄の活躍はめざましい。新作能を書く。詩を作る。数々の随筆をものしていく。それまで免疫学者としての研究のかたわらしていたことどもが、今度は本業になったような活躍ぶりである。

そういうふうに本業が文学に入れ代わった彼の態度を、読者として追っていきながら、科学者が文学者に変身してくる迫力に、とくに体が不自由で「トーキングマシン」で他人と会話をし、わずかに動く指で文章を書いていく熱意に、私は感銘を受けてきたのだ。ふつうこのような身体の状態になったらば、あきらめてしまうところを、彼はむしろ、苦しみながら集中し、動かぬ体を駆使して過去の記録を、自分が生きてきた時間を再生させようと努めた。とくに前立腺癌になってからは、迫り来る終末を押し退けるような勢いでもって書きつづけてきた。その幽鬼のような働きぶりは、私のように怠惰な人間の真似のできない、なにか凡人を越えたいとなみだと思えた。『残夢整理——昭和の青春』は、書き残しておかなければならない、友人や先生の姿を、渾身の力で文章に刻みつけていった著者の営みがここにある。

私は同じ本郷に住んでいて、散歩のとき、東大正門近くの多田さんの家の前をよく通る。しかし、訪ねたのはわずかな回数である。もっと訪れればよかったと後悔している。訃報を聞いた直後に私は飛んでいった。遺体は三階のベッドに横になっていて、美しく威厳があった。

（作家、精神科医）

『寡黙なる巨人』の後ろ姿に深々と一礼して

香川紘子

多田富雄先生とのご縁は、五十数年前に遡りましょう。

何代も続いた医者の家系の長男としてお生れになった先生は、家業を継ぐべきか、お好きな文学の道に進むべきか、少年時代から悶々とした悩みを抱えておられたようです。

千葉大学二回生の夏休み、四国一周旅行の途中、松山市にお住まいの大叔父・多田不二氏をお訪ねになりました。不二氏は、大正時代に室生犀星や萩原朔太郎らとともに、詩誌『感情』に新神秘主義的作品を発表され、詩集『悩める森林』『夜の一部』を刊行された詩人でいらっしゃいました。

当時、若手の詩人たちの登龍門とされた「詩学」研究会に、ハイティーンの女の子としては少々風変わりな短詩を発表していた私のことを、先生は覚えておられて、大叔父さまに私の消息をお尋ねになったことから、拙宅を訪ねてくださったのでした。申し訳ないことながら、私には学生時代の先生にお会いした記憶が、全くございません。この夏休みの四国旅行を境に、先生は文学への思いを断ち切って医学部に進まれ、やがて、基礎医学の研究者として、輝かしい業績を残されました。そして、世界の免疫学者、ドクター・トミオ・タダとなられたのでした。

茫々の時が流れて、母亡き後、整形外科医の次兄の病院の一室で暮すようになった私はたまたま、多田不二氏のご息女・曄代さんを県下の同人誌『原点』で存じあげました。そして、曄代さんのお口から、多田先生が東大医学部を退官されて、奥様ご同伴で思い出の四国一周旅行をなさり、大叔父さまの墓参をなさることをお聞きしました。先生は「松山には、香川紘子という詩人がいたが、今も、健在なのだろうか」と、問い合せていらしたそうです。私は、あまりにも長い間、ご無沙汰して、敷居が高かったのですが、お詫びの手紙を添えて『香川紘子全詩集』と、母へのレクイエムを中心とした詩集『DNAのパスポート』を、お送りいたしました。折り返し先生から「昔の女友達から、久々で便りをもらったように、胸がときめいた。大叔父の墓参の際に会いたい」と、長文のお返事をいただきました。そのことを、兄達に話しますと、こんなむさくるしい病院の一室にお迎えするのは失礼だと申しまして、母の死後無住だった自宅に、ヘルパーさんと共に帰宅しましたのは、梅雨明け間近の六月中旬の蒸し暑い日でした。

わずか二歳年長の従叔母・曄代さんのご案内で、先生と奥様がお訪ねくださり、四五年目の再会に話が弾みました。たまたま、一ヵ月前の朝日賞の受賞者の講演会で、大江健三郎さんからお聞きになった感動的なエピソードを、教えてくださいました。

戦時中、大江少年が熱病にかかり、往診の医者が「今夜が峠です」と小声で告げるのを聞いた大江さんが「お母さん、僕死ぬの」と尋ねると、「大丈夫、またすぐに産んであげるから」と答えられたそうです。それを期に熱が下がり、今日自分があるのは、母のおかげだと話されたとのことです。私は、母からB型のおっちょこちょいの遺伝子を受け継ぎまして、いつも失敗ばかりです、と申しますと、先生はすかさず「香川さん、本当にいい遺伝子をもらわれましたね」、とおっしゃったのです。おそらく、私は鳩が豆鉄砲を食らったように、口をあんぐり開けて、先生のお顔を見つめたのではないでしょうか。

この日のことを先生は、『信濃毎日新聞』に「おっちょこちょいの遺伝子」として、お書きくださり『懐かしい日々の想い』のなかに、転載されています。お目にかかった翌年の五月、先生は旅先の金沢のご友人宅で脳梗塞の発作でお倒れになり、三日間死の世界をさ迷われました。そして、お目覚めになったときは、右半身の自由と発語の自由を奪われ、嚥下が極めて困難な障害者になっておられました。先生の壮絶なまでの障害との闘いは友人から差し入れられたワープロを、左手で打つことから始まりました。新作能や対話集それに、前人未到の臨死体験を能の幽玄の世界とダブらせた『寡黙なる巨人』などを、書き残されました。

先生は文学少年の日の夢を、一〇年に満たないご不自由な晩年に凝縮して、開花なさいました。昨春、施設で暮す私に「あなたが、何処に居ようと、ただ生きていてくださるだけで、僕の励ましになります。どうぞいつまでもお元気で」と先生が左手で書いてくださったお便りがこんなに早く、ご遺言になろうとは、夢にも思いませんでした。でもそのお言葉を深く胸に刻んで、ゆっくりと歩み去っていかれる寡黙な巨人の後ろ姿に、深々と一礼申しあげました。

（詩人）

螺旋階段から降る声に

柏原怜子

吹抜けの頭上より吾呼ぶ声のあり螺旋階段昇りて目見ゆ

立春の居間のストーヴ赤々と照らす黙せる巨人の微笑

早春の香と一冊の詩集をお届けしようと、本郷のご自宅を訪れた日のことである。先生の状況と、それを支えておられる式江夫人のことを考えると、玄関先で失礼するつもりであった。帰ろうとしたその時、吹抜けの頭上の明るい光の中から、不思議な声が降ってきた。

訝っていると、「上がってもらえと言っています」と夫人が微笑んでいる。一瞬、躊躇したものの、素直なうれしさが募り、夫人の笑顔にも後押しされて、赤い手摺の螺旋階段を昇ってしまった。

恐る恐る目を上げると、赤々と燃える薪ストーヴの前に、車椅子が置かれて、美しい臙脂色のセーターに身を包んだ先生がおられる。微笑んでおられた。

心の底で思いつつ、なかなか一歩踏み出す勇気がなくてご無沙汰をし、ついに久々にお目にかかれた瞬間であった。

いったい何年ぶりであったろうか。初めて取材させていただいた時から数えれば、二十年ほど経っている。

車椅子の先生を目の前にして、私は乏しい言葉を総動員して、何か申し上げたと思うが、何からどうお話ししたのか、思い出せない。思いが溢れるばかりで、私の舌はもつれた。先生は、静かにあのトークマシンを夫人に促されて、左手の指を載せ、キーを押し、何かお伝え下さったと思うが、これもしかとは思い出せない。

その日以来、何度か先生がお書きになった新作能の上演に足を向け、その都度、来観されていたご夫妻にお目にかかれた。ＩＮＳＬＡの講演会にも寄り添うお二人の姿があった。先生の寡黙なる巨人ぶりには、ただ、圧倒されるばかり。研究生活に注がれていたエネルギーが、今は文筆活動へと集中的に注がれていた。天は、このためにこそ、先生に病を与えたのではなかったか、などと言えば、お叱りを受けるだろうか。

かの姥の序の舞を観て厳しくも哀しき眼にて「重し」と言えり

「序の舞」の意を説く君はひたすらにトークマシンに指を走らす

二〇〇八年の十二月、白洲正子没後十年追悼能公演「花供養」が上演された後、もう一度本郷に伺った。先生は送られてきたそのビデオを観ておられた。また夫人に誘われて、しばし私も拝観していた。ふいに先生の口元が僅かに動いたようだったが、私には聞きとる術もない。すると夫人が、「重い？重すぎるの？」とおっしゃって、傍らのお顔を覗かれた。先生は、大きく一つ、こっくりとされた。

その瞬間、私の中で、目まぐるしく渦巻く言葉の流れを、何とか捉えたいという衝動が起こった。先生の眼は、まだビデオの画面の姥の舞に見入り、厳しい表情のままである。お能のことなど、何も知らない私なのに、先生の心に起きている情動の裾の一摘みでも、指の先に掴まえたいという願望に抗しきれなくなった。

「両性具有とも言われる白洲正子さんの生命の輝き、明解さ、軽やかさも、先生は表現されたかったのですか？」と口から洩れてしまった。しまったと思ったが遅かった。

先生は、大きく何度もこっくりされて、私に微笑まれた。優しさがあふれて、まるで子どものように、うれしそうなそぶりに見えた。式江夫人を見ると、後ろでやはりうなずかれて、微笑んでおられる。

さらに、私はおずおずと、「先生、序の舞とは、どういうものですか？」と尋ねていた。長い指が動いて、一心にトークマシンの上で走りだした。懐かしいお声の代わりの、あの機械音が流れた。

先生の精神の高さと、その心の柔らかさに触れた、最期の、そして至福の時間。それは恩寵のように私にもたらされ、かけがえのない形見となった。

その形見を、私はこうして記すことで、先生を惜しまれ、その遺志を継ごうとしているすべての方々と、共有していきたいと思う。

ですから、多田先生、私の厚かましさをお許しくださいますか？

車椅子を愛弟子たちに運ばれて声なくも語る地球の未来

（著述業、編集室風琹舎編集人）

マドンナ・デル・パルト

木崎さと子

多田富雄先生に最初にお目にかかったのは、二〇年もっと前になろうか、聖パウロ女子修道会発行の『あけぼの』誌で私が受け持っていた対談に、先生が御登場くださったときである。先生の事務所で対談させて頂くこととなり、編集のシスターと一緒に参上したのはクリスマスに近い冬だった、と思う。

仕事で伺ったのに、先生は「上等なシャンペンがあるから」と持ち出され、サラミとともにふるまってくださった。イタリアがお好きな先生は、イタリア系の修道会に好感を覚えられたのかもしれない。「マドンナ・デル・パルト（出産の聖母）」の大きな図版が壁に貼ってあった。

別の出版社から出た本だが、一冊の画集として編集した聖母子像の一枚ずつに、私が〝母親〟という立場で短文をつける仕事をしたとき、子宮が開いて赤子が産まれる瞬間を衣の開きで象徴したこの絵をも選んだので、画題の珍しさ、絵の素晴らしさ、ひいてはイタリア美術の魅力にまで話が弾んだ。そのころの先生はむろん非常にお元気で、後に病を得られ、聖母のような奥様の献身を受けられるなど想像もされなかったろう。

その後も対談というよりインタビューのようにお話を伺うなど、お目にかかる機会に恵まれた。先生はいつも率直な親しみをもって接してくださり、御専門の分野のことも啓蒙的というより、哲学的な見方から、大枠を分かりやすく説明してくださる、というふうだった。

まだお元気なころだが、お能をめぐるお話のなかで「医学なんて、ごく最近まではジキタリスが心臓に効く、という以外は何も分からなかったんだから」と断言なさった口調が、なにか不必要なまでに強くて、おかしく、印象に残っている。笑いこけてしまって、ごく最近っていつのことですか、と伺わなかったのが残念だが、患者として臨床の場に身を置かれてからは、文章に残された以外にもどれほどの観察感想がおありだったことか。

発病なさってからはたまではあるがお見舞いに伺ったり、バリア・フリーに新築された御自宅のお披露目パーティにお招き頂いたり、身にあまる御厚誼を頂いた。

ただ、御高名な先生に私ごときものが近づくなぞ、という御遠慮が先立って失礼してしまったことも多い。たとえば「長崎の聖母」という能をお書きになったとき、監修の御要請があったが、私ごときが、と怖気づいて御辞退し、さらには「自然科学とリベラルアーツを統合する会」にお誘い頂いたときにも、私ごとき……と退いて、科学の道を歩んできた夫に代わってもらった。私の遠慮を、先生も理解してくださった、と思ってはいるが、先生が人というもののなかに見てらした深さ広さに、それこそ〝私ごとき〟者の浅慮で対するのは間違いだったのか、と忸怩たる思いもある。

今年二月半ばに御自宅に伺ったのが、最期になった。メールでのお誘いに甘えて参上したのだが、本当にお苦しい状態のなかで、笑顔をみせてくださり、激痛に耐えてキーボードを打って会話をしてくださった。御看病の測り知れない御苦労をすこしも感じさせないほど、つねに明るく、おおらかな奥様が、同行の陽気なシスターとともに場を笑いで充たしてくださったので、私はお別れを予感もせずに、また近々伺おう、と思ったのだったが。

現代科学の先端を担う方でありながら、ルネサンス人のような全人的教養人、そして病を得られてからは中世の修道僧にも増す極端に厳しい日々を積極的に耐え抜かれた方……先生の「凄さ」は私の想像を超える。

身体を領する鈍重な巨人が、めざめて「新しいひと」として生まれ出る日のために苦痛に耐え、人間業を超える努力を重ねられたが、それは同時にかぎりない希望を私たちに与えてくださる結果となった。旧約聖書の預言者のように。新刊が出る度に御寄贈くださった御本の数々を、今後も私は何度も読み返し、新たな教えを頂くに違いない。

式江夫人という聖母の懐に抱かれ、先生は時空を超える真の「巨人」として新たな誕生を遂げられたのだ。ママ、ママ、と絶えず呼びたてられる先生を「ママー人形」と愛しげにからかってらした奥様が、〝天国への出産〟の後の日々を、地上にあってお健やかに楽しくお過ごしあそばされるよう、祈らずにはいられない。それが先生のなによりのお望みだったのだから。

（作家）

多田富雄さんを偲ぶ

公文俊平

多田さんは昭和九（一九三四）年の早生まれ、私は一〇年の早生まれなので、私の方が一年後輩ということになるが、多田さんの言葉で言えばどちらも「戦後初めての少年」だった。もっとも私の方は、疎開でいじめを経験し、父は戦死した上に、農地改革で先祖伝来の田畑をあらかた失ったこともあり、「戦争の影などない」というわけにはいかなかったのだが。

免疫学者としての多田さんの高名は分野を異にする私などにもよく聞こえてきた。社会的ネットワークに関心のあった私にとって、多田さんの免疫ネットワーク論は興味深く、きちんとフォローしたいと思いつつもなかなか歯がたたず、面識もえられないままに年月がすぎた。

初めてきちんとお会いできたのは、一昨年の一〇月だった。年来の友人、岩崎敬さんが肝入りをしているINSLAの会が多田さんを代表として結成されたことが機縁となって、その第二回講演会「地球に地獄がやってくる」の討論者を引き受けたのである。正直私は、「地球温暖化地獄」論をそのまま真に受けることはとてもできなかったので随分参加を躊躇したのだが、批判的な立場からの議論も結構ですという岩崎さんの言葉に、重い腰をあげることにした。

講演会の後、会場のほど近くにある多田さんのお宅に大勢でお邪魔して、夕食をごちそうになりながら歓談した。半身不随で口もきけない多田さんが、発声機能つきの特製ワープロでユーモラスな警句を吐いては悦に入っている姿には、病苦の悲痛さは微塵もなかった。ひたすらに明るく、生の喜びを満喫しているように見えた。時々すっと寄り添ってきては食べ物や飲み物を多田さんの口に楽しそうにいれてあげている夫人にも、介護疲れの影も形もなかった。

どうしてあんなに明るくいられるのだろう。次の日、首をひねりながら、頂戴したままになっていた『寡黙なる巨人』のページを開いた。読み進みながら私は、呆然とした。七年前に脳梗塞の発作に見舞われた多田さんは、この本を「あの日を境にしてすべてが変わってしまった。私の人生も、生きる目的も、喜びも、悲しみも、みんなその前とは違ってしまった」という言葉で書き出していた。そして筆舌に尽くしがたい苦痛と苦闘。ひたすら死を願った日々から、ついに「絶望の淵から這い上がる」までの一年間の、凄絶としかいいようのない記録が続いていた。あの底抜けともいいたいような明るさの背後には、私など思いも及ばないような不屈の意志と意欲を持つ巨人への変身があったのだ。

私はこの半年ばかり原因不明の発熱とめまい、ふらつきに苦しんできた。やっと多少は外出もできるようになり、しばらく保養するつもりで鶴岡にやってきたところで、多田さんの訃報に接し、追悼集への寄稿依頼も受けた。そこで慌てて『ダウンタウンに時は流れて』をアマゾンで注文した。

この本で初めて、多田さんと私はほぼ同じころに米国に留学していたことを知った。多田さんの留学先はコロラド州のデンバーで、私はインディアナ州のブルーミントンだが、最初の夏は、コロラド州のボールダーで研修を受けてすごしていたので、多田さんにも、またこの本に生き生きと綴られている一九六〇年代の米国中西部の風景や人間模様にも、ひとしお親しみがわいた。多田さんが「涙でキーボードが何度もみえなくなるまで、切実に思い出した」過去を、つぶさに追体験させていただいた。それでも、そこまではまだ時に目頭が熱くなる程度ですんだが、「いとしのアルヘンティーナ」ではどうにも涙がとまらなくなってしまった。

多田さんのご生前に、もっといろいろお話しする機会をえられなかったことが、あらためて悔やまれる。

（多摩大学情報社会学研究所所長／社会システム論）

不老不死求めず

小滝ちひろ

二〇〇六年春、奈良の古社寺を担当する編集委員となった。同じころ、『朝日新聞』の大阪本社版夕刊で「こころ面」をスタートさせる話が持ち上がった。高齢化が進む時代、生とはなにか、死とはなにかといった宗教や心の問題に向き合うページを創ろうという試み。「売り」は、宗教者が登場する週一度ずつ三回連続の大型対談だ。

その先陣を切れと言われてすぐ、多田先生と興福寺の多川俊映貫首の顔合わせが思い浮かんだ。直接の会話は難しくても、メールの交換なら可能だ。いける。

新聞記者の悪い癖として、誰も書かない記事、ほかにない企画を仕掛けたい欲がある。特ダネ意識というものだ。正直に言えば、このときもその触角がひくひくと動いた。

「メールで対談なんかできるのか」と心配する声が社内になかったわけではない。しかし、私は十分可能だと思った。

前年の夏、「原爆忌」「長崎の聖母」が相次いで上演されるという話を取材させていただいた時、私の質問メールに答えてくださる先生の返信の速く、的確だったことといったら。一度口に出してしまえばおしまい、の話し言葉よりもメールの方が深い内容になると、その体験から確信していた。一か月ほどの間に四、五回のメール交換。全文は原稿用紙四〇枚近くなった。たいした分量を収容できない新聞掲載のため、削るのに難渋するほどだったが、パソコンのキーボードから打ち出された言葉は光っていた。

遺伝子操作で人間の寿命は延びるかもしれない。しかしそれで幸福になるとは思えません。地球の寿命はますます短くなるでしょう。私は今後二百年も人類が生き延びられれば、幸運のうちだと思っています。

人が新しいものに対して好奇心を持ち、その理屈を求める。そして知ったからには、それを応用するというのは、ほとんど科学の本性のようなものです。それに対して人間は進歩しませんから、自分が作り出した科学の成果に振り回されているのです。

科学をはじめてしまったらとどまれるものではありません。むしろ人間が科学を制御できるような叡智を持つことが必要です。人間の進歩はあるのかといえば、たとえば人権というものを発見したのは今世紀に入ってからです。テンポは遅いけれど、それに期待するしかありません。（障害によって）好むと好まざるにかかわらず、考える時間は増えました。今は考えるのに忙しいほどです。それに、重度の障害の苦しみが加わりました。苦しみは人を成長させます。受苦という経験が、今まで知らなかったことを発見させてくれました。受苦の中に生きる喜びもある。快適さの中にはなかった喜びです。

無事対談を終えたお二人に、東大の本郷キャンパスを散策していただいたのは四月の初め。車いすの先生とそれを押す多川貫首。満開の桜の花びらがひらひら舞った。対談内容に深みを与える、最高の笑顔だった。

四年後の今年三月二五日。前年に東京・福岡で開かれた「国宝阿修羅展」を締めくくるフォーラムが東京国立博物館で開かれた。先生の病状が思わしくないというので、終了後に貫首とご自宅を訪ねた。

ベッドに取り付けられた、キーボード操作のトーキングマシンから悲痛な言葉が流れた。

「水を求むる男なり。苦しい」

奥様によれば、投薬の影響で口がすぐ渇いてしまうのだという。そのつらさを訴えようにも、キーを押す指に力が入らないらしい。ひと文字に数分かかるほどだった。短距離走者のような荒い息が聞こえてくる。

「帰る前に握手していただいたら」。貫首にうながされて手を差し出すと、先生は意外に力強く握りかえされた。「あっ、先生、握力ありますね」。思わずそう言うと、さらに力を入れて握ってこられる。つらそうだった顔にふと、笑みが浮かんだ。「どうだ、まだまだいけるだろう」とおっしゃりたかったのだろうか。

苦しみの中の、いたずらっ子のような笑顔。ぎりぎりの命の戦いの中でも、明るくあろうとする先生の人柄と本当の強さを見た瞬間だった。

人が幸福になるためには、不老不死を追い求めるのではなく、魂を救う方策を見つけなければなりません。

対談のひと言が、心に残る。

（朝日新聞編集委員）

多田富雄という大きな木の下で

坂野正崇

私は多田富雄という人が大好きです。

御一緒させていただいたのは、晩年の本当に短い期間でしたが私自身にとって多田先生とのふれあいはとても豊かな時間でした。

初めてお会いしたのは平成一九年初春、本郷にある御自宅に伺わせて頂いた時でした。「一石仙人」という多田先生が書かれた能を京都の東寺で公演するのにあたり、その舞台設計を担当されプロジェクトのまとめ役の一人でもあった岩崎敬氏が私に声を掛けて下さったのがきっかけでした。一介の建築大工であり、多田先生や能に対する予備知識の全くない状態での出会いであったにもかかわらず、何故か私もそのプロジェクトに参加させて頂くことになりました。私の言葉足らずな身振り手振りの話にも耳を傾け、目線を合わせその意を汲み取って下さる多田先生の姿は今でも印象に残っています。

その出会いの日、私をまず惹きつけたのは御自宅で飲ませて頂いた年代物のウイスキー等の銘酒の数々、そして不自由な体で飲み物をとること自体困難であるにもかかわらず、そんなことには負けない「Enjoy my life」という気概溢れる多田先生の飲み姿でした。多田先生とお酒の相思相愛ぶりは、後日様々なエピソードを通じて改めて知ることになりました。また打合せの中でトーキングマシーンを駆使して時折飛ばす際どいブラックジョークも何とも魅力的で、科学者、作家としてというよりも、まず人間多田富雄のファンになることから、私の場合、先生との御縁が始まった気がします。

東寺での公演目である「一石仙人」は科学者アインシュタインの相対性原理から導かれる世界観を能という方法で表現したものでした。このプロジェクトの中で私は主に舞台の企画制作に関わらせて頂きました。私自身、木造建築大工の仕事に携わるまではジャズミュージシャンとしてアメリカに暮らしており、医師の父の下で何となく生死というものを身近に感じて育ったことや、全く本を読まずに遊んでばかりいたにもかかわらずいつも家には本が山のように溢れていた環境で育ったこと等、今思うとそんな自分の体験も様々な形でこのプロジェクトでの仕事に影響を与えていたのかもしれません。ただプロジェクトに参加した当初、私の中では例えるならば「寸胴鍋に見たことのない素材ばかりを入れて火にかけた状態」で、どんな料理がこれから出来るのか、またこれらの素材が何なのか、何故これらを入れるのか、正直全く想像がつきませんでした。相対性原理、空海、能、免疫等どこかで聞いたことがある言葉という程度で、どれも初めての出会いばかりでしたが、それでも多田先生の人間的な魅力に支えられて何とか最後までやりきることが出来ました。少し時間はかかりましたが、公演の準備を進める中で初めて出会った各々の世界に想いを馳せ、これからどんなものが出来てゆくのかを想像し、私なりのイメージも自然と浮かんで来るようになり、自分の言葉として話が出来るようにもなりました。

そのイメージとは、具体的には、相対性原理からは絶対軸のない世界観とねじれた造形感覚、東寺ゆかりの空海からは無から始まる世界観と静寂、能の世界からは生と死の境界の曖昧さ、多田先生の御専門であった免疫の世界からは自己と他者の境界の曖昧さ、といったものでした。そんな世界観をもとにした実際の舞台そのものも、四角い物を積み上げるといった感じではなく、動く木の塊が水に浮かんでいるような物になりました。そして本番の公演はそれらの世界観が響き合い大きな広がりを見せる場として、とても印象的なものとなり、その場を共有出来たことは私にとってとても幸運なことでした。

多田先生にお会いしてから亡くなるまでの三年間、私は多田富雄という存在をきっかけに、今まで知り得なかった、また先生との出会いがなければ一生出会うことがなかったかもしれない様々な世界を体験する機会に恵まれました。たった三年間という短い期間でしたが、私にとっては、かけがえのない時間でした。

最後に多田先生のことを想う時、いつも私の心に浮かぶことがあります。

多田先生は晩年ＩＮＳＬＡという組織を立ち上げ、現代の様々な問題に対して著作はもちろんシンポジウムや能公演といった表現方法でメッセージを発信して来られました。そうした活動の中で先生の科学者、作家という枠にとどまらない巨視的な視野の広さや自由な発想、物事の実現に向かう力強い情熱に感銘を受けると共に、何よりも私の中に残るのは、それらを本質的に支え続けてきた多田富雄の「生きることへの尽きることのない好奇心と愛情」でした。それに支えられてこそ初めて本当の意味での無限の広がり、喜びに出会える、そんなことを多田先生には教えられている気がしています。

平成二二年五月

（㈱ i-ado 代表取締役、建築職人）

お洒落な科学者

白洲信哉

多田先生が亡くなられて、早一月。様々なことが思い出される。

先生とのご縁は、僕が東京郊外の祖父母宅に居候していた頃からだ。ある日祖母が、『免疫の意味論』

という題名の本を指差して、「面白いから読みなさい」と言った。ちょうど忙しくしていたので、きっと面倒臭そうな顔をしたのであろう。「難しいところは飛ばして読めばいいんだから」と付け加えた。祖母は普段、ああしろ、こうしろと言わなかったので、素直に聞いて読んでみた。今回久しぶりに開いてみたら、中表紙の裏に、「母に」という副題を見付けた。

それからしばらくして、祖母が贔屓にしていた喜多流のシテ方、友枝昭夫氏の舞台だったと思う。能鑑賞の折に蝶ネクタイをしたスマートな紳士にお会いすることになる。言うまでもなく、多田先生である。

舞台終了後、健啖家同士の先生と祖母は、好みの料理屋を推薦し合い、二人は阿吽の呼吸で、「能談義」に華を咲かせていた。「あの能のあそこのところ……」と言うだけで話が通じ、周りの人間は全くついていけない。先生は、長らく能から遠ざかっていた晩年の祖母の、よきボーイフレンドになって下さった。

僕は能の鑑賞より、そうした演後の宴を楽しみに参加していた。年末恒例、わが家の「すっぽんの会」にお呼びしたり、先生が料理人を連れて来られることもあった。僕はあんなに表情豊かに、食を堪能する人を知らない。本当に子どものようにくちゃくちゃに楽しそうで、またよく召し上がられた。だが、先生は一向に乱れることはなかった。酔漢ばかりに囲まれて育ったためか、僕にはそれが驚きだった。先生はご自慢の赤ワインを持参されることもあった。刻々と変化するワインの匂いと味、ユーモア溢れる語り口でのイタリーの思い出が肴になって、「多田先生が来られるときは必ず連絡して」

と祖母に頼んだものだった。

僕と祖母の最後の旅行となった京都への旅。また、最後の晩餐も、先生ご夫妻とご一緒だった。このことについては、先生も書かれているので詳しくは省くが、同じ時間を過ごしたはずなのに、残された文章を読むと、先生の観察力に敬服する。鮎に舌鼓を打っている最中の何気ない会話から、「瑠璃の鳥」はなんだったか？と思いを巡らせ、僕の初めての本に寄稿してくださった中では、祖母のキラキラした笑顔に、世阿弥の名作「姥捨」を重ね合わせる。

あれから数年後、僕は千曲川を見下ろす峠で、姥捨山（冠着山）からのぼる満月に出くわした。


わが心なぐさめかねつ更科や　姥捨山に照る月を見て

『古今集』には、この他にも四〇首余謡われ、芭蕉も「俤や姥ひとり泣く月の夜に」と詠み、平安の頃から観月の名所として知られた場所である。

不思議だったのは、いつも見る月とは違っていたことである。それが「歴史」の力であろう。「姥捨」のように、山に捨てられた老女の霊までは出てこなかったが、先生のいう「キラキラ」という意味が少しわかった気がした。先生は祖母との対話の中で、「死ぬときは『融』の早舞かなんかを舞っている」と言われたことがあるが、桜の精が舞う月下の中に、旅立たれたのではないかと思う。

清く純粋で、お洒落な先生でした。

謹んで心からご冥福をお祈り致します。


（文筆家、プロデューサー）

いのちと時間を燃やしつくして

新川和江

ひとは、この世に生きている間に、大きな魂と出会うことがある。対等にお付き合いをさせて頂くには、その魂と釣り合う知性と感性、加えて理性と豊かな想像力を持たねばならないのだが、成長しないままに年をとった私を、その魂は笑いながら受け入れてくださっていた。大きな魂とは、申すまでもなく多田富雄さんのことである。

あれは、いつ頃のことであったろうか。所は信濃町の国立能楽堂。記憶は不確かなのだが、脳死をテーマにした新作能「無明の井」が上演される午後だったと思う。間もなく帰国するモンゴルからの留学生に、日本の伝統芸能を見て置くようにと入場券を送っておいたのだが、はたして来ているだろうかと、後部座席のほうへたしかめに行った。途中、通路寄りの席に大岡信さんがいらしたので足を止めた。「あら、多田富雄さんとお知り合い？」「いや、お名前だけで実際には」とのことなので、ではご紹介しましょうと、正面最前列の方を見やると、折よく多田さんが立ち上ってこちらを振り返られたところだった。「新川さんこそご存知なの？」と大岡さん。「同窓生なの、私たち」「え、え？ だって新川さんは……」旧制の女学校しか出ていない筈なのに、この世界的に著名な免疫学者にオイデオイデをして呼び寄せるとは……と、憤慨とも昂奮ともつかぬようすで大岡さんのお顔が赤らんだところへ、多田さんがニコニコしながら小走りに通路を走ってこられた。同郷人というべきだったと反省したが、その頃はもうお二人はにこやかに初対面の挨拶を交わされていた。モンゴルの大柄な青年もそばへ来てつっ立っており、思いがけなくこの国の天才お二人を目のあたりにして大感動をしているようすだった。

多田さんのあの笑顔は、年長者の私から見れば、いくつになってもかわいらしく、それに、海外での世界免疫学会に会長として出席なさる時の服装でもあるらしい、黒ドスキンのスーツに蝶ネクタイは、白皙のお顔によく似合って、洋画に出てくる貴公子のようであった。

私が思わず同窓生と口をすべらしたのは、多田さんが学ばれた茨城県立結城第二高等学校の前身が、私が卒業した旧制の女学校であったからである。戦後学制が変り、木造二階建ての校舎はそのまま男女共学の高校になった。私の妹陽子もここに入学し、多田さんとは同級生で、文芸部に入り、仲よくクラブ活動をしていた。町からは三キロほど東南にある絹川村のわが家には、自転車をこいでよく遊びに来られた。当時の多田少年は繊細な体質で風邪を引きやすかったらしく、ほそい首にドーナツ状に作った真綿を巻いておられることが多かった。早稲田の文科に進んで将来は文学に専念したい希望をお持ちのようだったが、医院の後継者として医大に進むことを、当然の事ながらご両親は望んでおられた。二者択一を迫られている悩みを、細かなペン字でせつせつと訴えた葉書があった筈と、ここ数日、厖大な書簡類を整理しつつ探してみたが、見つからず、十数通出てきた音信の、茶色に変色した葉書の一枚には、ヴァレリーだのマラルメだのと、先人たちの言葉を援用した詩論でびっしり埋めつくされていた。

追いかけるように今度は封書で、前便の詩論の解説が送られてくる。情緒不安定気味のかれを慰めるべく、私が参加している同人詩誌『プレイアド』に、詩を二つほど送って貰った。若書きの自分の詩をはじめて活字にしてくれたのは新川さんだと、ずっとのちになってから言ってくださり、書いてもくださったのは、嬉しく光栄なことであった。

やがて多田さんは、東大仏文の安藤元雄さんらと、『位置』というハイ・レベルな同人詩誌を創刊された。医家ではありながら、多田一族には文芸の血が流れているらしく、大正の初期、わずか三冊だが詩史にものこる『卓上噴水』という詩誌を、室生犀星、萩原朔太郎らと出して詩作活動をされた多田不二氏（一八九三―一九六八）は、かれの大叔父様にあたる。

富雄さんのほうは、ご両親の期待を裏切らず千葉大医学部に進み、コロラド大学にも留学されて、科学と文学の二筋道を往かれることになるのだが、84・6・16と消印のある、千葉市在住の頃のお手紙には、つぎのようなくだりがある。

「医学の方の研究もちょっと興味あるものをやっています。このほうの仕事はひょっとすると大変な成果をあげるかもしれないのです」

文字通り〈大変な成果をあげ〉て、多田富雄の名は免疫学の世界で不動のものとなったのだった。人類に貢献するそうした偉業を、多田さんは、詩や評論や新作能や、時には紋付袴で正座して小鼓を打つなどして、（そのかたわら——と私などには見える）ゆうゆう成し遂げられたのだった。

脳梗塞で倒れ、重度の障害者になられても、多田さんの精神はけっして病んではいなかった。感性はみずみずしく、文章は柔軟で明晰、つねに弱者の立場に立って、ものを書き、ものを申し、車椅子で何処へでも出掛けて行った。式江夫人の補佐があってはじめてとれた行動であろうけれど、このように、与えられたいのちと時間を十全に燃やしつくして生ききったひとを、多田さんのほかに私は知らない。

大きな魂をもつひとは、永久に死なない。姿が見えなくなっただけなのだ。しかし各新聞に訃報が載ったその翌日、最新発行の著書『落葉隻語——ことばのかたみ』が届いた時には、息が詰った。胸のうちで、慟哭した。

（詩人、産経新聞「朝の詩」選者、H氏賞・現代詩人賞運営委員長、ゆうき図書館名誉館長）

多田先生のこと一、二

多川俊映

三月二五日のそぼ降る夕刻、東京国立博物館での所用を終えた私は朝日新聞の小滝ちひろ編集委員と共に、多田富雄先生の本郷宅に伺いました。例のトーキングエイドからはただ、「水を求める男になった」という文字通り乾いた音声が何度か聞えるだけでした。

胃ろうがつくられたことで唾液が出なくなり口内はからから。それで時々、奥様が水を含ませたガーゼで口の中を湿される。水を求める男とは直接的にはそのことですが、むろん、イエーツ原作の能「鷹姫」の、涸れたいのちの水をなおも汲もうする幽鬼にご自分を重ねてもおられたわけです。

私は平成六（一九九四）年九月二〇日、タカサキヤビルの個人事務所をお訪ねしました。それが先生とのご縁の始まりでした。後年、朝日新聞の「こころ」面でメール対談した時、私は小金井喜美子著『鷗外の思い出』の「落丁本」というエッセーに、「農科大学前の高崎屋は昔江戸へ這入った目印で……」という一文を思い出し懐かしくなって、タカサキヤビルはその高崎屋の後身ですか、というところからメール対談を始めました。すると先生は、

――確かに江戸のはずれ、岩槻街道の基点にあった高崎屋ビルの五階の私の事務所に、見慣れぬ手甲脚絆の僧形でお見えになったのを、ありありと思い出します。

と応じられ、前後五回にわたる楽しく興味深い長文のメールのやりとりをさせていただきました。たしかに僧衣での訪問でしたが、手甲脚絆の出立ちとはまさか、です。が、終生好まれた能役者の橋岡久馬さんを、

――着物に二重廻し、ボルサリーノの中折帽にステッキをついて、銀座の交差点を、能舞台の橋掛りを歩むのと同じ速度で風のように渡って行った。

といわれるくらいですから、「見慣れぬ手甲脚絆の僧形」なぞは朝飯前の言葉のあやだったでしょう。でも、文章はちょっと気取って書けとかいいますが、お話ししていても、そういうところがなんとも温かでしたねえ。

さてその訪問ですが、興福寺塔影能で先生の新作能「無明の井」を取り上げたいという趣旨でした。それは平成八（一九九六）年に実現、そのおり原作者としての解説をお願いしました。それが、先生を奈良にお迎えした最初でした。

その後、ご紹介くださった浅見真州さんの、復曲能「重衡」の塔影能での上演（平成一一年）にも立ち会われ、その翌日はご推奨の和歌山の湯ノ峯温泉「あずまや」へ、先生ご夫妻・浅見さんご夫妻に私ども夫婦がご一緒して繰り出したことも好い思い出です。そして、翌一二年秋には、興福寺佛教文化講座二〇〇回記念特別講演会の講師として、三たび先生を奈良にお迎えしました。その時の講演タ

イトルは「遺伝子と人間——古都奈良からのメッセージ」でした。今から思えば、この時期、科学と日本の風土・文化とを広い視野の下で、しかもそれを「当たり前のこと」としてみておられた先生をほとんど毎年のように奈良にお迎えしていたことになります。もし脳梗塞の発症がなければ、その後もしばしば——、という詮無い思いが自ずとこみ上げます。

その奈良での講演でも「こころ」面でのメール対談でもそうでしたが、科学技術の直線的な進展の光と影、その光をも呑みこむほどの不気味な影がいま問題になっています。私は、科学とは要するに人間の好都合の追求で、好都合ばかり求めていけば必ず不都合が出てくる。それなら、つねに先へ先へ行こうとする科学の中にも「あえて踏みとどまる」という思想があってもいいと思うのですが、科学は科学を止められないというのですね。しかし、科学は影や不都合を解決する手段をもっていないと指摘されつつ、先生はたとえば、

——生命科学は、医学に革新をもたらしましたが、人が幸福になるためには、不老不死を追い求めるのではなく、魂を救う方策を見つけなければなりません。

ともいわれています。

そういう多田富雄を継ぐ者いでよ、と祈る気持ちでいっぱいですが、その点、身まかられてから刊行された『落葉隻語　ことばのかたみ』の、「若き研究者へのメッセージ」を深く心におさめた後継者の出現を確信します。

昨年春、私は「国宝　阿修羅展」を上野で開催しました。その内覧会に、先生は思いもかけず駆け

つけられ、後日つぎのメールをいただきました。

――阿修羅像とは何年ぶりかの再会でしたが、今回は身のすくむような感激でした。……離れがたい思いで、エレベーターの前まで行ってから引き返してもう一度拝みました。世界の平和のためにも、国連の人たちを招待したら、と思います。

死を成熟させながらぎりぎりの生を営まれた賢人の鋭敏な感覚が、阿修羅の心と形へ肉薄した一瞬だったと思います。そうした争うことの虚しさを深く覚知した存在としての阿修羅の今日的な意味を、私もまた、微力ながら機会あるごとに皆さまにお伝えしていくつもりです。先生、ありがとうございました。心からご冥福をお祈り申し上げます。

（興福寺貫首）

多田富雄先生のこと

羽原清雅

多田富雄先生は、「在野の知」であり、東大の「官」にはおいでででしたが、「野に遺賢あり」の印象を持っています。

とくに、リハビリ医療の日数制限や後期高齢者医療制度をはじめとする、憲法の心に反する事態に敢然とものを言うあたり、病を得たから発言しているといった軽さがありません。研究者としての客観的な論理よりも重い、バックボーンを見せています。

新作能「原爆忌」「望恨歌」には、国家や権力の行為を正面から咎め、人間一人ひとりの尊厳を基本に据えていることがわかります。

多才の人、であることは言うまでもないことですが、その随想などの文章表現はやさしく、ソフトな語り口のなかに筋が生きています。

ノーベル医学賞に接近していた、という話を新聞記者と医学者から聞いていましたが、その方面のことはわかりません。ただ、惜しい方を失いました。

先生との会話のなかで、とくに印象的だったのは、若い恩師石坂公成・照子夫妻に指導を受けた思い出で、ずっと変わらない感謝の気持ちがあふれていることでした。また、マウスだったか、ラットだったか、忘れましたが、押入れあたりで飼い続けたころのご苦労も、基礎医学を蓄積していくことの大変さと重要性を強く感じました。

また、これもうろ覚えで恐縮なのですが、数年前に亡くなられた観世流の橋岡久馬師が、古い能舞台を引き取る方を探している、との話を伺った際、先生がこの橋岡師の旧字体で、候文の書簡を見せてくれました。たしか、色鉛筆も使っていたように記憶していますが、先生も驚かせるほどの個性の人物に、二重の感慨を持ちました。お会いしたことはありませんが、禅僧の風格があったのか、と想像しています。

先生とはじめてお会いしたのは、二〇年ほど前に、酒田在住の、もの書きの故水戸部浩子さんから「酒田での若者たちの『点睛塾』で話をして。多田先生と一緒に飲みましょ」と誘われたのがきっかけでした。長らく政治記者をしており、「免疫」などは、先生の言う「ややこしくてジンマシンが出る」ので、少し気を重くして出かけました。でも、多田先生はそんな気配もなく、穏やかに、気さくに、話題も尽きることなく歓談が続きました。

その後も、僕の盟友佐藤真司さんと、ワインに肉派の先生とは知らず、神田の鄙び過ぎた、魚系の居酒屋にお誘いしたり、鶴岡での講演にお供したり、極め付きの門外漢ながら、接点を持たせていただきました。

これは、式江夫人に叱られるかな、と思いつつ、ただ礼賛だけで先生を語ってもよくない、という勝手な立場で一言します。と申しますのは、酒田での歓談の翌日、夫人が車中で不調になり、ちょっと下車することがありました。先生はこのとき、いつにない不快の色を浮かべ、酒を恨んでいました。あっ、先生も怒るんだ、と大変親しみを覚えたものです（奥さま、バラしてすみません）。

自宅を療養向きの家に建て替えたあと、電子音で会話をしつつ、夫人の手料理を頂いたことがありますが、先生はワインを少しゼリー状にしてお飲みでした。そこまでして呑むか、と感銘すら覚えて、

「かくありたい」といまも教訓を受けています。

先生は著作出版のたびに、送ってくださって、いま二〇冊を超えました。お礼かたがた、大学の入試問題に、「父の教訓」(『独酌余滴』)を使わせていただいたこともあります。


最期にお会いできたのは、四月一一日、安田講堂での「日本の農と食を考える――農・能・脳から見た」の講演会の席ででした。車椅子の先生は、壇上で自ら吹き込んだ電子音の挨拶をじっと聞いておいででしたが、まさかその一〇日後にお別れが来るとは思いもしませんでした。このとき、先生に、二月三日に亡くなった「水戸部さんの葬儀、盛大でしたよ」と報告しました。少しうなずかれたようで、お判りだった、と思います。

水戸部さんへの先生の弔電は「浩子さん、僕は悲しいよ、あなたがこの世にいなくなるなんて。今度こそ作品を見せ合って、いい仕事をしたいと思っていたのに無常なものだ。僕も間もなく行くと思うから、そちらで待っててください。それまでバイバイ。その時は、ゆっくり語り明かそう。時間が無限だから、それまで夢を見て待っててください。さようなら」とありました。

いまごろ、おふたりは酒田の「上喜元」で乾杯されていることでしょう。

さようなら、多田先生。


(帝京平成大学教授、元朝日新聞政治部長)

多田富雄先生を想う

堀 文子

二十年も前のことだった。日本の美をたしかめようとしている自分が能を知らずに居た恥に気付き浅見真州先生の公演の度に能楽堂に通っていた時、何かの会で御同席の多田先生を遠くから拝見したことがあった。世界的な免疫学者であり乍《なが》ら能の作者でもある先生のその御業績をひけらかさぬ物静かで端麗な御姿を心に焼きつけたまま遠くから先生を尊敬する者の一人として過して来た。その私に読売新聞社から月一回連載する多田先生の随筆「落葉隻語」の挿絵を担当するようにとのお話を頂いた。これが遠くから仰ぎ見ていた先生に一歩近づけた思いがけない御縁だった。科学者の鋭い観察力と文人の詩情豊かな感性が毎回の随筆に溢れていた。社会の欠陥を憤る鋭い視線と草木や人々によせる温かい眼差しが淀みなく流れ、ユーモアもあふれる名文だった。驚いたことにこの文章は、脳梗塞で倒れたあと、半身麻痺と言語機能を失われた先生が重症と戦いながら麻痺を免れた左手でワープロを打ち書かれた文章だと知った。想像を絶する痛みに堪え乍《なが》ら生きている今の感動を残そうとされた、命がけのお仕事だったのだ。襲いかかる死を押し返し大量の著作を残された。常人には到底不可能な壮絶なその気魄には、低頭し掌《て》を合わすしかない。美意識も思想も好奇心も、最後まで一点の狂いもなく続けたまま、先生は淡々として冥界に旅立って行かれた。

御生存中の或る日、藤間紫氏を偲ぶ会があり、国立劇場のホールで初めて先生にお目にかかった。当時大病のあとで車椅子に乗った私と、夫人につき添われた先生も共に車椅子での不思議な御挨拶の場になった。重い御病気と伺っていたのに初対面の先生にはその気配もなく、眉目秀麗、少年のように清々しい御風貌が発光体となったように、あたりの雑踏をかき消していた。奥様のお手に文字を書き私との会話をして下さった。神々しさに包まれたようなあの一瞬を忘れない。初めての此の出会いが先生とのお別れになって了った。

免疫学者として世界的業績を持つ先生は、沢山の著作を残された文学者でもあった。それが世にありがちな余技や手すさびではなく数々の賞を受けた名作ばかりだ。さらに驚くことに能作者でもあった。常に現代社会の問題や悲劇が物語のテーマだった。「一石仙人」―アインシュタイン、「望恨歌」―朝鮮の悲劇、「原爆忌」―広島の被爆者の声……。その他沢山の新作能の作者だった。

科学と哲学と芸術。神と人。生と死は、人間の思索の根源の問題で、もともと縒《よ》り合わされた一本の太い縄であった。科学は美を、芸術は真理を包含していた健全な時代は文明の進化と共に姿を消し、総ての分野に専門化が進み元の幹を忘れた現代に染まることのなかった先生は、科学者の知性と文人の感性の二つを合わせ持った巨人だった。名声に惑わされず、二つの才能を無垢のまま持ち続け御自分を鍛えられた。

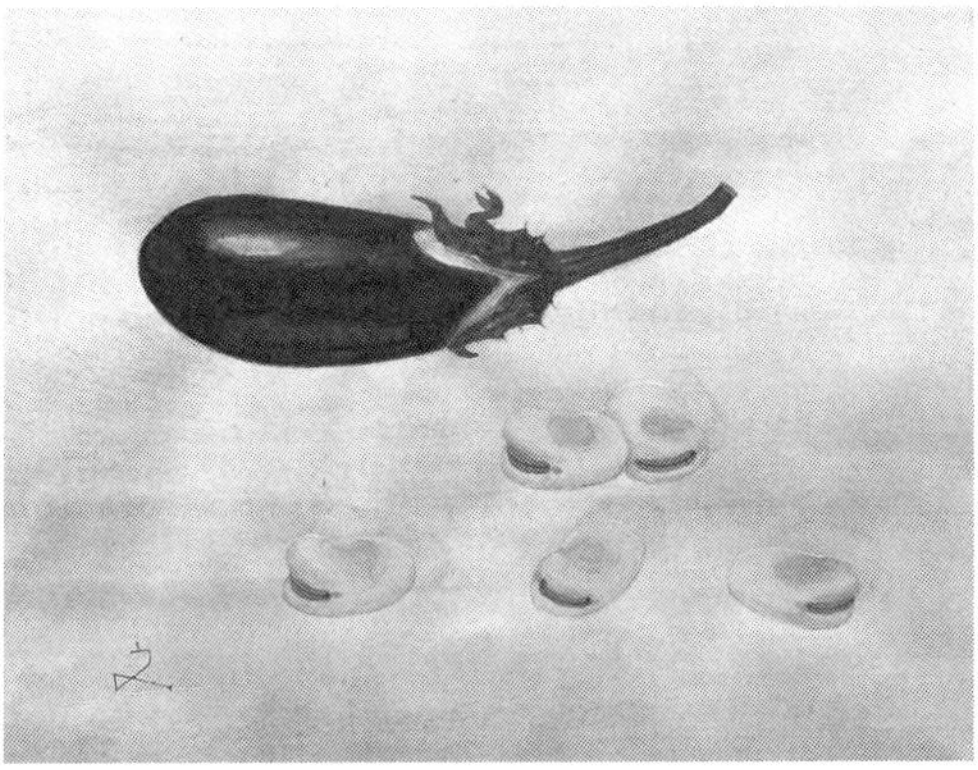

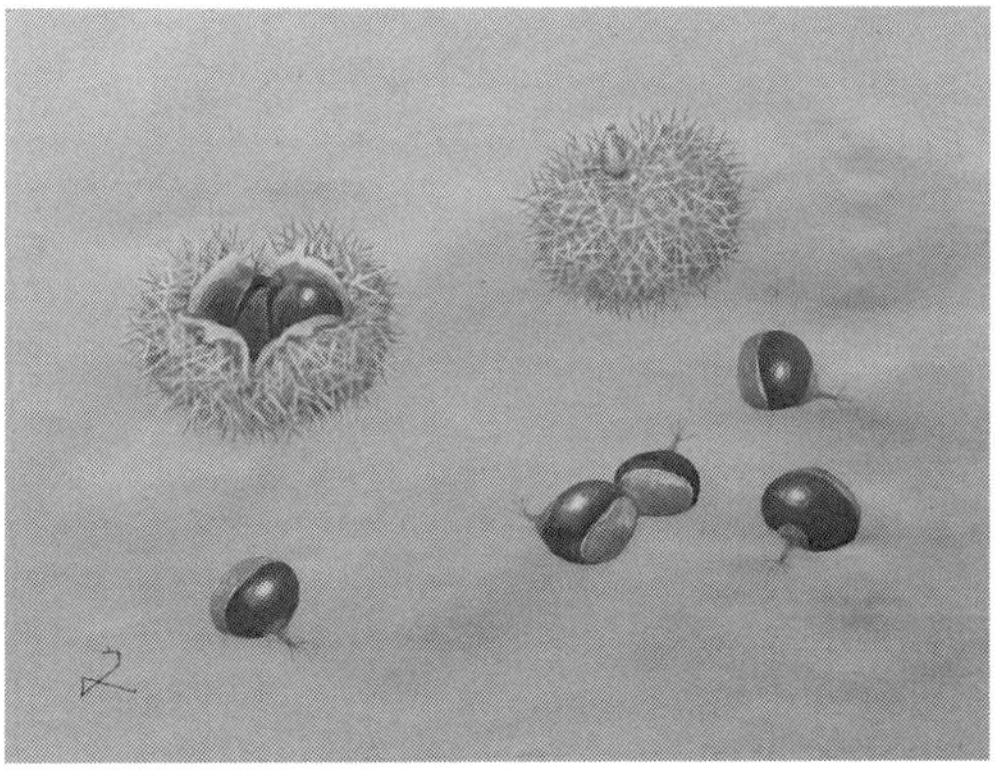

（画　堀文子）

経済優先に目の色をかえ、かつての熟成された美も、慎みも忘れた今の日本の行く末を案じる先生の思いは、どの随筆の中にも滲んでいた。

日本人の行動の規範だった四つの美の要素を示された先生の分析は、私の心の指針となった。

一「自然崇拝」。自然の総ての中に神を見、一神教を持たなかった。

二「象徴力」。事実をそのまま記載せず、省略、簡潔な表現を好む日本人の美意識。能、歌舞伎、俳句、和歌、絵画、茶道、華道——総ての芸能を支えた豊かな象徴力。

三「あわれ」の美。亡びへの共感。死者への鎮魂。世の無常、弱者への慈悲。強さや権威を貴ぶ西洋とは異質の、はかなさを貴ぶ日本人の美感。

四「匠《たくみ》の技」。日本の美を表現する巧緻な職人の技。型や間の上質な美を作りあげた。

強さや力よりもののあわれを好んだ日本の美を追求し続けた多田先生の、比類ない分析だった。

その生涯の終りまで書き続けられた最後の随筆『残夢整理』を拝見した。亡き人達への細やかな思いの深さ、やさしさがどの短篇にも溢れ涙をさそった。先生の血管には青春の愛と感動の血が音をたてて流れ、声をあげて泣かれる泪がそのお体一杯につまっていたのではないかと思われた。

清らかさと初々しさを失わず光を放ちながら、巨星は、永劫の宇宙に旅立って行かれた。

（画家）

『イタリアの旅から』、そしてまぼろしの『医学概論』へ

松山由理子

先生のことについて語ろうとすると沢山ありすぎるようで、その実どれも何か自分にとってふわふわと頼りないもののように感じられて何もお話しすることなどないような気がしてきます。

新聞の記事が目にとまって、初めて原稿を依頼するために免疫学教室にうかがったのは一九九〇年頃だったと思います。当時、東京大学医学部免疫学教室におられました。石造りの建物の古びた螺旋階段の上から、歴代の医学部長とおぼしき方々の肖像画が私を見下ろしておりました。自分の靴音にどきどきしながら扉をたたくと、中から優しい声で秘書の山口葉子さんが笑顔で迎えてくださいました。先生のお部屋は、文学部のような西洋美術展のポスターやら能面やらの飾られた、華やかでおよそ免疫学の研究室らしからぬ光景でした。

そのときお引き受けいただいた原稿はこちらが依頼したものでなく、イタリア紀行のエッセー集でした。一九九二年に刊行するまでのあいだ、校正ゲラを持参して研究室にうかがったときにいろいろなお話を聴かせて下さいました。

ニワトリとウズラのキメラのお話、「自己と非自己」のお話、「ガン細胞とエイズのこと」……お話を聞きながら、これを書いていただいたら面白そうだなと思いました。けれど私の会社では免疫学の企画が受け入れられそうもないと躊躇してしまいました（しばらくたってからその話は、『免疫の意味論』として他社から出版されました）。

それでも、今村仁司氏と共編で『老いの様式』、河合隼雄氏と共編で『生と死の様式』、中村雄二郎氏と共編で『生命　その始まりの様式』を出していただきました。

河合隼雄先生と三人で西洋料理店で編集会議をした際には、おふたりの話が弾んで、二時間いっぱい話し込んでいらっしゃいました。おふたりが「日本ではイタリア料理もフランス料理も本場のものとはまるで違ったものになるんですね」、河合先生が「先生は、〈様式〉ということにこだわってはるんですな」とおっしゃっていたのが印象に残っています。

研究室におうかがいした際に、若い頃のご自身の研究について（胸腺細胞のことなど）や師である岡林篤先生と石坂公成先生のことを熱心に話されていました。

その後、一九九八年頃、他社で沢山本を出されるようになっていらしたので、私にしかできないことはなんだろうと考えて、「医学概論」の企画についてご相談してみました。そうしましたら、日本の医学教育には問題もあるので若い医師に向けて書いてみたいと引き受けてくださいました。それから何度か催促を差し上げ、先生も気にしてくださり、二〇〇〇年には立派な目次までいただきました。

にもかかわらず、残念ながら完成していただくことができませんでした。

先生が体調をくずされてからは、一度だけご自宅へおうかがいしたことがあります。ご自身でお話や移動ができなくなっておられ、機械を使って会話していただきました。そのとき、たいそう痛いので先生はリハビリをいやがっていらして、奥様からひどく叱られていらっしゃいました。その様子が、幼稚園児が先生に叱られているようで微笑ましく拝見いたしました。多田先生が従来の権威というものをかなぐり捨てて、必死で病いと闘っていらっしゃるお姿を拝見して以降、原稿の話はいっさいいたしませんでした。先生の闘病の姿勢から教えていただいた一番大きなことは「諦めない」ということでした。その意味では、もっとどん欲に、決して諦めずに、多田先生に「医学概論」のご執筆をお願いするべきだったと悔やんでおります。

（誠信書房編集部）

言葉と踊りの誓い

森山開次

私は、創作舞踊、コンテンポラリーダンスと称された舞踊を生業としております。能への興味から、いくつかの能の演目をモチーフとした作品を発表させて頂いております。多田先生には、七年ほど前から私の公演を観て頂いておりました。先生に観て頂けたことは、私にとってかけがえの無い財産です。ただ、もっと、もっと私の踊りを観てほしかった。その想いでいっぱいです。先生の訃報を聞いたのは、アメリカのテキサス公演最終日の開演前の楽屋でした。多田先生……！　思考と体が凍りつきました。

走馬灯のように甦る先生のお姿。先生との思い出は、いつも舞台とその後の楽屋。テキサスパラマウントシアターの舞台袖は、とても静かに感じられました。甦る先生の言葉……その言葉が、こわばった私の背中を優しく押して舞台に導いてくれました。先生の言葉が聴こえたように感じました。

「さあ　踊っておいで」

私が多田先生と出会ったのは、二〇〇三年の二月の私のソロ公演の時です。その時の公演は、「月日記 MOON BEAM」という作品でした。写真家の森田拾史郎さんのご紹介で、初めて私の舞台にいらしてくれたのです。出会いは舞台と客席。その時の会場は、小さな空間だったので、私とお客様の距離は近く、先生は上手側の最前列に車椅子で観劇下さっておりました。踊りながらでありますが、舞台上から先生の存在を見たのをはっきりと憶えております。もちろん、その時はどなたか知らずに。

終演後、ご挨拶させて頂きましたが、踊りの直後で動転しており、どんなお言葉を頂いたのか記憶がさだかでなく、今、そのことを嘆いています。ですが、後日、その公演を観ての詩を書きおろし、能の冊子『DEN』に掲載してくださったのです。

「泥の人」、その詩のタイトルです。とても光栄なことでした。

私は言葉が思うようにでてこない。伝えたい想いを言葉にしてならべることがうまくできない。先生の詩が、私の体に耳をあて言葉にしてくださいました。もちろん、それは先生の言葉でしたが、私の体の言葉でもあるように思いました。

それからいつも私の作品に足を運んでくださいました。いつも私は踊りながら先生にお会いします。その度、終演後に、手を握らせて頂きました。先生も喋ることは出来ませんでしたし、私も踊り終わった直後なので、言葉がほとんどでてきませんでした。時折、先生はいつも隣にいらっしゃる奥様の手のひらに、指で文字を書き、言葉を伝えてくれました。短い言葉ではありましたが、胸に残る言葉ばかりでした。その眼差しと、手の温もり、そして言葉……。

「つらかったでしょう」

こんな言葉をかけて頂いたこともありました。厳しいお言葉を頂いたこともありました。でも、いつも、先生は優しいまなざしで私の踊りを見つめ続けてくれました。最後に見て頂いたのは、二〇〇九年の二月でした。

アメリカから日本に戻り、本棚をあさり冊子『DEN』を探しました。はじめて踊りを観ていただいて多田先生が書いてくれた詩「泥の人」。もう一度、その言葉を静かにたどりました。

ここに全文を引用させて頂きます。

泥の人

森山開次のダンス『月日記』を見て

多田富雄

泥の人は
ワイヤーロープを捩《よ》じった筋肉で
沼地の小道を歩いてきた
肋《あばら》に豆電球をダイヤのようにぶら下げ
楽園を追われたアダムのように
額に手を当て思い悩みながら
森を歩き続けた
そして突然始祖鳥の翼を広げ
風を捕らえ
宙を引っ摑んで投げつけた
ついで噴水のように起ち上がって
岩にぶつかって砕け散った

水に変容した泥の人は

ゆらぎ震える流れとなり
石に喘ぎながら接吻し
水晶のように砕け散った

泥の人は
森の巨木の声を聞いた
ひそかな口笛の風
毛虫の足音
幾千の木の葉も聞き耳を立て
鶉《うずら》も鳴くのを止めて身構えた
泥の人はゴージャスな筋肉の腕を伸ばして
枝から木の実をつまみ
ジュースを口に流し込んで
体の隅々にまでその声を感じ取った

でも安らぎはまだ来ない
包帯を解かれたばかりのミイラのように

まだ生々しい泥の肉片をさらして
大地に身を擲《なげう》ち
観念の虚しさを嘆いた
泥の人は乾けば壊れる
泉に駆け寄って水を掬《すく》おうとしても
変容し続ける水は取り合わなかった

それでも泥の人は
抵抗をやめない
肉を引き裂き啄《つい》ばみ鞭打ち
弓を引き絞って
猟人の力で己を射た
はじける痛みは鋭いが
風の森では心地よかった
しかし永遠の癒しは来なかった

泥の人は

呆けたように眠る
時々筋肉を痙攣させて
四次元の眠りに落ち込む
その時泥の人の最も感動的な部分に
最後の夕陽の一かけらが
煌《きら》めいているのを見る

葡萄の蔓を引きずって
泥の人は歩く
歩くことがこんなに複雑な行為だと
自分を納得させるように
一本一本の筋肉の繊維を
憧れのように煌かせて
ゆっくりと迷路のような造花の園を
歩いていった

この詩をあらためて読んで、誓う。

多田先生が最後の最後まで、言葉をつづったように。

「わたしは踊りつづける」

私の誓いです。多田富雄先生、本当にありがとうございました。


（舞踊家、振付家／コンテンポラリーダンス）

多田さんと「一石仙人」

山折哲雄

多田富雄さんが、新作能「一石仙人」をたずさえて京都においでになったのは、平成一九（二〇〇七）年の秋のころでした。真言宗総本山の東寺に設けられた野外の特設舞台で上演する、というふれこみでした。そのときの、講堂の前でくりひろげられた幽遠の夜のことが忘れられません。

多田さんは若いころから文学に親しみ、詩やエッセイを書いておられました。が、やがて医学の研究を志し、気がついてみれば世界をリードする免疫学者になっていました。

面白いのは、この間いつのまにか能に魅せられ、みずから鼓を打って舞台にのぼるようになったばかりではありません、つぎからつぎへと新作能を書きはじめるようになったのです。脳死と心臓移植を主題にした「無明の井」、広島や長崎の原爆をテーマにした「原爆忌」や「長崎の聖母」などでした。中世の亡霊たちがまるで磁石に吸い寄せられるように、現代最先端の科学技術の心臓部にとり憑いて、鋭い叫び声をあげはじめているようでした。

多田さんはお酒が大好きでした。私も嫌いな方ではありませんので、いくどかごいっしょしたことがあります。いつお目にかかっても、蝶ネクタイをきちんとしめて語りだす温厚な紳士のスタイルを崩されたことはありませんが、夜がふけるとワインを傾けて、いつはてるともなく飲みつづける人のように、私は想像していたものです。

その多田さんが突然、衝撃に見舞われ斃れたと知らされたとき、胸の動悸が急激に高鳴るのを覚えました。言語の機能に障害があらわれ、車椅子の人になっていました。

リハビリのため懸命になっている姿が伝えられるようになりました。そんなときだったと思います。多田さんから一冊の詩集が送られてきたのです。そこには身体の不自由とたたかう鬼気迫る言葉が書きつけられ、しだいに世阿弥の夢幻能に浮かびあがるあれこれの情景が眼前に迫ってきたのであります。

その多田さんが、ドイツ語読みの「アインシュタイン」を「一個の石」と日本語におきかえ、「博士」を「上人」とシャレのめして、新作能「一石上人」をおつくりになった。それを空海の建立になる東寺の庭で上演するというのですから、ほんとに驚かされました。空海は、いうまでもなくわが国における先駆的な宇宙論者だったと私は思っているのですが、その弘法大師の思考が千年の時空をへだててアインシュタイン博士の相対性原理と、いったいどのような火花を散らすのか、多田さんが目指そうとする実験がどのようなことになるのか、ワクワクするような気分で舞台の動きに目を凝らしたのです。

かつて私はアインシュタインのある発言について疑問を抱いたことがありました。講演などで彼がしばしば、宇宙には「中心」があるといっていたからです。私はその言葉を目にして、一瞬あっと思い、しかしほとんど同時に怪訝な思いにもとらわれていました。なぜならアインシュタインの相対性原理とは、そもそも空間も時間も相対的なものであり、絶対的な中心などどこにもないとみなしているのではないか、と思っていたからでした。

しばらくたって私は想像をめぐらすようになりました。もしかするとあのアインシュタインも、長い長い一神教の伝統からかならずしも自由になることができなかったのではないかと考え直したのであります。さすが現代最先端の科学者であるアインシュタイン博士は、宇宙の中心は「神」であるとはおっしゃらない。その「神」の概念にかえて「中心」といいかえたのではないでしょうか。

とにかく私は、東寺講堂の前庭でくりひろげられていく「一石仙人」の舞台を前に、多田さんの創造しようとしている宇宙世界がどのような展開をみせるのか、息をのむような思いで凝視めていたのでした。

しかし今となってみれば、そんなあれこれの思い出を多田さんとともに語り合うことがもうできなくなってしまいました。それが何とも無念でなりません。

「一石仙人」上演の夜は、あの東寺の上空には空海も眺めたであろうたくさんの星が光り輝いていました。多田さんに会いたくなれば、東寺に行けばいい、そして天上をふり仰げばいい、今はそう思ってみずから慰めているところであります。

（国際日本文化研究センター名誉教授／宗教学・思想史）

2009.10.1.　Photo by Miyata Hitoshi

V　Family and Old friends

優しさに支えられて五十余年

實川モト子

今から五十余年前兄は腎臓病を患い町の中央病院に入院しておりました。兄が十七歳、私が十二歳の時でした。私と多田先生との出会いはその兄の担当医でお世話になったのが始まりです。

日本中が貧しさから抜け出せない時代で、とりわけ我が家は貧しい生活を送っておりました。入院前の兄の生活は「職人に学問など要らぬ、腕一本あればいい」のひと言で高校進学を諦め、職人気質で頑固な父の下で大工の見習いをしておりました。厳しい父の下で、どんなに辛い生活もいつも明るく必死で生きておりました。そんな兄が急に腎臓を患い入院してしまいました。

その後多田先生が赴任してこられて兄を担当していただきました。お医者様が手当てをすると申しますが、若いお医者様「多田先生」は、治療はもとより兄の心にまで良く手を当てて、辛かった今までの暮らしぶりを親身になって聞いてくださり、また、兄の知らない世界の話、勉強、等々、先生から教えていただく楽しさ、嬉しさは私などには計り知ることが出来ませんでしたが、私が見舞いに行った時の兄の顔は生き生きとしておりました。

亡くなる前、兄は私に「貧しくても心まで貧しくなるなよ、善い人になれよ」と言ってくれたことがありました。この言葉は多田先生に教えていただいたことを、私に伝えておきたかったのでは、と後になって思いました。

当時の医学ではどうすることも出来ない兄の病状でしたが、先生は最新の治療法で手立てを尽くしてくださいました。何よりも必死で生きようとする兄の心に寄り添ってくださり、精神が不安定になると添え寝までして心を落ち着かせてくださったそうです。この話は、いつも兄を見舞って下さっていた中学時代の部活の顧問だった有田先生から、後になってお聞きしたことです。亡くなる三ヶ月前頃から、多田先生と顧問の有田先生で、残りの人生を如何に楽しく過ごさせてやろうかと話し合って、映画を見に連れて行ってくださったり、バイクでいろいろな所に連れて行って頂いたそうです。兄にとってはとても楽しい日々を過ごさせていただきました。

何よりも、この世にこんなに優しくて、思いやりがあって素晴らしい先生がいて出会えたことは、十八歳の短い命でしたが、兄はとっても幸せでした。

今では考えられないことですが、弔いにまで出席して下さり、人目もはばからず私の幼い弟を抱きしめながら見送って下さった先生のお姿は、心に深く焼き付き忘れることが出来ません。

兄の亡き後は、忙しい時間を割いて父や母を励ましに自宅まで時々訪ねてくださいました。時には泊まって下さることもありました。そんな夜は酒が進む程に父も上機嫌になり、多田先生が仕舞いを舞って下さり、初めて舞う先生の姿に頑固な父の顔も穏やかになり、どんなに皆が励まされ、癒され、有り難い思いになったかわかりません。

また、母と私で野良仕事をしている畑まで訪ねて下さり、春ジオンの咲く畑の向こうの土手から、お母さん、と手を振る先生の姿が今でも目に浮かんで来て、熱い思いが込み上げてくるのです。先生の折々の励ましで母の心がどんどん元気になっていくのが嬉しくて、娘心に感謝の気持ちで一杯になりました。

間もなく先生は千葉大に戻られましたが、その後も、五十年変わらぬお心で、先生がお忙しくなられたときには奥様が励まし続けて下さいました。

突然脳梗塞でお倒れになった時は、年老いた母共々、どうか快復されますようにと、お祈りし続けておりました。

お倒れになった後も、不自由な御身体で一分、一秒無駄にせず生きることの大切さを教え続けてくださいました。『寡黙なる巨人』の著書の中に兄の思い出を書いてくださりとても嬉しく思いました。若いお医者様が多田先生のように患者さんの心にまで手を当て向き合って下さる医療であってほしいと願わずにはおられません。

先生の励ましがなかったら、父や母は悲しみから抜け出すことも出来ず、今の私達の幸せもなかったことと思います。何よりも兄は良いお医者様に出会えて幸せでした。

「この世に神様はいる、多田先生は生き神様だ、先生のご恩は決して忘れてはいけないよ。有り難くて、勿体なくて涙が出るよ」九十三歳で亡くなるまで口癖にしていた母の言葉です。

先生の突然の訃報から日がたつほどに、有り難い気持ちと、感謝の気持ちで一杯になります。出版の度に贈ってくださった沢山の本と、励まし続けていただいた言葉の数々をこれからも大切に心の糧とさせていただきます。

多田先生永い間有難う御座いました。心から御礼申し上げます。安らかなる、ご冥福をお祈り申し上げます。


（多田富雄インターン時代の患者親族）

多田先生の二つの質問

関口輝比古

初めて多田先生にお会いしたのは、二〇〇〇年の一月だった。私がタイ北部チェンラーイ県の山奥にあるNGO、MKF（メーコックファーム）でボランティアをして三年目の時だった。わずか数日間であったが、多田先生と共に過ごした貴重な時間は私の人生に強く影響を与えてくれた。

その後も日本に一時帰国する度に、多田先生を訪ねては、自分の近況報告をさせて頂き、ご指導ご鞭撻を頂いていた。闘病中もお見舞いと称して訪ねては、様々な指針を頂いていた。

多田先生に頂いた時間全てが私の宝物である。

ＭＫＦは、現地のピパット・チャイスリン氏が草の根で立ち上げた現地開発のためのプロジェクトで、当時は麻薬中毒者の治療を中心に教育、職業訓練支援等様々な開発の活動に従事していた。

ファーム到着初日、現地で初めて教えてもらったことは、懐中電灯の持ち方だった。腕を精一杯伸ばしてできる限り体から離して持つ。そうすれば、光を狙って撃たれても、的中しにくい。一番最初に受けたレクチャーだった。

麻薬中毒患者の治療中は、治療薬の副作用で錯乱状態の患者に理不尽な力で殴られたり蹴られたりすることもあり、死はすぐ隣にあるということを何度となく感じた。

ある日、護身のため、と銃を預かった。それは、持ち歩くには重すぎた。けれども同時に命を感じるには軽すぎた。

実際の日常は、豊かな自然の中、のどかなものであったが、自給自足をベースにした生活は都会育ちの自分には厳しいものであった。当時、電気も電話もないところで、日本から来た自分がしてあげられることなど何もなかった。無力であった。それどころか皆に教えてもらうことばかりであった。

当時頂いた質問の一つ。

「君はなぜ、今ここにいるのか？」

答えようとして、ふと止まった。なぜここに「来たのか？」ではなく、「いるのか？」

ここに「来た」理由はいくらでもあった。

子供達の目が輝いていたから。

現地の問題を知って、何か役に立ちたいと思ったから。

日本で得られない経験が得られると思ったから。

それらの経験を将来、日本や国際協力の現場で活かしたかったから。

……全てＭＫＦに〝来た〟理由であった。

それでも自分はここにいる……。

結局その後も五年間その場に留まった。

八年目、ようやく答えが出せた。命、共同体験、充実感、全てが「生きる」ことに繋がった……。

日本での生活は、現実とバーチャルな世界の境界があいまいになり、感情や生命力が希薄になり、「生きる」力が欠けていた……。お金でもない、社会的な地位でも、他人の評価でもない、自分自身が「生きる」ために必要なもの、望んでいたものがそこにあったから、ＭＫＦに留まり続けたのだ。それは、自分達の手で鶏や野菜を育て、山の中に食べ物を取りに行く生活であり、麻薬中毒者の命の回復を共有することであり、子供達と共に成長することであった。

一つ目の質問の答えが、ようやく出せた。ちょうど三〇歳だった。

山を降りた。二つ目の質問の答えを探すために……。

当時頂いた二つ目の質問。

多田先生に国際協力をライフワークとしたいという想いを語った私に、

「あなたはその夢をどのように実現するつもりか？」

現在はバンコクにあるスミタ・カルチャー・センター&プロダクションという会社にて、日タイのかけ橋となるべく、コーディネート、通訳、翻訳、語学、カルチャー、プロダクション等の業務に従事して様々な経験をさせて頂いている。夢を実現するための、自分なりに出した一つの答えである。けれども、二つ目の答えはまだ朧げにしか見えない……。そんな不安になった時は、先生の著書『懐かしい日々の想い』（『生命の木の下で』）を今でも読み返す。そして思い出す、頂いた様々なアドバイスを。

私の中で、多田先生はいつも微笑んでくれている。心の支えになってくれている。何かある度に多田先生にお尋ねする、心の中で。これで良いのでしょうか……先生はいつも優しく微笑んで頷いてくれる。そして、いつも必ず、一言付け加えてくれる。忘れてはいけないこと、気をつけなければいけないこと……。

私の中の多田先生は、今でも変わらず、語り続けてくれる。そして、これからもずっと……。

将来、いつになるか分からないが、自分自身の国際協力のためのプロジェクト、もしくは事業を持ちたい。それが実現した時こそ、多田先生に頂いた二つ目の宿題が解けた時だ。

もう、提出期限はとっくに過ぎてしまっている。多田先生は受け取ってくれるだろうか？　一日でも早くその日が来るよう、できる限りの努力をしようと思う。受け取ってくれるのを信じて。

多田先生から頂いた全ての時間、機会、言葉に心から感謝しています。本当にありがとうございました。また、この場を借りて多田先生を通じてお世話になりました全ての方々にも、お礼を申し上げたいと思います。本当にありがとうございました。

（スミタ・カルチャー・センター＆プロダクション マネージャー）

兄のこと三編

多田彊平

兄から教わったこと　私が中学生になる前の春、水海道市の叔父宅に寄宿し高校に通っていた兄が帰省した時、古本を一冊手渡された。そして、「一字一句、隙間なく読め！」と命令された。その本は志賀直哉の『城の崎にて』で、中学目前の私には読めない漢字ばかりで、辞書を相手に読み始めた。頁と辞書の往復だけで本の内容まで理解するには至らないうちに、数ヶ月たってしまった。この頃「隙間なく読め」の意味は解っていなかった。ふたたび帰省した兄は、いつもしてくれるおもしろい話などせず「あの本にはどんなことが書かれていた？」と聞かれた。答えられない私に「それでは、ノートに書き写せ」と、第二番目の命令である。その年の暮れ、おおよそストーリーを話したら「そんなものは、誰でも解る。志賀直哉が、どのようなつもりでこの本を書いたのか、それを考えよ！」そして、第三の命令は「本を読んでいる時、頭に浮かんだ情景を絵に書け」「隙間なく読めと言ったのは、このことだ！」「本を斜め読みするな」である。それから、六〇年近くたつが、私の本読みのスピードが遅いのは、今思えばこの新中学生の時、兄から命令されたことが強く影響しているのではないか。小学生の時、学校の体育館の屋根に登り雀の巣を取りにいったり、喧嘩やいたずらばかりしていた私であるが、一年もかけて読み込んだ経験から、少しずつ「人の想い」「感性」「愛情」などが身についたのではないだろうか。事実、その頃から私は叔父、叔母などから「彊平は本当に優しい子だね」と言われるようになり、お菓子やこづかいを他の兄弟姉妹よりも多くいただいた記憶がある。

兄の背中　まさか昭和天皇がご覧になるとは思わなかった背中の話である。

六〇年も前のこと。どちらかと言えばスポーツに縁のない方だった兄は、水泳だけは得意であった。郷里を流れる鬼怒川で、立ち泳ぎ、横泳ぎ、平泳ぎをスイスイと泳いでいた。兄が幼少の頃から崇拝し、若くして亡くなった従兄から教わったとのこと。夏になって寄宿先から帰省すると川で一日を過ごしているので、日焼けですぐ皮がむけ始める。兄は私に背中を向け「きれいに剥がせ」と。私が丁寧に数センチに薄皮を剥がし兄に差し出すと、嬉しそうに眺めていた。

それから数十年後のこと、兄の師である石坂公成博士がIgEを発見し「免疫学の夜明け」となった証拠写真が、石坂先生のもとに留学していた兄の背中である。天皇の前で映し出されたスライド写真は、私が皮を剥がしたあの背中で、密かに「僕があの時メンテナンスをしてあげたので、あの背中が使われたんだ」と喜んでいた。

話は違うが、私の息子が中学生の頃、房州の海で日焼けして帰宅した時、背中の皮をむいてあげたことがあった。その時、昔の兄の背中の皮むきを思い出していた。息子の背中が、なで肩で格好がそっくりであった。血のつながり、遺伝子は引きつながれているのだな。

娘の名前と兄　私の自慢の三人娘は、郁子《いくこ》、布美子《ふみこ》、道子《みちこ》である。私は、特別な考えで名前をつけたわけではないが、ある時、富雄兄に「この子たちは、一《ひい》、二《ふう》、三《みい》の順番になっているね。そして、百人一首の『大江山いく野の道の遠ければ、まだ文も見ず天の橋立』に三人の名が入っているよ。きっと、名前どおりの個性のある子になるよ」と言われた。郁子は知的障害をもつ子供たちをサポートする教育者。布美子は布を使った絵画家。道子は独自の道をゆく広告デザイナー。道子は兄のINSLA、白洲正子没後一〇年の能「花供養」のパンフレットなどを担当し、ここ数年密な関係であった。それぞれが名前と関連した仕事について違う人生を歩んでいるが、三人はひとつの歌の中にあり、いつも集まれば五、七、五ではなく七、七までつづく長話で時間を費やしている。

一、二、三のことも百人一首のことも、兄、富雄から聞いたことであって、私たち親が計画してつけたのではないよ、と話をした。娘たちも、富雄おじちゃんをさらに身近に感じたそうだ。

（多田富雄実弟、医療ジャーナリスト）

富雄さんの暖かさにふれて

多田曄代

富雄さんは私の父多田不二の長姉の孫にあたり、父は「放送局のおじさん」と呼ばれていた。詩人でありNHK開局当初から入局していたので富雄さんたちには、変った人間に思われていたようだ。『多田不二著作集』の「序」の文章のなかで富雄さんは、父のDNAの一六分の一程度を共有していると書かれている。彼は学生時代に友人たちと詩の同人誌を発行していたから、やはりある程度父のDNAを受継いでいるのだろう。故郷結城の多田家は医者一家で富雄さんの実父が医者にならなかったから、彼としてはやはり医学に進むべきか学生時代にずいぶん悩んだようだ。そんな時に松山の我家に泊り父と詩の話をじっくりして、当時詩の天才少女といわれていた香川紘子さんに会いたいと、松山市山越の香川さん宅へ訪ねて行ったり、父に笹沢美明さんに詩を見てもらいたいと紹介状を書いてもらったと聞いている。

父も熱心な富雄さんを自分の詩の後継者と考えた時もあったろう。

しかし彼は、ある日医者になる道を選んだ。研究のため彼は詩の世界から遠ざかり、医学一筋の生

松山市朝日ヶ丘１丁目の多田家の墓の前で。右が多田曄代氏（2000 年 6 月。提供＝多田曄代氏）

活を突進した。アメリカ留学時代のエピソードは、近著『ダウンタウンに時は流れて』に若い学究の生活が生き生きとして書かれている。

平成一二（二〇〇〇）年六月、四国を訪れる富雄さんご夫妻の松山の宿をと連絡を受け、たまたま私がある表彰式でご一緒になった道後の奥村さんのホテル「大和屋本店」に能舞台があるのをお話しすると、そこにすると言われ予約しておいた。

松山に寄った目的は、父の墓まいりと奥さんとの観光、そして前述の香川紘子さんに会うことだった。翌朝ホテルに迎えに行き、「能舞台はどうでした」との問いに「あんな能舞台を結城に作りたい」とホテルが気にいってくれたようだった。

父の墓参りをして下さり、車は松山城へ向った。私は奥さんともっぱらおしゃべりしていたが、富雄さんは後から昔を思い出すように黙々と歩いていられた。

学生時代に訪れた香川紘子さんのお宅では不自由な体で起きていられたので、疲れるといけないと寝ながらの詩や禅問答のような話を、富雄さんと二人で話していられたが、何十年ぶりの再会を待ちこがれていられた香川さんにとっては、若い日の再現に充分満足されたようだった。

いつだったか山形の庄内農協から冷凍の「だだちゃ豆」が送られて来た。思わぬ所の品なので不思議に思ったが、さすが口のおごった富雄さんのお眼鏡にかなった品だと有難く頂いたのだが、後にアメリカから帰った日に山形の恩師の見舞に訪れた足で金沢の友人と会食し、翌日漢方医の所で脳梗塞の発作で倒れたと聞き、富雄さんのやさしさが無理をしてしまったのだと残念だった。

富雄さんの傍《かたわら》にはいつも奥さんの式江さんの姿があり、献身的な看護は、口で表現出来ない富雄さんに充分に伝わり、一心同体の日々は、すばらしい作品の数々を作りあげられたと思っている。

心から富雄さんのご冥福をお祈りしながら「よくがんばったね。ゆっくり休んでください」と心から申し上げたい。

合掌

（多田富雄従叔母、文芸同人誌『原点』同人）

多田富雄を息《やす》むということ

長野一朗

先生、今年もアカシアの花が咲いています。

二〇〇一年五月一日の私は、もうすぐ産み落とされる巨人の胎動を聞いていたのです。

金澤のフランス料理店で、前日の庄内でのことや、その年の正月に奥様と三人で訪れた西表島の話の合間に現れている、右手の不調を感じ取ってしまいました。

いつになく早めに切り上げて店を出ると、繁華街の路地を冷たい雨が濡らしていました。

安静を望みつつ、全く心落ち着かぬまま急ぐ宿までの道すがら、何事も無いような御様子の先生と、前年積み残した能登の旅の幾つかを明日からの旅程に組み込む相談をしました。

重い夜が明け、その日は前日の雨が嘘のように上がり、五月晴れの朝を迎えました。

不安な一夜を打ち消すような先生の笑顔と晴天に、心は一気に珠洲を目指しだしました。

「長野さん、私といると〝面白い〟ことがたくさんありますよ」

二〇〇〇年一月二四日、バンコクの夜。

チャオプラヤー川を飾る華やかな船上パーティーの中で、先生の周囲だけスポットライトが当たっているかのような華やぎをデッキのベンチから見つめていました。

船を降りて、主催者が用意したホテル間を送迎する高級タクシーを猥雑な通りの入り口に乗り捨て、自転車、バイク、自動車、大人、子供、素人、玄人、詐欺師、ペテン師、ポン引き——善悪の際など俄には誰も決められない雑踏を悠々と進みつつ、横断歩道も信号も無い大通りをファンファーレのようなクラクションを散々あびながら、二人並んで渡り切る間際に先程の言葉を頂きました。〝面白い〟——先生が言う、この言葉の持つ意味こそが、そこからの私の日々と人生を大きく変化させて行くことになりました。そして、それはそれまでの数年をして、近う寄れとのお許しを得た瞬間だったと自覚しています。

「春になったら、能登の桜は、如何でしょう」

「はい。考えておきましょう」


二〇〇一年五月二日の朝は、穏やかに始まりました。

珠洲に向かう前に一か所寄らなければならない所がありました。

金澤の漢方のクリニックを訪ねて、診察を受け、薬を頂くことになっていました。

先生は、その漢方医の先生のことを「本当のお医者さんです」と仰っていました。

お二人の久し振りの再会に院内には、平安な時間が流れていました。

やがて、診察が始まって間もないところで、診察室の中が騒がしくなり、何事かが発生したことを察知するのに時間は掛かりませんでした。先生の〝意識がとんでいる、脱力して立てない〟と伝えられましたが、先生は「大丈夫です」を繰り返されるばかりでした。

救急車が手配され、車中で起き上がろうとする先生を制しながら、搬送される病院に向かいました。その間、意識が危くなることも無く、ただ右手に力が入らないことを救急隊員に告げておられました。

病院でも冷静に、救急医の質問にお答えを示されていました。

病室に移動し更に落ち着きを取り戻されつつも、緊迫した空気の中で様々なことをお話しになられました。

恐らく自分は、もうダメかもしれない。しかし、家庭も仕事も大丈夫だ、ということ。

夕刻が迫る部屋で数時間、時折私を気遣って頂きながら奥様の到着されるのを待っていました。気がつけば、先生の右手の指がはらはらと動いているのを見ていると「ピアノです。ショパンを弾いているのです。もう、リハビリの準備です」と言われて、にこりと笑われました。窓に目をやりながら「田植えの季節ですね。昨日は、銀盤の上を滑るように金澤に入りました」と山形から乗り継いだ電車の車窓風景を描写されました。

その日の午前中から日付を跨ぎ発作は波状的に起こり、たった一日にして、巨人は産み落とされてしまいました。

リハビリは、直ぐに開始されました。病院は、徹底的な看護と医療チームで先生に対応しました。この梗塞は左の脳で起きてしまいましたが、ずっと以前に右の脳でも小さな梗塞部位を発生させた経緯があることが、検査でわかりました。その左右の梗塞部位が重なってしまったのが、機能面から申せば喉から口の範囲であったのです。「もう何も食べられなくなってしまった」「声は、何故出ないのか」ボイスエイドから、悲嘆のフレーズが幾つも発せられるようになりました。しかし、思考、考察、判断等の機能は、全く衰えることが無いということが解りました。文章表現、意思・感情の伝達ツールとして、パソコンを想定して病室に運びましたが、却下されました。それではと思い、友人からワープロ（シャープ・書院）を半ば強引に譲り受けお見せしたら、キーボードのキーの大きさも大きく、文字も大きいということもあり、いたくお気に召されまして、その日から、時間が出来たらワープロということになりました。執筆活動の原型は、既に金澤で開始されていました。

二〇〇一年の五月までの出来事で、紙面の限界となりました。ここからのことは、いつか機会がありましたら「多田富雄という文化」として、お伝え出来ればと存じます。

常々、私に仰られましたのは、コンテンツ（だけ）では通用しない、コンテクストが重要なのだと、そしてそれは、美しくなければならぬと教育されました。

哲学の目を持って理を図り、理を持って詩を詠めとも仰せられました。

頂いたものの大きさに比べれば、何にも間に合わなかったとしか言いようがなく、消沈するばかりでありますが、何もわからない田舎の小僧に大きな糸を垂らして頂き、見るモノ触るモノに自分の言葉を一言二言乗せることが出来るようになったのは、紛れもなく先生のお陰であります。借り物ではない自分の思いと表現を見定めて頂きました。先生から「そのアイデアいただき」と言われる度に心が宙を舞うようでした。長く〝金澤の友人〟であった私でしたが、昨年の秋に「私の弟子」とご紹介を頂いたときは、初対面の出版社の方の前でしたが、不覚にも涙を止めることが出来ませんでした。

先生、やっと車椅子からも解放されました。タンタロスの苦しみもシジフォスの悩みも霧消しました。いよいよ、カタチの多田富雄を脱ぎ捨てられましたね。私は、知っているのです。先生の魂が、旅立たれた瞬間に先生の右の腕のあの頑なな強張りがゆるゆると融けだして主を解放したことを。

先生、お言葉通り〝面白いこと〟をたくさん頂きました。そして物事を面白くすることも勉強させて頂きました。先生の評価表現で「面白い」とされるものが、最も優位であることに気付いたのは、ずっと後のことでした。この間の安田講堂の〝農〟は、先生と二年間温め続けてきたモノでしたね。「面白かった」のお言葉は、頂けたのでしょうか。

弟子　長野一朗

（ＩＮＳＬＡ理事・事務局長、アカンサス・サポート・インターナショナル合同会社副社長）

イヤーポン

中山　誠

彼が「兄弟のような叔父」と書いている六歳年上の私が、初めて富雄少年に会ったのは昭和二一（一九四六）年で、私の住んでいた町の中学を受験しに来たときだ。

幼い時から彼のそばにいた叔母が私の兄嫁で、面長のやや胴長だが背が高くすらりとして、「まっことさん、富雄を頼むわね」と郷里の結城訛りで言われた。富雄も生涯結城訛りを残していた。「だけれども」というとき、ふたりとも「だひっど」と言って、その訥々としたひびきは好ましかった。

さっそく鬼怒川の土手へ行った。この川は結城から続いていて、まもなく利根川に合流する。めったに人が現れない土手を背にして面接試験の想定問答をした。「僕が育った結城には中学がありません。水海道には叔父の家があるのでこの中学を受験します」。

ここには、家業を継がせようとした開業医の祖父の意向があった。後に、医学か、大叔父多田不二のような文学に進むかを迷うときがくる。いまは姉か母のような一六歳年上の叔母の家に住めることで、なんの屈託もなかった。土手にはまだ緑は萌えず、狐色一色であったが、カーキ色の国民服を着た少年に春先の風が吹いた。

叔父の家は学校に近く、始業の予鈴が鳴ってから駆けつけても間に合うほどで、放課後には友達の溜まり場になった。

夏休みが来た。

水海道では水難事故が絶えなかったので、小学生は鬼怒川で水府流の水泳を習った。結城から来た少年は「僕は泳げる」と胸を張った。裸になると手足が長く見え、六尺のさらしを締めてやると、褌をした蛙になった。そのまま廊下でなんどかトントン跳ねてから、裏道を川へ向かった。

川に近づくにつれ蛙の勢いは揺らぎ出し、川が見えてくると、泳げるはずの距離は短く縮んでしぼんでしまった。

鬼怒川の流れは速い。郷里にはもっとゆるやかな親しみやすい川があったのだろう。まずは水につかれるだけで楽しかった。

蜩《ひぐらし》が鳴き始め、少年は郷里から日焼けして戻って来た。泳ぎに行きたがる。川底は変わりやすい。上流で降った雨のせいで水は濁り水量が増えて、対岸はいつもより遠退いていた。あたりにはいつもの人の姿がない。速い流れに逆らうようにして川を横断する。先をいく彼を見て泳ぎながら、私は途中でなんども潜って川底の深さを足先で探った。やっと底に足がつくようになり、ホッとして先を見ると、彼はまだ懸命に泳いでいる。


『寡黙なる巨人』が小林秀雄賞を受賞して、それを一番に知らせるメールが来た。彼は一〇代後半のもっとも多感な時期に、本郷の医療器材問屋の留守番をしていた私のところへ転がり込んで来ていた。

問屋といっても、間口二間のガラス引き戸を開けたところに一〇坪ほどの板の間があり、その奥の四畳半に留守番の私たちは暮らしていた。トイレの壁には目の前に「一歩前進」と貼り札がしてあるが、汲み取りが不便なので用は外で、つまり大学構内で済まし、食事も大学食堂で済ました。

そのころ食糧事情は好転してきたが、外食するにはまだ外食券が必要で、毎月本郷区役所に米穀通帳を持参し貴重な券の交付を受けなければならない。本以外にはなにもない裸同然の私たちにとって、米穀通帳はいわば命綱である。

その通帳が紛失した。片づけが苦手な彼は雑多な紙切れや得体の知れないものを散らかしている。乱雑だが万事捨てたりしないので「きっとどこかにある」と言って、ゴミのような山をゆっくり崩していく。

あるかどうかと疑ってかかるから見えてこない。あると信じて探せば現れるというのが彼の方法論だ。

戦災で焼け残った本郷あたりの屋敷町をあてどなく歩いていて、ピアノの音が聞こえてくる。「お嬢さん、そこは半音狂ってます」と言って笑ったりした。

銭湯から四畳半の座敷に帰って、手拭を干したあと、廊下の硝子戸の前に立って声を落とさずどうどうと歌うことがあった。

丸いちゃぶ台を指で叩くと、それが「トルコ行進曲」に聞こえた。

学校の講堂に夜忍び込んでピアノを覚えたと言った。それは、医業を継がせようとした祖父を亡くして、将来の進路をゆるやかに考えられるようになったころである。

日比谷公会堂に「フィガロの結婚」を聴きに行った。休憩室にグランドピアノが置かれていた。開演までまだ間がある。ピアノの蓋があっけなく開いた。無造作に彼は弾き出した。しだいに入場者が増えて来ても弾き続けた。私は離れて立っていた。

大学に入ってからわが家に来ると、同人誌の話をきりあげてクラリネットを吹いた。思うように音が出た覚えはない。

小鼓を打つようになった彼を私の二歳の娘は「ィヤーポンのおじちゃん」と呼ぶようになった。小鼓は続いた。彼の体質にあったようだ。

随筆などの身辺雑記を読むと、書き手に身近な人は、そこに書かれたことと自分の見聞との違いが気になってくる。

しかし、事実にあやをつけて、より真実を伝えられることもあろう。ことに、聞き手を楽しませようとすると、話が弾む。そこには嘘といえば嘘がしのびこんでいるが、その語り手にとってはそれが真実に近いので、それは詩ということができるかもしれない。

回想は、つとめて事実を語ろうとしても、詩と真実が交じりあって紡ぎだされる。

（多田富雄叔父）

家族ぐるみでのおつきあい

北条富代

夫の入院先にお見舞い下さった多田先生が「先生、今度ガラパゴスへ御一緒に行きましょう。きっと行きましょう」と、もう視力も無くなった夫に優しく語りかけられた。それに対して、目を閉じたまま何も答えない夫。たまりかねて「先生、いま式江先生が入院していらして、お食事はどうしていらっしゃいます？」の問いに、「パンとバナナを食べています」と優しいホーとした笑顔で答えて下さったお顔が、今も私の脳裏に残って居ります。岡林先生の薦めも断り大阪に残った夫は岡林の遺児といわれ、多田先生は兄弟子として接してくださり、北条先生に兄事しているとおっしゃって頂きましたが、「もし千葉に私が行っていたならば、私同様病理学徒としては不具に育てられた多田富雄の上位に座らせられる運命に出会い、その座り心地を快適だと思う人は変態趣味の持ち主であろう」と退官記念誌に書いて居ります。

夫の死後、二〇〇一年に高松から神戸の舞子に居を移し、同性で医師同士として式江先生と家族ぐるみでおつき合いを頂き、先生の御本はみな送って頂きました。先生のご病気は橋岡久馬先生より伺い涙しました。あのお体でいつも世の中の第一線に立たれた先生。夫の看護以後、リウマチ、喘息、レイノー、ＯＡで何もせず、ポカンと毎日を暮らしている私などは、先生の生き様に唯ただ尊敬を表す者です。また、それを支えて来られた式江先生のお力と努力にも敬意を抱いて居ります。連休中に娘の介助で東京の先生宅に伺い、アチコチに飾られている先生のポートレートと沢山のお花。富雄先生にお別れしてきました。

玄関の隅にポツンと置かれた車椅子。それなのに、未だに先生がこの世にもういらっしゃらないという現実感が無いのです。ですから、安らかにお眠り下さいとは申しません。お能の後シテのように、橋掛りから「のうのうそこな方」と出てこられるような気持ちで居ります。

（元香川医大名誉教授北条憲二夫人）

遠いまなざしをもって

谷嶋俊雄

雨の降る二月末の寒い日、多田君は劇痛の走る肩をはじめ、前立腺がんの広がりをＰＥＴ／ＣＴで確かめるため私の病院を訪れた。操作室で現出されたＰＥＴ画像は、即物的な鎖骨々折をはじめ、肺がん他幾多のＦＤＧの集積をあとからあとから紡ぎ出し画き出していた。奥様は言葉もなく一瞬凝視され、やはり転移だったのですね、と。

病院の玄関先で多田君と握手をし、君の乗ってきた車椅子の車軸の部分がこわれて紛失してしまい、院内の彼の辿った廊下、ＰＥＴ室辺りを数分かけずり廻り探している間に彼は雨の中を帰宅したのであった。最後の別れとなったあの数分が、心に残念を叫びたい時間だった。

金沢で発病して帰京し駒込病院に入院の見舞いにうかがった時、式江奥様から金沢での脳ＭＲＩをみせて頂いた。恐らく不穏時の撮像なのか、やや動きのある一部不鮮明なものであったが、深部白質に散在した虚血画像の中に、左内包のやや大きい病変が主病を主張していた。両側の各所に在する病変、橋脳を巻き込んだ病変は古いもので、彼と何回か撮ったスナップでは、顔面の軽い歪みなど徐々に進行していた脳内虚血病変の歴史を物語っていた。これまで数多くの脳ＭＲＩ像を観察した経験から、多田君の多彩な著作がこのひどい脳病変から紡ぎ出されたことは、現代の脳科学の常識を超えたことだと、彼の発病後の各著作を恵送され多くの清冽な、情念のこもった、正確な記憶に基づいた文章を読むにつけ、脳のもっている驚異的な潜在能力に感嘆の他ない。『生命の木の下で』、亡くなれた御両親を東京に招かれた親孝行エッセイ、近くは『ダウンタウンに時は流れて』での留学時の行きつけとなったバーでの軍人、街辺の人々との交流、その詩情は可能であればセピア色の映画の脚本として再現して欲しい、我々世代をこえて広い共感をふるいおこす作品にして欲しい。「非常に長い思考の持続力を必要とした」（橋本治氏）文章に没頭することは、常に襲いかかる激しい苦痛を和らげることでもあったのか。

つい昨年、千葉大卒業五〇周年の級会を催したが、多田君はその数日前鎖骨々折で急遽欠席となった。その前年の四九年目の山紫会の原澤寿三男君（前立腺がんの同病の級友）、剛毅な外科医だったが、がんの広汎な転移（脳・背椎）と共に日常の診療をやっている中で、度々、悪液質による病状はこういうものかとの苦悩を話した時、多田君が御自分の体の中からの様々の病態のシグナルと相照らして、我々健康な医者が想像しきれず、患者からの病状の告白を真に受け止め切れていない時、同級生の悪液質に極めて正確な医学的解釈を教えてくれたことは、秀れた症例報告以上の感動を与えてくれたことである（原澤君はお先だった）。『落葉隻語』での「総毛立ちつ、身まかりつ」の悪液質の感知、病による死の三つの類型の何とも身ぶるいする覚悟。『寡黙なる巨人』の中でも、内科医として数々の脳卒中の方々を拝見してき、終末まで寄りそった患者さんからの言葉として多田君の極めて詳細な闘病中の心象の変化・変遷、情念の動き、無念さ、非情を超えて心から発せられる、メッセージに圧倒される。長い間の奥様の献身的以上の介護に支えられて見事に吐露された死の方法、かれこれの発言をすることで現に体内でうごめく痛みと、この病いを体験したものでなければ理解し得ない深刻な黒々とした世界の中で、病人としてすさまじい生き様を教えてくれた。この世に伝え残しておきたい悲痛な叫びを（度々、予期せぬ程に明るく建設的で、愛に満ちたものであることも驚くが）、時に全く受け止めきれてないでいる我々には痛恨の思いがのこる。「人の幸せは小さな安心がいつも確認出来ること」という特養ホームでの体験は我等医療人の原点を示してくれた。美しい日本、四ツの特徴……。

多田君が入学間もないころ、当時としては極めて珍しいジーパン姿で、小冊子を抱えて校内を歩いている姿が思い出される。同級の多くが学生服白衣を着、如何にも医学生でございという雰囲気でこせこせと学んでいた時代、彼は江藤淳らと交流し、我々医学生の多くが知らない外の世界との交流に引きつけられていたのであろう。そんな遠い昔が今日の悲しみを癒してくれることを望みたい。

（内科医、谷嶋医院院長、翠明会山王病院付属看護専門学校長）

多田先生の思い出

矢野博子

赤い縞柄の蝶ネクタイをきちんと締められて、本郷の御自宅の寝室に安らかにお眠りでした。訃報を一日遅れで知った私の、先生との最後のお別れです。先生にありがとうございましたと、ただただ私は、お礼を述べるばかりでした。そしてどんなにかつらかったであろう闘病生活から解放され、これからはゆっくりとお休みくださいと願うばかりでした。お亡くなりになるわずか一〇日前の安田講堂での講演会に、車椅子で壇上に登場された先生が、顔色も悪く今までよりお痩せになっていらした

右が矢野明彦氏（1974年頃。提供＝矢野博子氏）

ので、心配していた矢先の訃報でした。

　多田先生との出会いは、千葉大医学部を卒業した夫が、多田研究室の門を叩いたところから始まります。多田研究室へ大学院生として入門を認められた夫は、嬉しくて、その夜、研究室での飲み会で一騒動を起こしてしまいました。生来、酒の強くない夫なのに、酒がいつも以上にはずみ、そのうち意識なく宴会の場から離れ、一人で正門前の旅館に転がり込んでいたのです。そのことを知らない先生始め研究生たちは「矢野がいなくなった！」と大騒ぎになり、校内はもちろん、辺り中を探し回り、もしや近くを流れる都川にでも足を滑らせたのではないか、とまで心配させてしまったのでした。翌朝、そんな騒ぎになっていたとはつゆ知らぬ夫は、「お早う！」といつものように研究室に顔を出したところ、先生に「バカ野郎！」と一喝されました。弟子を真剣に愛される暖かい先生のお気持の表れです。先生と亡夫の話をすると、必ずこの事件のことが真っ先に出てきます。

　夫は六年前に他界しましたが、先生ご自身もつらい体調であったにもかかわらず、夫の病状を案じていただき、病に効くという民間療法の高価なお薬を送っていただいたり、こんな治療法はどうか？

と色々紹介していただきました。先生の優しいお心遣いを身に沁みて感じました。そして夫の葬儀の折には、不自由な体を押してお別れにお見えになりました。最愛の先生に見送られ、さぞかし幸せな気持で旅立ったに違いありません。

夫にとって、先生はこの世で一番大事な存在で、尊敬しておりました。神様のような存在だったのです。多田先生との出会いがなかったら、夫のその後の人生はまるっきり変わっていたに違いありません。母校の教授として有終の美を飾ることが出来たのも、先生のお陰でした。先生の好まれるものは全て興味を示し、一〇〇％多田カラーに染まることに喜びを感じていました。そしてそんな夫の影響を受けて、私ども家族も皆、先生のファンにいつしかなっていました。お年始に伺うと、奥様が丁寧に炭火で焼いたお餅の入った美味しいお汁粉が待っていました。また娘は先生の新作能を観劇して以来、能の魅力にとりつかれています。

次男の嫁は多田先生の故郷である結城市の出身で、これも何か多田先生が結びつけてくれたご縁と、感謝しております。最近、結城市を訪ねた私は、このゆったりとした自然が多田先生を育まれたのだと、結城市が身近に感じられました。

夫のみならず、私どもの家族の一番の支えだった先生が旅立ち、呆然としております。

御自宅に伺うと、いつも別れ際に差し出される先生の左手の温もりが忘れられません。そして時折送られてきた左手で一文字一文字打たれたメールも、昨年末が最後となりました。

先生にはどれほどお礼を申しても言い足りませんが、本当にありがとうございました。
天国で、先生と夫は思う存分ワインを飲み交わしているに違いありません　合掌
平成二二年五月一五日

（故矢野明彦〔千葉大学教授〕夫人、薬剤師）

多田先生の「引き出し」

山口葉子

そちらでご両親にお会いになりましたか。納骨式（分骨）で結城にまいりました。案内状に「庭の山法師の木が今年は蕾を沢山つけました。何故だろうと思っていた矢先、兄がとうとう逝ってしまいました。『富雄、もういいよ。……わしも梅子も、自慢の息子がこちらに来るのを待ってるし、富雄を痛みから早く解放して、ゆっくりと休ませてあげたいから……』と、山法師の木に頼んで、呼んでしまったのかもしれません」と書かれていましたよ。ご両親は、先生のことを「誇り」に思っていらっしゃいましたし、ご弟妹は先生を「尊敬」さえしていらしたと思います。

また先生のために、冨岡玖夫先生、谷口克先生、奥村康先生をはじめとして、千葉大、東大、理科

大の教室員や多くの方たちが、表から裏から側面から支援して下さいましたね。先生と髙橋英則さんが、千葉大地下一階の薄暗い部屋を免疫研究室としてセットアップし、そこから世界へ羽ばたいていらしたのですよね。

阪大の山村雄一先生が会長で、一九八三年に京都国際会館で第五回国際免疫学会を開催しました。先生はプログラム委員長を引き受け、国内外の先生の友人の先生方のご協力のもと、魅力的なプログラムを作りました。ちょうど免疫学が花開こうとしていた時期、出席された国内外の研究者の生き生きとした顔を懐かしく思い出します。会館の方から、「他の国際学会では、観光に出てしまうのか、閑散とした会場もあるのに、この学会は、どこの会場も人がいっぱい。こういう国際学会は初めてです」と言われたことを思い出しました。また、山村先生が「終わりよければ、すべてよし」と言って下さったことを、先生、覚えていますか。

京大の花岡正男先生、村松繁先生が盆踊り大会、最終日の花火の打ち上げを企画されました。また先生の発案で、橋岡久馬さんに、能「葵上」を上演していただき、多くの方が観て下さいました。日本人が居眠りをしているのに、日本語のわからない外国人が熱心に食い入るように舞台を見入っていました。言葉がわからなくても伝わるということ、そしてヨーロッパの方たちの文化に対する深い洞察力を知りました。

余談ですが、この学会のロゴマークのことです。先生は『免疫の意味論』の表紙に使った大親友・永井俊作さんの絵をロゴにしたいと勇んで会議に出かけましたが、委員の賛同を得ることができず、デザイナーにお願いし、頭文字のスマートなＩＣＩというロゴになりました。山村先生が「多田君の持って来た絵がロゴマークになったらどうしようと思った」と、安堵しながら、おっしゃったそうですね。

「免疫学と感染症に関する冬期国際ワークショップ」は、一九八八年から八年にわたって、世界各国から講師をお呼びして毎年二月に開催。国内外の若手研究者が参加し、午前と夜に講義、午後はフリー。「よく学び、よく遊び」という自由な雰囲気がありました。

会の運営に必要な経費を、先生の従弟の多田正毅・城西病院理事長が援助して下さいましたし、鈴木茂事務長や病院の職員の方たちにもお世話になりました。八年間も続けることが出来たのは、多田理事長のおかげではなかったでしょうか。

千葉の「長柄ふるさと村」が会場でしたが、香港と、先生の心の友のフリーライター、水戸部浩子さんがお住まいの山形県酒田市でも開催しましたね。水戸部さんは先生より一足先にお星さまになってしまいましたが、そちらで楽しくお話ししていらっしゃいますか。

酒田の方々は会の運営に骨身を惜しまず協力して下さいました。フリータイムに、羽黒山バスツアーを企画していただきました。国宝の素木造、柿葺の東北では最古の「五重塔」を途中下車して見学したあと、バスに戻ろうとしたときに、オーストラリアからの受講生が、雪道を登って出羽神社に行きたいと言い出しましたら、「僕も、私も」のコーラス。先導して下さった山伏（本職は？）が、「私は、雪の表参道を登ったことはありません」とおっしゃいましたが、ごいっしょして下さいました。インドの女性研究者とアメリカの女性講師の二人がバスで神社に向かい、ほかの者は真っ白な雪の参道を登りました。東京から参加の革靴の受講生は、つるつると滑る足もとを踏みしめながら、頑張って登りました。風の音をききながらの雪道は楽しかったですよ。でも、先生は寒いのは苦手でしたね。

先生は一度読んだもの、見たものは、すべて脳に記憶され、必要なときに、必要な「引き出し」を出して書いていらっしゃいました。構想が纏まると、能の詞章は一晩で書き上げていらっしゃいましたね。世の中にはすごい人もいるものだと、つくづく思いました。先生からたくさんの面白いこと、楽しい時間をいただきました。

ありがとうございました。

二〇一〇年五月二〇日

（多田富雄元秘書。千葉大・東大・多田事務所の二七年間務める）

最期のコンソメ

若山誠喜

私は、医学関係者でもなく、ましてや能関係の人間でもありません。

市井の、ましてや街場のコックとして、二二年間も先生とお付き合いさせて頂いたことすら、僥倖と思っております。

超弩級の免疫学者そして、文化功労者、当代随一のエッセイストとしての多田富雄氏としてではなく、大酒呑みで家庭では贔屓目に見ても満点パパには到底及ばない、かと言ってそれを隠そうともしない人間臭い、多田先生が大好きでした。

今でこそ、フランスの新鮮な野生のキノコは、銭さえ出せば幾らでも買うことが出来る時代ですが、二〇年も前は、とても貴重な食材で、ジロール茸、モリーユ茸そしてポルチーニ茸と質の善い物が入れば、先生宅に運んだことが懐かしく思い出されます。

先生は、あの独特な言いまわしで、

「若山さん、ありがとう、失神しちゃいます‼」

と満面の笑みを私に向けてくれたものでした。

私のレストランのことは、先生のエッセイ本『独酌余滴』の中で、閉店してしまう悲しさを綴って頂きました。

その後、NYシティ滞在中、先生とは現地でランデブー、先生のそのまた上をゆく仙人、元気な老人ゾルタン先生のメトロポリタン美術館などでの美術講義、音楽会、そして美食、日本以外での、人脈の広さと芸術に対する造詣の深さに感嘆したものでした。

脳梗塞で倒れられてからは、ガストロノミーで鳴らした先生も、嚥下障害により、食べるのも命がけ。そうなりますと、もっぱら真空パックしてから冷凍した料理を年に数回お届けすることしか私には出来ませんでした。

それでも、細かく切ったり刻んで食べやすく調理しますと、御機嫌が優れません。困ったものです。たとえ時間が幾らかかっても、完成された料理は、そのままの姿でお食べになりたかったのでしょう。

とは言うものの、理由を付けては先生宅におじゃましては、遠慮なしに大酒を飲み、好き勝手なことを言ってははしゃいでいる私を、先生はいつもニコニコ笑っておられ、トーキングマシーンから発せられる毒舌さえなければ慈父のようでした。

胃ろうを施されてからは、もう私の出番はありません。

最後にお会いしたのは、今年の二月上旬。顔色は、良いのですが少し痩せられたご様子、貧血もたびたびとのこと。

もし先生が殿様ならば、私は、さしずめ食膳を掌る奉行所の与力です。私の出番が回ってきたと言うもの。

コンソメスープであれば、ダイレクトに胃に流すことができると素人は考えました。

最盛期は終わりましたが、フレッシュトリュフ入りのコンソメを作り、二〇〇ccにトリュフの輪切りと数滴のシェリーを加え、真空パック、冷凍そして直送。三月上旬のことです。

四月二一日、先生がご自宅に戻られ安置。

トリュフは、奥様のお腹に、コンソメスープは無事、先生の胃袋に、そしてゲップにより芳醇なスープの香りと退廃的な高貴な香りを楽しんだと奥様から聞かされました。

四月二三日、通夜の日夜半、ご親族の方々もお疲れのこととは思いましたが、静けさの戻ったご自宅にお伺い、明日茶毘にふされる先生のもとに、この季節最高のご馳走、フレッシュのモリーユを供物としてお届け致しました。

これが料理から始まり料理で終わった先生とのお付き合いの顛末です。

「若山さん、ちゃんと書けてますが……才能ないですね」と、先生のお茶目な声が聞こえてきそうで、書きながら呑んでいる赤ワインが塩っぽく感じられます。


（フランス料理店ラ・カルトセジュール　オーナーシェフ）

父として、夫として

父のこと

多田久里守

父を偲ぶ会の小冊子用に文章に書くということになり、改めて父との思い出を思い返してみた。

私が小さい頃の父は、日本国内・海外への講演などで家にいることはあまりなく、母子家庭のようだった。家にいるときも、夜遅くに帰宅して、朝は昼頃まで寝ているので、あまり顔をあわせないことも多かった。

父は怒るととても怖かった！　顔を叩かれることはなかったけれど、小さい頃はよく「お尻ペンペン」されたものだ。あまり家にいないのに、いるときはいつも怒ってばかりだから、小さい頃から父は嫌いだった。

それなのに何故か人からは慕われていたし、好かれていたようだ……。家には昔から沢山の人が集まってきていて、よくホームパーティーもしていた。

すぐに酔っ払って寝てしまう人。

みんなの前でピアノを弾いて聴かせてくれる人。

けん玉の達人。

僕ら兄妹と遊んでくれる人。

太極拳を教えてくれた中国の人。

元甲子園ピッチャー。

謎の能楽師。

九〇歳を超える伯爵。

……

外国人もよく来ていた。外国人が来るとよく英語で挨拶させられた。

久里守「はぅ・どぅ・ゆぅ・どぅ」

父「もっとはっきり言いなさい！」

久里守「まぃ・ねーむ・いず・くりす」

なんて……。

実は、父と母のことを「ダディ」「マミィ」なんて呼ばされていたりして、家でパーティーをした日も、みんなの前で「ダディ、おやすみ、chu!」ってね（笑）。

私が生まれた頃は、家の押し入れで実験用のマウスを飼っていたそうな。そして私の方は、タンスの引き出しに寝かされていたらしい……。

血液型がO型だから（?）、父はいろいろなものに凝っていた。

小鼓――これは教えてもらった。

能面彫り――本物そっくりだった。

イタリア・ルネッサンス――これは教えてもらえばよかった。

ワイン――たまに舐めさせてもらった。

そのうち、父がテレビに出たり、新聞に出たりするようになったけれど、そんなに凄いとも思っていなかった。

父が何かの賞を受賞したとき、その受賞パーティーで思った。「うちのオヤジはそんなに凄いとは思わないけど、ここに来てる人たちは凄い人ばっかりだ。ってことは、うちのオヤジはやっぱり凄いってことか！」それでもやっぱり、父のことはあんまり好きではなかった。

いろいろなことに厳しかったので、門限も早かった。妹たちには特に厳しかったから、妹たちもずいぶん父を嫌っていた……ハズ。

母は……まるで父の言いなりだったけど、父が脳梗塞で倒れた後の母はずいぶん強くなっていった。っていうか、最後の頃はいつも喧嘩して、父は「ママが意地悪する」とか「ママが出て行ってひとりになって死ぬところだった」とか……。

でも母はそんな父のわがままを聞いて、朝から晩までつきっきりで介護をしていた。この母がいたからこそ、父の文筆家としての別の人生が存在していたのだ。

父は私の働く順天堂に二度入院したが、自分で担当することにした。なぜなら、わがままを言って他の先生に迷惑かけるのがわかっていたから。入院初日はどちらも私が病室に泊まった。体位変換や吸痰でほとんど寝ることができず、母の苦労が身にしみた。

そんな母の介護の日々も終りが近づいてきた。

呼吸は徐々に努力様呼吸に、心拍も速く、指で書く文字の力もなくなり、吸痰後の低酸素で意識低下を繰り返す。あんなに私を怖がらせ萎縮させた父の姿はなく、もしこのまま延命しても本人が辛いだけだ。もうこのまま何もせず見守ろう。そう何度も母に確認をした。

嫌いなはずの父のそんな姿を見て、目頭が熱くなって……え〜、やっぱり俺泣いちゃうの？そう思いながら妹たちを見たら、俺よりもっと泣いてるじゃん！　アンタたちも親父のことさんざっぱら嫌ってたじゃん！　もう歯止めが効かなくなって泣いてしまった。

父が倒れてからの方が、よっぽど父との距離が縮まった気が、好きになれた気がする。

（多田富雄長男、順天堂大学膠原病内科助教）

臨終の記

多田式江

偲ぶ会の小冊子用に多田の年譜を書くことになりました。次から次へと今までの出来事が思い出だされ懐かしいことばかりです。

結婚して四一年、最後に「お互い、この人生面白かったね」と言って別れるはずでしたが、指文字で最後に判読できた言葉は、「カエル（帰る）、カエル（帰る）」でした。

入院を拒み、私も在宅で最後まで介護する決心ではいましたが、誤嚥のための痰がからみ、呼吸困難に陥っても在宅で出来る酸素吸入は三リッターが限度で、救急車で順天堂に居る長男久里守の元に搬送せざるを得なかった。誤嚥性肺炎を疑って撮ったX線像には、左肺の三分の二に及ぶ胸水貯留がありました。癌性胸膜炎でした。ストロンチウム注射後の貧血は骨髄抑制だけじゃなかったのです。

酸素を六リッターにしても血中酸素濃度は九二か三、時々左手の力がなくなり、冷汗で四肢の冷感が強く、シャツが汗ばんでいました。マスクの下の呼吸は下顎呼吸を思わせ、吸痰すると酸素濃度は八〇以下になってしまいました。すぐに入院させねば。幸い、一四階の特室が五日間だけ空いているとのことでした。

一ヶ月前、不眠と痛みのコントロールのために入院した時、「ベッドが狭い、広いベッドに変えてくれ、枕が小さく寝心地が悪い」と難癖をつけて困らせられました。「今度は、もっと高額の良い病室だから」と、やっとの思いで納得してもらい入院となりました。一四階特室、ベッドも広く、枕もフカフカ、台所、浴室までついている豪華な病室でした。

順天堂に居られる奥村先生、垣生先生、平野先生、唐沢先生が次々にいらしてくださるのですが、多田は十分な応答が出来ず、指文字も途中で力が抜けて判読不可能になる状態でした。入院初日は、久里守と二人で一晩付き添うことにしました。痰がからみ吸痰をすると途端に酸素濃度、血圧が下がります。胸水を引けば呼吸が楽になるはずですが、状態が悪くなる可能性もあり、胸水穿刺は迷いに迷いました。

四月二一日朝早く駆けつけた多田の兄弟達は、急変に驚きオロオロとしているところに呼吸器科の先生方が見えて、胸水穿刺が始まりました。私たちが控え室で今後のことを話していると、看護師に呼ばれ、「胸水は、血液そのものの様で、一五cc引いて検査に出しました。血圧低下のため、それ以上のことはせず中止しました」とドクターから説明がありました。常時一〇〇以上の頻脈が徐脈になり、呼吸も浅い。もう時間の問題でした。

脈も呼吸も徐徐に少なくなり血圧低下、そして一〇時三一分死亡。

「痛みから解放されて良かったね、お疲れさま、よく頑張ったね、兄ちゃん」と妹達が呼び掛けていました。多田の全身の力が抜けて、いつも硬直していた肘が今は自由に動かせる。私は、悲しみより「おわった」という言葉が思わず口をついて出ました。


脳梗塞で倒れても、鎖骨骨折するまでは、多田には文筆の仕事があり、介護もそれほどは辛くありませんでした。去年の九月から、あんなに好きだった晩酌を止め、一〇月には、「仕事優先にしたい」と胃ろう手術を受けて、退院後一〇日目の夜に車椅子から立ち上がる時にポキリと鎖骨が折れてしまいました。痛みでタクシーにも乗れず、順天堂救急に車椅子を押して行きました。タスキの様な固定ベルトを装着し、寝返りが出来ないため、一時間毎に起きて介助する日々が続きました。

一一月、秋の叙勲では羽織袴で宮中参内し、天皇陛下よりお言葉をかけていただきました。胃ろう手術前のCTで見つかった、腹部リンパ腺転移巣への放射線治療を年末まで通い、その間、骨折の痛みに耐えながら、連載していた「落葉隻語」「残夢整理」を書き上げました。「もうきっと最後になるから会いたい」と知人にメールで呼びかけ、連日面会予定がぎっしりで満足していました。

今年二月、ＰＥＴ検査で全身骨転移が見つかり、最後の放射線治療では日に日に体力が落ち、寝たきりの状態でした。寝返りも私一人では出来ず、ヘルパーさんを頼んだのですが「ママ、ママ」と私以外の人では受け付けず頼りきりでした。私は目を離すことが出来ず食事も入浴もままならなくなり、不眠で体がフラフラの状態のなかで多田の最期を迎えました。

一緒に世界を旅し、お酒を飲み話し合い、毒舌に辟易しながら、喧嘩も冗談も言えた人生、面白かったですよ。

有力な免疫学者にして能作者、多田富雄さん、76歳で死去

『ニューヨーク・タイムズ』紙　二〇一〇年五月三日付

有力な日本人免疫学者で、後半生は能作者として高評を得た多田富雄博士が、四月二一日、東京で死去した。七六歳だった。元教え子で友人でもある、ニューヨークのアーロン・ダイアモンド・エイズ研究所准教授の辻守哉博士によれば、死因は前立腺がんだった。

多田博士は一九七〇年代、免疫システムを選択的に無力化する能力をもつ特別な白血球細胞の存在を指し示した一連の研究により、注目を浴びるようになった。

氏の理論によれば、この細胞が適切に機能すれば、免疫システムがその身体自身の器官に対して、あるいは花粉のような無害な物質に対して攻撃を加えることを防げるという。機能不全の場合には、アレルギーや自己免疫疾患をもたらす、と多田博士は考えた。

氏の発見によって、世界のトップクラスの免疫学者たちは、このサプレッサーT細胞と命名された細胞を発見しようと躍起になった。一九八〇年代初頭になると、これを発見しようという努

Tomio Tada, Influential Immunologist And Author of Japanese Plays, Dies at 76

By DENISE GELLENE

Dr. Tomio Tada, an influential Japanese immunologist who had a second successful career as an author of traditional Noh stage plays, died April 21 in Tokyo. He was 76.

The cause was prostate cancer, said Dr. Moriya Tsuji, a former student and friend and an associate professor at the Aaron Diamond AIDS Research Center in New York.

Dr. Tada rose to prominence in the 1970s for a series of experiments that pointed to the existence of specialized white blood cells capable of selectively disarming the immune system.

When functioning properly, his theory went, these cells would prevent the immune system from attacking the body's own organs or harmless substances, like pollen. Malfunctions could lead to allergies and autoimmune diseases, Dr. Tada believed.

His findings spurred a race among the world's top immunologists to discover the cells, dubbed suppressor T cells. Efforts to detect them failed in the early 1980s, and the concept was largely discredited.

Dr. Tada became a leading advocate for the unpopular view that the suppressor cell would be found in time. In a 1988 letter in an immunology journal, Dr. Tada responded to critics with an Italian phrase, "Chi vivrà, vedrà," or "Who will live, will see."

Roughly a decade later, his basic ideas about immune suppression were more or less validated when another Japanese scientist, Dr. Shimon Sakaguchi of Kyoto University, identified regulatory T cells. They lack some of the predicted characteristics of Dr. Tada's suppressor T cells but behave like them nonetheless.

"Everyone accepts that regulatory T cells are suppressor T cells, except the vocabulary has changed," said Mitchell Kronenberg, a scientist and president of the La Jolla Institute for Allergy and Immunology. "Dr. Tada did the pioneering work in bringing forth the concept of immune suppression, which is a fundamental and correct concept in immunology."

Toward the end of his scientific career, Dr. Tada, who studied literature in college, took up writing Noh plays, a genre that features masked characters and blends elements of the spiritual and earthly worlds. New Noh plays were rare in Japan; most were written 400 years ago.

His first, "The Well of Ignorance," used the subject of a heart transplant to explore the ambiguities between life and death. In the play, the spirits of a fisherman who provided a donor heart and the young woman who received it struggle nightly over the well of life.

The fisherman, whose heart was removed after he was knocked comatose in a heavy storm, is caught between the worlds of the living and the dead; the woman is racked with guilt. The play, inspired by a 1968 case in which a Japanese transplant specialist was accused of murder for taking the beating heart from a brain-dead boy, became a sleeper hit in Japan.

TOSHIRO MORITA

HITOSHI MIYATA

Dr. Tomio Tada enjoyed a second career writing Noh plays. Above, a scene from "The Well of Ignorance" in Tokyo.

Explaining his segue into the arts, Dr. Tada said both playwriting and research enabled philosophical exploration and self-expression.

"Everything is the same for me," he said in a 1996 interview with The San Francisco Chronicle. "When I'm doing my research in immunology, it's like playing a drama. There's no difference. When I write a scientific paper, I write as if it is the expression of my philosophy."

After a stroke in 2001 left him partly paralyzed and unable to speak, he continued to write, typing with one hand.

Tomio Tada was born on March 31, 1934, in Yuki, Japan, a great-nephew of the Japanese poet Fuji Tada. He received his bachelor's degree from Waseda University in 1952, his medical degree from the Chiba University School of Medicine in 1959, and his doctorate in immunology from Chiba in 1964.

After that, he went to Denver to continue his immunological studies at what is now National Jewish Health, a respiratory hospital.

In 1967, he was part of a team that identified a particular type of antibody, later dubbed IgE, that reacts to pollen and spores and is one culprit in allergic reactions.

Returning to Japan, he joined the department of pathology at Chiba University, where he performed the 1974 experiment that convinced him of the existence of suppressor T cells.

The theory fell from favor nine years later, when researchers at the California Institute of Technology, including Dr. Kronenberg, showed that the genetic marker Dr. Tada had linked to the suppressor T cell did not exist.

"His basic concept was right, but the molecular details were wrong," Dr. Kronenberg said.

In 1977, Dr. Tada became a full professor of immunology at the University of Tokyo. He founded the journal International Immunology in 1989.

From 1995 until his retirement in 1999, he was director of the Research Institute for Biological Studies at the Tokyo University of Science in Chiba.

At his death he was an emeritus professor of immunology at Tokyo University.

Dr. Tada wrote six Noh plays, including "Genbakuki," about victims of radiation poisoning following the bombing of Hiroshima, and "The Hermit Isseki," which concerns Albert Einstein's theory of relativity and the search for truth.

Dr. Tada is survived by his wife, Norie; a son, Chris; two daughters, Ko Iwabe and Aya Mori, all of Tokyo; and five grandchildren.

力は失敗に終わり、大勢としてはこの概念は存在が疑われるようになった。

多田博士は、いずれサプレッサーT細胞が発見されると考える少数派の中心人物となった。一九八八年、ある免疫学の雑誌への書簡で、多田博士は批判者に対して次のようなイタリアのことわざで応じている――「Chi vivrà, vedrà（生きているうちにわかってくるさ）」。

およそ一〇年が過ぎて、別の日本人科学者である京都大学の坂口志文博士が、制御性T細胞を同定したことにより、免疫抑制についての多田博士の基本的な考え方はおおむね実証された。制御性T細胞は、多田博士がサプレッサーT細胞に関して予言していたいくつかの特性を欠いていたが、それでも同じように機能する。

「誰でも制御性T細胞はサプレッサーT細胞だと認めています。名前は変わりましたがね」と述べるのは、科学者でラホイヤアレルギー免疫研究所所長のミッチェル・クローネンバーグ氏だ。「多田博士は、免疫抑制という概念を前に推し進める先駆的な仕事をしましたが、この概念は免疫学において根本的で正確な概念です」。

科学者としてのキャリアが締めくくりに向うなかで、学生時代に文学を学んでいた多田博士は、能の台本の執筆に取り組み始めた。能とは、面を付けた登場人物によって演じられる、霊的世界と現実世界の要素の混じり合った演劇ジャンルだが、日本においても新作能は数少なく、多くの作品は四〇〇年前に書かれたものである。

彼の第一作である「無明の井」は、心臓移植という主題をとりあげ、生と死とのあいだの曖昧さを探究した。この作品では、ドナーとして心臓を提供した猟師の霊と、受け取った若い女の霊とが、生命の井戸をめぐって夜な夜な争い合う。

大嵐に遭って昏睡に陥り心臓を摘出された猟師は、生者と死者の中間世界におちいってしまうが、女の方は罪の意識に苛まれている。この作品は、一九六八年に日本で起きた、脳死の少年から心臓を摘出した移植専門医が殺人罪に問われた事件に着想を得たものだが、日本において予想外の成功を収めた。

芸術の領域にも活動を拡げたことに関して、多田博士は、劇作も研究もともに哲学的探究であり自己表現であると述べた。

「私にとっては全て同じことなのです」と、一九九六年の『サンフランシスコ・クロニクル』のインタビューで述べている。「免疫学の研究をしているときも、劇を演じているようなものです。違いはありません。科学論文を書いているときは、私は自分の哲学を表現するかのように書いています」。

二〇〇一年に脳梗塞に見舞われ、半身麻痺と構音障害がのこったが、彼は片手でキーボードを打ちながら、執筆を続けた。

多田富雄は、一九三四年三月三一日、結城に生れた。詩人・多田不二の大甥にあたる。一九五二年に早稲田大学で学士号を取得、一九五九年には千葉大学医学部を卒業し、一九六四年には同じく千葉大学で免疫学の博士号を取得した。

その後、現在は National Jewish Health となっているデンバーの呼吸器系の病院で、免疫学の研究を続けた。

一九六七年には、研究チームの一員として、のちに IgE と命名されたある種の抗体を同定した。この抗体は、花粉と胞子に反応し、アレルギー反応の原因のひとつとなるものである。

日本に帰国後は、千葉大学の病理学教室に加わり、そこで一九七四年に、サプレッサーT細胞の存在を彼に確信させた実験を行った。

その九年後には、クローネンバーグ博士を含むカリフォルニア工科大学の研究者たちが、多田博士がサプレッサーT細胞と関連づけた遺伝子標識が存在しないことを示して、この理論は支持を失った。

「彼の基本的概念は正しかったが、分子の細部は正しくなかった」とクローネンバーグ博士は述べている。

一九七七年、多田博士は東京大学免疫学教室の教授となった。一九八九年には、*International Immunology* を創刊した。

一九九五年以後九九年の退官まで、千葉にある東京理科大学生命科学研究所の所長を務めた。亡くなったときには、東京大学の免疫学の名誉教授であった。

多田博士は六本の新作能を執筆した。広島への原爆投下後の放射能汚染の犠牲者を描いた「原爆忌」、アルバート・アインシュタインの相対性理論とその真実を求める探究を描いた「一石仙人」などである。

（Denise Gellene, *New York Times*, 3 May 2010）

多田富雄　略年譜(1934-2010)

昭和9(1934)　3月31日、茨城県結城市にて多田進とうめの長男として生まれる。祖父・愛治(開業医)と祖母・ふくに育てられる。

昭和11(1936)妹・和代誕生。

昭和15(1940)結城町尋常国民学校入学。学業優秀なるも体育は丙なり。弟・彊平誕生。

昭和18(1943)末妹・洋子誕生。

昭和20(1945)末弟・慎吾誕生。

昭和21(1946)(旧制)茨城県立水海道中学入学。叔母まさこの嫁ぎ先中山勉宅に下宿す。都会から疎開していた友達に刺激を受ける。永井俊作、椎名利、中島つぎ夫、川村知也と交流す。ピアノを習う。ライオン先生に植物を学ぶ。

昭和22(1947)学制改革により県立水海道第一高校となる。

昭和24(1949)県立結城第二高校に転校。演劇部に入る。詩を書き、新川和江と交流す。夏期講習に上京し、叔父の弟・中山誠の下宿に転がり込む。朝日五流の能楽会。喜多六平太、梅若実の芸に圧倒される。

昭和26(1951)結城第二高校卒業。文学か医学か迷い早稲田文学部に合格するも本郷二丁目で浪人生活。

昭和28(1953)千葉大学文理学部に入学、船橋に下宿。授業にはあまり出ず、詩の同人雑誌『ピュルテ』を安藤元雄、江頭淳夫、手塚久子らと出し、詩・評論を書く。小鼓を疎開していた大倉七左衛門師のもとに通い習う。関、秦、土井と交流す。

昭和30（1955）千葉大学医学部に進学。松山に大叔父・多田不二を尋ねる。香川紘子氏に会う。

昭和34（1959）三月卒業。多古中央病院にてインターン。實川モト子さんの兄に主治医として腎不全の治療にあたる。血液透析を試みる。

昭和35（1960）大学院進学。岡林篤先生の病理教室に入り、ウサギの鼻に卵白を入れる実験をはじめる。日本細菌学会で石坂公成先生に注目し、免疫学を志す。ウサギの血液中の補体測定法を石坂照子先生に習いに予研に通う。

昭和38（1963）3月、千葉大学大学院研究科修了（病理学専攻）。6月、石坂先生の招きを受け、アメリカ合衆国コロラド大学医学部、およびデンバー小児喘息研究所にリサーチフェローとして留学。新しい免疫グロブリンEの発見に関わる。実験のあいまにダウンタウンで街の人々と交流、親睦を温める。マーガレット、エビ、エバ、ジニー等テクニシャンと交流。下宿のおばさんのお葬式をとりしきる。

昭和41（1966）千葉大学医学部病理学教室助手。千葉に住む。結婚相手をさがし十数回見合いする。検査技師髙橋英則氏と共同研究免疫教室を設定する。

昭和43（1968）7月4日独立記念日に東京女子医大卒井坂式江と結婚、千葉寺に住む。9月、デンバー、小児喘研究所に再留学。IgEの細胞を調べる仕事をする。この間、戦争花嫁の千恵子さんやテクニシャンと交流を深める。冨岡玖夫先生が後任にデンバーにこられる。

昭和44（1969）千葉大病理学教室に戻り、千葉市矢作町に住む。12月4日、長男・久里守誕生。奥村康、谷口克が研究室に入局。豚寄生虫を使って実験をはじめる。

昭和46（1971）第一回国際免疫学会でサプレッサーT細胞の発表をする。千葉大学医学部病理学教室助手。2月26日、長女・幸誕生。

昭和47（1972）千葉大学講師（医学部病理学教室）。この頃、自宅でねずみを飼う。『スリーアイ』（鳥居薬品出版）編集委員。8月1日、次女・紋誕生。

昭和49（1974）千葉大学教授（医学部環境疫学研究施設免疫研究部）。7月「レアギン型抗体産生の調節機構に関する研究」で朝日学術奨励金を受ける。ねずみを購入するも猫に襲われる。

昭和50（1975）千葉市都町に新居を建てる。

昭和51（1976）11月「免疫応答の調節機構に関する研究」で第二〇回野口英世記念医学賞。

昭和52（1977）第一九回ベルツ賞。アメリカ免疫学会名誉会員。7月、東京大学医学部教授に。一年間千葉大教授を兼任。奥村、早川、浅野を中心に平松、安部、越智、熊谷、入局。

昭和54（1979）夏、東京都文京区本郷に転居。イタリア医学賞選考委員としてセント・ビンセントへ。

昭和55（1980）6月、エミール・フォン・ベーリング賞、西ドイツ・マールベルグへ（賞金半額クラウスへ）。9月、親友永井俊作逝く。『アレルギー学の歩み』編集。

昭和56（1981）能楽堂に通いだし、能面を打ち始める。

昭和57（1982）1月、朝日賞を利根川進、本庶佑氏と共に受賞。小鼓を再び習いはじめる。

昭和58（1983）第五回国際免疫学会を会長・阪大総長山村雄一先生で、京都国際会館で開催。プログラム委員長を引き受ける。能「葵上」公演解説する。写真家森田拾史郎氏に会う。

昭和59（1984）秋、日本医師会医学賞。文化功労者、尾上松禄氏・森繁久彌氏と共に。結城市民栄誉賞、北村武氏・新川和江氏と共に。

昭和60（1985）科学技術会議ライフサイエンス部会委員。

昭和61（1986）第二回「生命科学と人間」に関する国際学会（フランス、ランブイエ）、日本代表・桑原武夫氏と共に。NHKで「驚異の小宇宙・人体　第六回　免疫」放映。

昭和62（1987）『老いの様式』（多田富雄・今村仁司編集）。11月、持田記念学術賞。

昭和63（1988）4月、ポーランド・コペルニクス医科大学名誉博士。北川寛・弟慎吾・式江とミュンヘンからワルシャワへ旅行。11月、国際アレルギー免疫学会功労賞。従弟・多田正毅の経済後援を得て、WACIID開校。

平成元（1989）英文学術誌『インターナショナル・インムノロジー』を発刊し、その主幹となる。ニューヨーク癌研究所科学評議員。

平成2（1990）メトロポリタンのツアーでゾルタン・オバリー、上田氏とエジプトへ。

平成3（1991）『生と死の様式』（多田富雄・河合隼雄編集）。2月、脳死と臓器移植を主題にした能「無明の井」初演。

平成4（1992）旅行記『イタリアの旅から』、ゾルタン・オバリーに捧げる。

平成5（1993）4月、『免疫の意味論』。スーパー・システムの理論を哲学まで発展させたとして、10月、第二〇回大佛次郎賞。朝鮮人強制連行を主題にした新作能「望恨歌」、国立能楽堂初演。『免疫』（岸本忠三・多田富雄編）。

平成6（1994）『生命——その始まりの様式』（多田富雄・中村雄一郎編集）。日本学術会議第七常置委員会ICSU分科会会員。東京大学定年退職、最終講義はほら貝で始め、半能「高砂」の小鼓を宝生能楽堂で打つ。東京大学名誉教授。文京区向丘・高崎屋五階に事務所を開設し陽適、能評、エッセイを書き始める。この頃唐辛子に興味を示し、栽培する。モロッコへツアー旅行。鼎談集『「私」はなぜ存在するか』（養老孟司・中村桂子・多田富雄）。

平成7（1995）東京理科大学生命科学研究所所長。国際免疫学会連合会長（サンフランシスコにて選出される）。対談集『生命のまなざし』、免疫の意味論をめぐって。初エッセイ『ビルマの鳥の木』。白洲正子氏を見舞い、以後交流が始まる。アフリカ諸国免疫連合でケープタウンへ。ルーマニア医学科学アカデミー名誉会員。年末、インド・パレス、オン・ウイールで旅行。『日本の名随筆　人間』編集。

平成9（1997）『生命の意味論』。国際補完代替医療雑誌のアドバイザーとなる。ビーグル犬イプシロン死す。NHK「人間大学　自己と非自己」の講義放映。

平成10（1998）第一〇回国際免疫学会を連合会長としてインドで開催する。12月、白洲正子氏死す。

平成11（1999）『独酌余滴』、二冊目のエッセイ集。『私のガラクタ美術館』、富雄のコレクションについてのエッセイ。冠太平洋免疫学会、タイで開催、関口輝比古君に会う。NHK国際番組審議会長。『DEN』（伝統芸術）監修。

平成12（2000）『独酌余滴』で日本エッセスト・クラブ賞を受ける。『人間の行方』、山折哲雄氏との対談。相対性原理を主題にした新作能「一石仙人」を書く。『橋岡久馬の能――アポロンにしてディオニソス』（森田拾史郎・多田富雄）。

平成13（2001）3月、日本オランダ友好四百年でライデンへ。4月、『免疫・「自己」と「非自己」の科学』。『脳の中の能舞台』。『老いとは何か』（福原善春・多田富雄）。5月、金沢で斃れる。脳梗塞、右半身麻痺、構音障害。7月、東京に戻り、リハビリに励む。

平成14（2002）住居を文京区湯島マンションに移す。『懐かしい日々の想い』。能評、詩、エッセイなど文筆活動。

平成15（2003）5月、横浜ケンタウロスの後援で「一石仙人」横浜能楽堂で初演。『邂逅』（鶴見和子・多田富雄の往復書簡）。

平成16（2004）『多田富雄全詩集　歌占』。『露の身ながら』（柳澤桂子・多田富雄の往復書簡）。本郷自宅新築（岩崎敬氏設計による）。

平成17（2005）『あらすじで読む名作能50』（森田拾史郎・多田富雄）。4月、前立腺癌で去勢術を受ける。8月、「原爆忌」広島で初演。11月、「長崎の聖母」浦上天主堂で初演。NHKスペシャル「脳梗塞からの〝再生〟――免疫学者・多田富雄の闘い」放映。

平成18（2006）3月、第五七回NHK放送文化賞。リハビリ日数制限に反対し署名運動する。「自然科学とリベラルアーツを統合する会」（INSLA）設立し代表に。

平成19（2007）『能の見える風景』『懐かしい日々の対話』。『わたしのリハビリ闘争――最弱者の生存権は守られたか』。『寡黙なる巨人』、闘病記、エッセイ。前立腺癌放射線治療。9月、「横浜三時空」横浜能楽堂で初演。

平成20（2008）「花供養」（白洲正子没後十年追悼能）。『言魂』（石牟礼道子・多田富雄の往復書簡）。10月、『寡黙なる巨人』で小林秀雄賞を受賞。

平成21（2009）2月、ETV特集「もう一度会いたかった――多田富雄、白洲正子の能を書く」放映。6月、「沖縄残月記」セルリアンタワー能楽堂で初演。秋、胃ろう手術を受ける。左鎖骨骨折。瑞宝重光章叙勲、宮中参内。癌腹部転移部に放射線治療。『花供養』（白洲正子・多田富雄、笠井賢一編）。

平成22（2010）『落葉隻語　ことばのかたみ』。4月21日、癌性胸膜炎・呼吸不全にて死亡。

平成22（2010）6月18日、「多田富雄を偲ぶ会」、東京會舘ローズルームにて開催。7月15日、NHK-BShi「100年インタビュー　特集・多田富雄」放映。7月、『環』42号・特集「多田富雄の世界」。11月、ゾルタン・オヴァリー著『免疫学の巨人』（多田富雄訳）。

『言魂』（石牟礼道子と）藤原書店、二〇〇八年
『花供養』（笠井賢一編、白洲正子と）藤原書店、二〇〇九年

■監修
『好きになる免疫学――「私」が「私」であるしくみ』（講談社サイエンティフィク編、萩原清文著）講談社、二〇〇一年
『好きになる分子生物学――分子からみた生命のスケッチ』（講談社サイエンティフィク編、萩原清文著）講談社、二〇〇二年
『あらすじで読む名作能50』（森田拾史郎写真）世界文化社、二〇〇五年
『マンガ分子生物学――ダイナミックな細胞内劇場』（萩原清文作・画、谷口維紹と共監修）哲学書房、一九九九年

■編集
『アレルギー学の歩み――九人の研究者の観点』医薬の門社、一九八〇年
『インターロイキンとコロニー刺激因子』デー・エム・ベー・ジャパン、一九八九年
『人間』（日本の名随筆、別巻九〇）作品社、一九九八年

■共編
『新・目でみる免疫学』（矢田純一と）山之内製薬、一九八三年
『免疫学入門』（螺良英郎と）医薬の門社、一九八三年

Progress in immunology V——fifth International Congress of Immunology（山村雄一と）, Academic Press, 1983.
『免疫の遺伝』（岩波講座免疫科学）（笹月健彦と）岩波書店、一九八四年
『免疫応答の調節』（岩波講座免疫科学）（浜岡利之と）岩波書店、一九八四年
Immunogenetics——its application to clinical medicine（笹月健彦と）, Academic Press, 1984.
『老いの様式——その現代的省察』（今村仁司と）誠信書房、一九八七年
『現代免疫学』（山村雄一と）医学書院、一九八八年（第二版、一九九二年）
『生と死の様式——脳死時代を迎える日本人の死生観』（河合隼雄と）誠信書房、一九九一年
『免疫学用語辞典』（第三版）（谷口克・奥村康・宮坂昌之・安保徹らと）最新医学社、一九九三年
『免疫工学の進歩』（谷口克・福井宣規と）医学書院、一九九三年
『生命——その始まりの様式』（中村雄二郎・村上陽一郎らと）誠信書房、一九九四年
『免疫系の調節因子』（免疫のフロンティア）（石坂公成と）医学書院、一九九七年

■訳書

ゾルタン・オヴァリー著『免疫学の巨人——七つの国籍を持った男の物語』集英社、二〇一〇年

■監訳書

ウィリアム・E・ポール編『基礎免疫学』上下、東京大学出版会、一九八六・一九八七年
Ivan Roitt ほか著『免疫学イラストレイテッド』南江堂、一九八六年（原書第五版、二〇〇〇年）
『免疫学への招待』（辻守哉ほか訳）南江堂、一九八七年
Jonathan Brostoff ほか著『臨床免疫学イラストレイテッド』（狩野庄吾・広瀬俊一訳）南江堂、一九九四年

	上演日	場所（地域名・施設名）	主催、催し名	シテ
3	2005.9.6	東京・国立能楽堂	能楽座	観世榮夫 梅若六郎
4	2006.8.25	東京・シアターX（カイ）	シアターX／回向院／能楽座	観世榮夫 梅若六郎
5	2006.8.29	大阪・大槻能楽堂	反核・平和のための能と狂言の会	観世榮夫 梅若六郎
「長崎の聖母」				
1	2005.11.23	長崎・浦上天主堂	純心女子学園・カトリック浦上教会	清水寛二
2	2007.8.9：I	東京・セルリアンタワー能楽堂	セルリアンタワー能楽堂	清水寛二
3	2007.8.9：II	東京・セルリアンタワー能楽堂	セルリアンタワー能楽堂	清水寛二
4	2008.8.9	福岡・福津市文化会館 カメリアホール	財団法人福津市文化振興財団	清水寛二
5	2009.8.9	東京・セルリアンタワー能楽堂	セルリアンタワー能楽堂	清水寛二
6	2009.12.24	長崎・長崎歴史文化博物館	長崎クリスマス推進委員会	清水寛二
「横浜三時空」				
1	2007.9.8	横浜・横浜能楽堂	横浜飛天双○能実行委員会	清水寛二 梅若万三郎
「花供養」				
1	2008.12.26	東京・宝生能楽堂	「白洲正子没後十年追善能」	梅若玄祥
2	2009.12.22	茨城・水戸芸術館 ACM 劇場	財団法人水戸市芸術振興財団	梅若玄祥
「沖縄残月記」				
1	2009.6.20	東京・セルリアンタワー能楽堂	セルリアンタワー能楽堂	清水寛二

（大高翔子編）

	上演日	場所（地域名・施設名）	主催、催し名	シテ
2	1995.3.9	東京・国立能楽堂	橋岡會特別公演	橋岡久馬
3	1998.11.14	大阪・大槻能楽堂	「反核・平和のための夕べ」	観世榮夫
4	1999.5.3	京都・金剛能楽堂	「反核と平和のための能と狂言のつどい」	観世榮夫
5	1999.7.6	東京・国立能楽堂	「反核・平和のための能と狂言の夕べ」	観世榮夫
6	2001.9.29	東京・国立能楽堂	（望恨歌公演）	観世榮夫
7	2002.12.3	京都・京都芸術劇場春秋座（京都造形芸術大学内）	京都造形芸術大学舞台芸術研究センター	観世榮夫
8	2005.5.16	韓国・廣域市民会館	（釜山国際演劇祭）	観世榮夫
9	2005.5.17	韓国・廣域市民会館	（釜山国際演劇祭）	観世榮夫
「一石仙人」				
1	2003.5.8	横浜・横浜能楽堂	横浜飛天双○能実行委員会	津村禮次郎
2	2003.11.7	東京・新木場スタジオコースト	横浜飛天双○能実行委員会	津村禮次郎
3	2003.11.8	東京・新木場スタジオコースト	横浜飛天双○能実行委員会	津村禮次郎
4	2003.11.23	茨城・結城市民文化センターアクロス大ホール	結城市文化／スポーツ振興事業団	清水寛二
5	2004.10.29	石川・石川県立音楽堂コンサートホール	多田富雄の新作能を観る会	清水寛二
6	2005.7.4	東京・新宿文化センター	一石仙人の会・世界物理年日本委員会	清水寛二
7	2005.10.16	千葉・船橋市民文化ホール	船橋市民文化ホール	清水寛二
8	2007.10.18	京都・東寺 講堂前特設舞台	INSLA（自然科学とリベラルアーツを統合する会）	清水寛二
「原爆忌」				
1	2005.8.29	京都・京都芸術劇場春秋座（京都造形芸術大学内）	能楽座	観世榮夫 梅若六郎
2	2005.8.31	広島・アステールプラザ（中区区民文化センター）	能楽座	観世榮夫 梅若六郎

多田富雄作新作能　上演記録

1991.2.7 〜 2009.12.24

	上演日	場所（地域名・施設名）	主催、催し名	シテ
「無明の井」				
1	1991.2.7	東京・国立能楽堂	橋岡會特別公演	橋岡久馬
2	1991.10.18	京都・観世会館	橋岡會特別公演	橋岡久馬
3	1993.10.20	仙台・宮城県民会館	橋岡會特別公演	橋岡久馬
4	1994.3.30	北米クリーブランド ・The Cleveland Museum of Art		橋岡久馬
5	1994.4.2	北米ピッツバーグ ・Masonic Temple		橋岡久馬
6	1994.4.5	北米ニューヨーク ・Japan Society : Lila Acheson Wallace Auditorium		橋岡久馬
7	1994.4.6	北米ニューヨーク ・Japan Society : Lila Acheson Wallace Auditorium		橋岡久馬
8	1994.5.8	東京・国立能楽堂	橋岡會特別公演	橋岡久馬
9	1996.10.5	奈良・興福寺東金堂前特設舞台	興福寺「塔影能」	橋岡久馬
10	1997.10.18	千葉・佐倉城址本丸址	第4回「佐倉城薪能」	橋岡久馬
11	1998.5.17	神戸・湊川神社神能殿	「能と脳」	橋岡久馬
12	1999.10.1	茨城・エポカルつくば（国際会議場大ホール）	「つくば能」	橋岡久馬
13	2001.2.25	東京・NHK ホール	地域伝統芸能まつり実行委員会	橋岡久馬
14	2003.7.5	愛知・豊田市能楽堂	豊田市能楽堂定例公演	橋岡久馬
15	2003.7.12	札幌・北海道厚生年金会館大ホール	橋岡會札幌公演	橋岡久馬
16	2005.10.18	東京・国立能楽堂	NPO 法人せんす	粟谷能夫
「望恨歌」				
1	1993.9.27	東京・国立能楽堂	橋岡會特別公演	橋岡久馬

多田富雄《ただとみお》の世界《せかい》

2011年４月30日　初版第１刷発行©

編　者　藤原書店編集部
発行者　藤　原　良　雄
発行所　株式会社　藤　原　書　店

〒162-0041　東京都新宿区早稲田鶴巻町523
電　話　03（5272）0301
ＦＡＸ　03（5272）0450
振　替　00160－4－17013
info@fujiwara-shoten.co.jp

印刷・製本　中央精版印刷

落丁本・乱丁本はお取替えいたします
定価はカバーに表示してあります
Printed in Japan
ISBN978-4-89434-798-4

免疫学者の詩魂

多田富雄全詩集
歌占（うたうら）

多田富雄

重い障害を負った夜、私の叫びは詩になった―― 江藤淳、安藤元雄らと作を競った学生時代以後、免疫学の最前線で研究に邁進するなかで、幾度となく去来した詩作の軌跡と、脳梗塞で倒れて後、さらに豊かに湧き出して、声を失った生の支えとなってきた最新の作品までを網羅した初の詩集。

Ａ５上製　一七六頁　**二八〇〇円**
（二〇〇四年五月刊）
◇978-4-89434-389-4

能の現代的意味とは何か

能の見える風景

多田富雄

脳梗塞で倒れてのちも、車椅子で能楽堂に通い、能の現代性を問い続ける一方、新作能作者として、『一石仙人』『望恨歌』『原爆忌』『長崎の聖母』など、能という手法でなければ描けない、筆舌に尽くせぬ惨禍を作品化する。作り手と観客の両面から能の現場にたつ著者が、なぜ今こそ能が必要とされるのかを説く。

写真多数
Ｂ６変上製　一九二頁　**二二〇〇円**
（二〇〇七年四月刊）
◇978-4-89434-566-9

渾身の往復書簡

言魂（ことだま）

石牟礼道子・多田富雄

免疫学の世界的権威として、生命の本質に迫る仕事の最前線にいた最中、脳梗塞に倒れ、右半身麻痺と構音障害・嚥下障害を背負った多田富雄。水俣の地に踏みとどまりつつ執筆を続け、この世の根源にある苦しみの彼方にほのかな明かりを見つめる石牟礼道子。生命、魂、芸術をめぐって、二人が初めて交わした往復書簡。『環』誌大好評連載。

Ｂ６変上製　二一六頁　**二二〇〇円**
（二〇〇八年六月刊）
◇978-4-89434-632-1

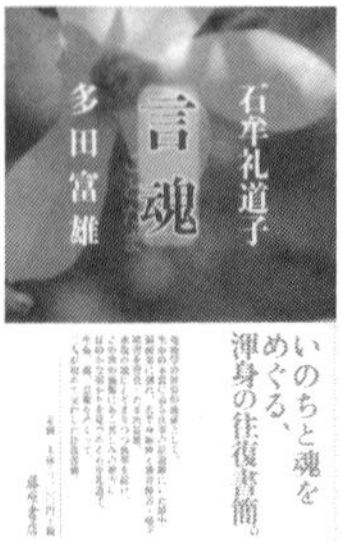

白洲没十年に書下ろした能

花供養

白洲正子
多田富雄
笠井賢一 編

白洲正子が「最後の友達」と呼んだ免疫学者・多田富雄。没後十年に多田が書下ろした新作能「花供養」に込められた想いとは？　二人の稀有の友情がにじみ出る対談・随筆に加え、作者と演出家とのぎりぎりの緊張の中での制作プロセスをドキュメントし、白洲正子の生涯を支えた「能」という芸術の深奥に迫る。

カラー口絵四頁
Ａ５変上製　二四八頁　**二八〇〇円**
（二〇〇九年一二月刊）
◇978-4-89434-719-9